Holger Herkle

Die Identität der Organisation und die Organisation der Identität

Holger Herkle

Die Identität
der Organisation
und die Organisation
der Identität

VS VERLAG

Bibliografische Information der Deutschen Nationalbibliothek
Die Deutsche Nationalbibliothek verzeichnet diese Publikation in der
Deutschen Nationalbibliografie; detaillierte bibliografische Daten sind im Internet über
<http://dnb.d-nb.de> abrufbar.

Diese Arbeit wurde von der Fakultät für Gesellschaftswissenschaften der Universität
Duisburg-Essen als Dissertation zur Erlangung des Doktorgrades (Dr. rer. pol.) genehmigt.

Namen der Gutachter:
1. Prof. Dr. Hanns-Georg Brose
2. Prof. Dr. Werner Nienhüser
Tag der Disputation: 18.5.2011

1. Auflage 2011

Alle Rechte vorbehalten
© VS Verlag für Sozialwissenschaften | Springer Fachmedien Wiesbaden GmbH 2011

Lektorat: Dorothee Koch | Britta Göhrisch-Radmacher

VS Verlag für Sozialwissenschaften ist eine Marke von Springer Fachmedien.
Springer Fachmedien ist Teil der Fachverlagsgruppe Springer Science+Business Media.
www.vs-verlag.de

Umschlaggestaltung: KünkelLopka Medienentwicklung, Heidelberg
Gedruckt auf säurefreiem und chlorfrei gebleichtem Papier
Printed in Germany

ISBN 978-3-531-18391-6

Inhalt

Einleitung

Die Inklusion von Einzelmenschen in die moderne, funktional differenzierte Gesellschaft unterliegt historisch neuartigen Bedingungen (Luhmann 1998: 618ff; 1995b). Während den Schichten des europäischen Mittelalters Bevölkerungskorrelate entsprachen und Individuen qua Herkunft nur *einer* der Schichten zugehörten, gilt für die neuzeitlichen Teilsysteme (Wirtschaft, Politik, Wissenschaft...), dass sie auf die Inklusion der gesamten Bevölkerung eingestellt sind, dafür aber spezifische Rollenduale zur Verfügung stellen, so dass jeder Einzelmensch in mehreren Teilsystemen gleichzeitig, aber immer nur im Rahmen sehr spezifischer Rollenerwartungen in diese Teilbereiche inkludiert ist. Die teilsystemspezifische Inklusion erfolgt nach einer teilsystemspezifischen Logik; für das Management der verschiedenen Inklusionsrollen können deswegen keine gesellschaftsweit einheitlichen, etwa traditional oder ständisch begründeten Muster mehr zur Verfügung gestellt werden, stattdessen wird dieses Management individualisiert. Die moderne Semantik des Individuums hat ihre strukturellen Voraussetzungen in diesem Umbau der Inklusionsverhältnisse.

Die sozialintegrativen Folgen dieses Regimes der funktionalen Differenzierung sind häufig problematisiert worden. Zu denken wäre etwa an die marxistische Proletarisierungsthese, an die Sorge einer Häufung „egoistischer" Selbstmorde (Durkheim 1897/1990), an die Befürchtung einer Korrosion des Charakters (Sennett 2000) oder einer atomistischen Vereinzelung mit der Gefahr zunehmender Gewaltbereitschaft (Heitmeyer 1997). Die Inklusionsproblematik kann nicht allein mit dem Hinweis auf die Vollinklusion der Bevölkerung in die gesellschaftlichen Teilsysteme entschärft werden, denn damit ist noch nichts über konkrete Partizipationschancen und Ungleichheiten verschiedener Personen(gruppen) gesagt. Inklusion im engeren Sinne, und d. h. auch Differenzierung von Inklusionschancen, findet auf einer anderen Ebene statt (Nassehi/Nollmann 1997; Nassehi 2002; Bommes 2001). Es sind *Organisationen*, die (Leistungs-) Rollen zuweisen, Karrieren ermöglichen und verschiedene Teilnehmergruppen mit gleichen oder ungleichen Ressourcen versorgen (Fuchs 1997; Bommes/Tacke 2002). Auf dieser organisationalen Ebene konnte in der zweiten Hälfte des letzten Jahrhunderts eine Entproblematisierung der Inklusion großer wenn auch nicht aller Bevölkerungsgruppen in ein System hochdynamischer Funktionssysteme realisiert werden und zwar in Gestalt eines sozialstaatlich konfigurierten Beschäftigungsverhältnisses, das sich durch hohe Planungssicherheit und Risikoabsicherung für die Arbeitnehmer auszeichnet. Dieses sogenannte Normalarbeitsverhältnis ist nahezu unkündbar, lebenslänglich, in der Regel mit nur wenigen Wechseln der Betriebszugehörigkeit, dafür mit internen Aufstiegschancen und hohen Lohn- und Gehaltsabschlüssen verbunden. Dem Umstand, dass diese Beschäftigungsverhältnisse auf überbetrieblicher Ebene ausgehandelt wurden, verdankt sich ihr hoher Standardisierungsgrad. Dieses Erwerbsarbeitsregime kann nicht mehr ohne weiteres als Normalfall vorausgesetzt werden (Mückenberger 1985; Hoffmann/ Walwei 1998; Brose 2000). Dafür stehen Entwicklungen wie etwa die Zunahme von Zeit- und Leiharbeit, befristeten oder geringfügigen Beschäftigungsverhältnissen, der verstärkte Einsatz von leistungsabhängiger Bezahlung oder werkvertraglicher Bindung, die wachsende Diskontinuität von Erwerbsbiographien, das Verschwimmen der Grenze von Arbeits- und Freizeit oder die gesteigerte Arbeitsplatzunsicherheit (Moldaschl 2002b; Kratzer 2003; Struck et al. 2007). In welchem Maße diese Befunde jedoch für welche Branchen oder Beschäftigtengruppen zutreffen, welches die entscheidenden Bedingungsfaktoren, Entwicklungsverläufe und Folgen sind, ob sich neue dominante Beschäftigungsformen herausbilden oder ein hochdifferenziertes Sammelsurium von kontextspezifischen Inklusionsverhältnissen entsteht, darüber besteht allgemein Dissens.

Die vorliegende Arbeit möchte einen Beitrag leisten zum besseren Verständnis von Beschäftigungsformen, ihrer Entstehung und ihrer Veränderung. Die gesellschaftliche Relevanz eines solchen Vorhabens ergibt sich aus den angedeuteten Tendenzen einer Re-Problematisierung von Inklusionsverhältnissen. Der Großteil der bislang vorliegenden Analysen zum Wandel organisationaler Inklusionsformen setzt auf der Makroebene an und fragt nach den institutionellen Rahmenbedingungen, die einen solchen Wandel bedingen. Entsprechend rücken dann etwa der globalisierungsbedingt gesteigerte ökonomische Konkurrenzdruck und der damit verbundene Abbau sozialstaatlicher Regulierungen sowie die Schwächung kollektivvertraglicher Regelwerke in den Vordergrund (Bosch et al. 2007). Es sind gerade diese institutionellen Analysen, die auf die abnehmende Prägekraft vereinheitlichender überorganisationaler Institutionen, des Wohlfahrtsstaates, der industriellen Beziehungen, des dualen Systems der beruflichen Bildung, auf ein dadurch bedingtes zunehmendes Auseinanderdriften unterschiedlicher wirtschaftlicher Sektoren und eine zunehmende Fragmentierung des deutschen Beschäftigungsmodells hinweisen. Auch im Ländervergleich zeigt sich, dass der Einfluss institutioneller Regulation abnimmt (Shire et al. 2009).

Im Folgenden wird deshalb ein dazu komplementärer Zugang gewählt, der nicht auf der Ebene des institutionellen Wandels, sondern auf der Ebene der

Organisationen ansetzt (im Bereich der Sozialstrukturanalyse wird für dieselbe Perspektivenverschiebung plädiert, s. Goedicke 2006). Ein solcher Zugang kann sich stützen auf ein Verständnis von Organisationen als Systemen, die sich aus ihrer gesellschaftlichen Umwelt ausgrenzen und zu dieser dann nur noch ein selektives Verhältnis unterhalten (Luhmann 2000). Mehrdeutige makrosoziale Einflüsse brechen sich an den Grenzen der Organisation und sind in ihrer Wirkung abhängig vom organisationalen Kontext, durch den sie kanalisiert werden. Er geht davon aus, dass Beschäftigungsverhältnisse durch Organisationen mitbestimmt werden bzw. dass organisationale Personalpolitiken einen eigenständigen Beitrag bei der Erklärung von Beschäftigungsverhältnissen leisten – und der empirische Befund einer enormen Varianz betrieblicher Beschäftigungsbedingungen kann als ein Indikator dafür gedeutet werden. Damit rückt die Frage ins Zentrum, welchen organisationalen Determinanten die Gestaltung dieser Personalpolitiken unterliegt bzw. wie es zu Unterschieden zwischen Organisationen im Hinblick auf ihre jeweilige Personalpolitik kommt. Es ist diese Frage, auf die im Folgenden das Hauptaugenmerk gelegt wird. Von einer Untersuchung der Formation von Beschäftigungsverhältnissen, die auf einer organisationalen Ebene ansetzt, sind Einsichten darüber zu erwarten, wie heterogene makrosoziale Trends wahrgenommen, interpretiert, fortgeschrieben oder beeinflusst und wie sie zu konkreten personalpolitischen Mustern zusammengesetzt werden. Ein solcher Fokus auf das Referenzsystem Organisation sensibilisiert den Blick für organisationsspezifische Pfadabhängigkeiten einerseits, für die jeweils situativ beobachteten Möglichkeiten und Restriktionen und die sich dadurch eröffnenden mikropolitischen und strategischen Spielräume andererseits. Eine verstärkte Beschäftigung mit organisationalen Personalpolitiken verspricht damit auch Aufschluss zu geben über Möglichkeiten und Grenzen der politischen Gestaltung von Beschäftigungsverhältnissen. Mit einem besseren Verständnis des Steuerungsobjekts ließe sich die Erfolgswahrscheinlichkeit häufig folgenloser staatlicher Interventionen (Keller/Seifert 1998) erhöhen.

Die Erklärung von Personalpolitiken wird typischerweise in der Zuständigkeit der Personalwirtschaftslehre gesehen. Vertreter dieser Disziplin bewerten die Fortschritte im Bereich eines theoriegeleiteten Verständnisses organisationaler Personalpolitik jedoch als eher bescheiden (Wächter 2002). Nach wie vor prägten Instrumentensammlungen und der Fokus auf Motivation und Leistungsbereitschaft von Arbeitnehmern die Lehrbücher. Aus einer ideologiekritischen Perspektive liegen die Ursachen für diesen Befund vor allem in der Einbindung der Personalwirtschaftslehre in betriebliche Verwertungszusammenhänge. Das Interesse an wissenschaftlicher Erklärung tritt hinter das Interesse an Praxisrelevanz und Reproduktion des Status Quo zurück.

„Theoretisch fundierte Erklärungen der betrieblichen Personalpolitik sind eher selten anzutreffen. Dies liegt zum einen darin begründet, daß die bisherige theoretische Basis des Faches vor allem aus individualistischen, auf Arbeitnehmerverhalten ausgerichteten Theorien besteht (etwa psychologische Motivationstheorien oder verhaltenswissenschaftliche Entscheidungstheorien). Dies ist aber kein hinreichender Grund, da man grundsätzlich auch mit individualistischen Theorien kollektive Phänomene erklären kann – der Verweis auf mikroökonomische Erklärungen der Personalpolitik soll hier als Beleg ausreichen. Ein wichtigerer Grund für die Erklärungsabstinenz besteht darin, daß theoretische Erklärungen noch nicht ohne weiteres Gestaltungsaussagen nahelegen und zudem auch Ursachen und Wirkungen transparent machen, die Gegenstand von Interessengegensätzen und Konflikten sind. Daher werden solche Erklärungen (möglicherweise unbewußt und bereits bei vielen Wissenschaftlern per „Schere im Kopf") abgewehrt" (Martin/Nienhüser 1998a: 7).

Greift man über die in der Personalwirtschaftslehre gut etablierten ökonomischen Theorien wie etwa den Transaktionskostenansatz und das strategische Human Resource Management hinaus in das soziologische Theorierepertoire, lassen sich eine Vielzahl von Theorieangeboten identifizieren, auf deren Grundlage versucht wird, diese Lücke zu schließen. Ein wesentlicher Beitrag im ersten Teil dieser Arbeit besteht in der Aufbereitung und Systematisierung dieser Theorieangebote und ihrer Anwendung im Bereich der Erklärung organisationaler Personalpolitiken. Die Vielzahl der vorhandenen Ansätze wird dabei unter drei Überschriften sortiert: *Effizienz, Macht* und *Legitimation*.

In der Auseinandersetzung mit diesen drei Paradigmen möchte ich zeigen, dass in allen drei Fällen gleichläufige Entwicklungen zu beobachten sind. Als gemeinsamer Nenner dieser innerparadigmatischen Entwicklungen kann das Bemühen verstanden werden, die Determination von Personalpolitiken durch unabhängige Einflussfaktoren – etwa die Eigenschaften der in Frage stehenden Transaktion, die Machtverteilung oder die institutionellen Normen – in Frage zu stellen und stattdessen die Bedeutung zu unterstrichen, die organisationalen Entscheidungen bei der Interpretation und Gestaltung dieser Einflussfaktoren zukommt. Aus dieser Überlegung folgt jedoch, dass Personalpolitiken stärker als Resultat der zirkulären Verknüpfung organisationaler Entscheidungen begriffen werden müssen: Organisationale Entscheidungen gewinnen Halt aneinander und weniger an einer unabhängigen Wirklichkeit. Um den damit in den Fokus gerückten organisationalen Eigendynamiken angemessen Rechnung tragen zu können, fehlt es in allen Erklärungsprogrammen jedoch an einem geeigneten Organisationsbegriff.

Im zweiten Teil versuche ich die These zu belegen, dass mit Hilfe vor allem systemtheoretischer Vorarbeiten ein solcher Organisationsbegriff ausgearbeitet werden kann, auf dessen Grundlage organisationale Entscheidungsprozesse konzeptualisiert werden können. Ein systemtheoretischer Ansatz ist zum besseren Verständnis von Personalpolitiken bislang kaum heran gezogen worden. Der Vorteil eines solchen Designs beschränkt sich dabei nicht auf den Umstand, die

Aufmerksamkeit auf die nicht-triviale, geschichtsabhängige Entscheidungspraxis von Organisationen zu lenken; es erlaubt zugleich die im ersten Teil referierten Theorien in einem gemeinsamen Rahmen zu integrieren und damit die typische Segmentation des Diskurses zu überwinden. Mit der Definition der Organisation als einem sich über Entscheidungen anhand von Entscheidungsprämissen reproduzierenden sozialen System gewinnt man nämlich einen Organisationsbegriff, der sich von Annahmen über die Rationalität von Organisationen, deren Machtstrukturen oder Legitimationserfordernissen abkoppelt und die Spezifik von Organisationen zunächst nur über das Kriterium der „entscheidungsmäßigen Selbststeuerung" (Geser 1982: 114) bestimmt. Effizienz-, macht- und legitimationstheoretische Erwägungen können, wenn sie auf die bei ihrer Operationalisierung benutzten Faktoren reduziert werden (Zwecke, Hierarchie, rechtliche Normen...), als *Entscheidungsprämissen* eingebunden werden, über die in der Organisation entschieden wird und in denen sich die Orientierung an unterschiedlichen Umweltsegmenten widerspiegelt. *Effizienz, Macht* und *Legitimation* stehen dann nicht mehr stellvertretend für sich wechselseitig ausschließende Erklärungsprogramme, sondern werden als Variablen behandelt, die in je unterschiedlichen Ausprägungen und in je unterschiedlichen Führungsverhältnissen (gleichzeitig) auftreten können.

Der dritte Teil der Arbeit präsentiert eine Fallstudie, die in diesen Rahmen einer Theorie selbstorganisierender Systeme eingebettet ist und in der die organisationalen Entscheidungsprozesse, die zur Etablierung bestimmter personalpolitischer Formationen führen, exemplarisch rekonstruiert werden. Da es die organisationalen Sinnkonstitutionsprozesse sind, die im Zentrum der Aufmerksamkeit stehen, bediene ich mich dazu der Methoden der qualitativen Sozialforschung. Obwohl das Interesse an qualitativen Verfahren auch im personalwirtschaftlichen Diskurs steigt (Ridder/Hoon 2009) und deren Beitrag zu einer dichten Beschreibung des Gegenstandes sowie einer Weiterentwicklung von Theorien zunehmend anerkannt wird, sind daran ausgerichtete empirische Untersuchungen organisationaler Personalpolitik immer noch eher selten. Es ist nicht zuletzt einer einseitigen Orientierung zugunsten quantitativer Methoden geschuldet, dass der organisationalen Binnendynamik bislang nur wenig Aufmerksamkeit zuteil wurde.

Die Fallstudie konzentriert sich auf die Frage nach der Bedeutung organisationaler Selbstbeschreibungen für die Konstitution betrieblicher Personalpolitiken im Prozess des Entscheidens anhand von Entscheidungsprämissen, über die organisationsintern entschieden wurde. Sie geht von der Annahme aus, dass es sich bei diesen organisationalen Selbstverständnissen oder Identitäten um Entscheidungsprämissen handelt, die Orientierungskraft für personalpolitische Entscheidungsprozesse besitzen. Diese These, dass organisationale Entscheidungen

Halt gewinnen an Identitätsvorstellungen, die sie selbst produziert haben, bzw.
dass die organisationale Identität zu denjenigen Mechanismen gehört, mit Hilfe
derer Organisationen in selbstgesponnenen Bedeutungsgeweben Orientierung
finden, beginnt sich zu etablieren (Whetten/Godfrey 1998; Schultz et al. 2000;
Hiller 2005; Corley et al. 2006). In diesem Diskurs wird davon ausgegangen,
dass das Selbstkonzept das „sensemaking" (Weick 1995) steuere und als Grundlage der Evolution von Angemessenheitsregeln diene, an denen sich Entscheidungsprozesse orientieren können (March 1999). Identität wird dabei nicht als
unveränderlicher Seinskern oder als das wahre Selbst begriffen, sondern als
Selbstbeschreibung (Seidl 2005) bzw. kommunikative Konstruktion (Czarniawska-Joerges 1994), die sowohl zeitlicher Dynamik unterliegt als auch in sozialer
Hinsicht multiple Gestalten annehmen kann.

Durch die Rückanbindung der Fallstudie an eine systemtheoretische Organisationstheorie können eine Reihe von Erkenntnishindernissen im Bereich der
Identitätsforschung überwunden werden. Der erarbeitete organisationstheore-
tische Hintergrund erlaubt es, das Konzept der organisationalen Identität in seinem erkenntnistheoretischen Status weiter zu entwickeln und den Konflikt zwischen essentialistischen und individualistischen Konzeptionen (Corley et al.
2006) zu umgehen. Mit der engen Kopplung zwischen empirischer Untersuchung und theoretischer Analyse wird die Kluft zwischen avancierten theoretischen Überlegungen (Seidl 2005) auf der einen und theoriefernen empirischen
Arbeiten (Lerpold et al. 2007) auf der andere Seite überbrückt. Auf der Grundlage der empirischen Ergebnisse kann darüber hinaus gezeigt werden, dass –
anders als im Identitätsdiskurs üblich – die Identität einer Organisation nicht als
stabilitätsgarantierende Letztbegründung, als „court of last resort" (Whetten/
Mackey 2002: 396), betrachtet werden kann. Bei Identitäten handelt es sich
vielmehr um kontingente Strukturen, die im Laufe von Entscheidungsprozessen
entstehen, sie sind nicht nur Grundlage, sondern auch Produkt organisationaler
Wirklichkeitskonstruktion. Organisationale Identitäten müssen in der Organisation aufgebaut, interpretiert, gegeneinander ausgetauscht oder kombiniert werden
können. Mit dieser Überlegung lässt sich der in der Identitätsforschung virulente
Gegensatz zwischen multiplen und homogenen Identitäten auflösen. Organisationen können zwischen diesen Extremen oszillieren, sie können beides sein,
fragmentiert und einheitlich zugleich.

1   Erklärungen organisationaler Personalpraktiken

Die Inklusion von Personen in Organisationssysteme hat eine Vielzahl von Dimensionen, unter anderem Ein- und Austritt des Personals, Personaleinsatz und -bewegung, Stellenzuschnitt, Arbeitsort und -zeit, Steuerungs- oder Führungsmodi, Entlohnung oder Weiterbildung. Durch die Kombination der unterschiedlichen Ausprägungen dieser Inklusionspraktiken entstehen Personalpolitiken oder Beschäftigungssysteme, verstanden als „unternehmensspezifische Organisationsformen des ‚Faktors Arbeit'" (Neuberger/Wimmer 1998: 154). Die Beantwortung von Fragen, die man im Anschluss an diese Kurzdefinition stellen könnte – Was ist Personal? Welche Faktoren bedingen die einzelnen Ausprägungen personalpolitischer Variablen? Welche Beschäftigungssysteme können voneinander unterschieden werden? Wie viele Beschäftigungssysteme gibt es in einer Organisation? – sind in hohem Maße theorieabhängig (Martin/Nienhüser 1998a; Wächter 2002).

Im Folgenden werden unterschiedliche theoretische Perspektiven auf Personalpolitik diskutiert, die eine Beantwortung dieser Fragen anleiten können. Diese Auswahl erhebt nicht den Anspruch auf Vollständigkeit, berücksichtigt aber die meines Erachtens maßgeblichen Erklärungsangebote. Einbezogen werden dabei sowohl wirtschaftswissenschaftliche als auch soziologische und sozialpsychologische Ansätze. Sie werden zu drei Gruppen zusammengefasst, die ich mit *Effizienz, Macht* und *Legitimation* überschrieben habe. Die Inspiration für diese Einteilung verdankt sich der einschlägigen US-amerikanischen Literatur (siehe exemplarisch Baron et al. 1986), aber auch Beiträgen aus dem deutschsprachigen Theoriediskurs (Martin/Nienhüser 1998b). Um die Lektüre zu erleichtern, möchte ich die Argumentation der folgenden Kapitel zunächst in geraffter Form vorstellen.

Unter der Überschrift *Effizienz* werden Theorien zusammengezogen, in denen Organisationen als bewusst und planmäßig geschaffene Handlungszusammenhänge konzipiert werden, die versuchen, auf möglichst effiziente Weise bestimmte Zwecke zu erreichen, d. h. das Verhältnis von Zwecken zu eingesetzten Mitteln zu optimieren. Zweck-Mittel-Kombinationen müssen sich unter Marktbedingungen bewähren. Aufgabe der Personalpolitik ist es, ein für die Zweckerfüllung ausreichendes und qualifiziertes Personal zu möglichst niedrigen Kosten zu beschaffen und in die Organisation einzubinden. Als wesentliche

Bestimmungsfaktoren der Personalpolitik werden neben situativen Aspekten wie der eingesetzten Technologie oder der Organisationsgröße vor allem das Ziel oder die Strategie der Organisation fokussiert. Die Strategie einer Organisation legt fest, auf welche Transaktionen sie sich einlassen muss, aus deren Eigenschaften das geeignete personalpolitische Instrumentarium abgeleitet werden kann.

In den Theorien des mit *Macht* überschriebenen Paradigmas werden Organisationen aus ihrer Einbettung in einen gesellschaftlichen Kontext heraus verstanden. Dieser gesellschaftliche Kontext ist in der kapitalistischen Moderne charakterisiert durch die ungleiche Verteilung der Verfügungsrechte über die Produktionsmittel. Die Besitzer der Produktionsmittel nutzen die organisationale Personalpolitik, um die Kontrolle über den Arbeitsprozess und damit die Mehrwertaneignung sicherzustellen. Diese Mehrwertaneignung stellt in einem konkurrenzförmig organisierten Kontext einen systemischen Zwang dar, dem alle Organisationen unterliegen. Die Muster der Einbindung von Personal sind weniger das Ergebnis eines unpersönlichen Strebens nach ökonomischer Effizienz, als vielmehr Resultat der Versuche, die gesellschaftlichen Machtverhältnisse und die damit verbundene asymmetrische Gewinnverteilung aufrecht zu erhalten. Bei der Erklärung konkreter personalpolitischer Arrangements wird neben den Produktionsverhältnissen vor allem auf den Stand der Produktivkräfte Bezug genommen.

Die unter der Überschrift *Legitimation* diskutierten neo-institutionalistischen Ansätze deuten beschäftigungspolitische Lösungen als Versuch, von relevanten Umwelten Legitimität zugesprochen zu bekommen. Ihre Gestalt verdankt sich dem Bemühen, die Organisation als modern und rational zu inszenieren, um die Anerkennung und Akzeptanz seitens externer Anspruchsgruppen zu garantieren. Personalpolitische Praktiken sind demnach nicht auf interne Kontroll- oder Koordinationsprobleme bezogen, sondern auf die institutionalisierten Erwartungen im Umfeld der Organisation. Zu den relevanten Einflussgrößen gehören danach neben dem Staat, Professionen und wissenschaftlichen Disziplinen, andere Unternehmen und die öffentliche Meinung.

Jedes der Paradigmen wird im Folgenden ausführlich erläutert und diskutiert. Die Defizite des im Fokus stehenden Paradigmas aus der Perspektive der jeweils anderen werden dabei in den Fließtext eingeflochten. Diejenigen Kritikpunkte, die sich aus meiner Perspektive ergeben, werden in eigenen, abschließenden Teilkapiteln zusammengefasst.

In allen drei Erklärungsprogrammen kann eine ähnliche Entwicklung sichtbar gemacht werden, deren Kern darin besteht, die Beeinflussung von Personalpolitiken durch vermeintlich unabhängige Variablen in Frage zu stellen. So betonen etwa einige Vertreter des Transaktionskostenansatzes, dass die Eigenschaf-

ten einer Transaktion, also die Frage, wie schwer oder leicht Aufgaben individuell zugerechnet und wie einfach oder komplex, wie betriebsspezifisch oder -
unspezifisch ihr Inhalt ist, personalpolitischen Entscheidungen nicht nur zugrunde liegen, sondern umgekehrt auch von diesen Entscheidungen abhängen (Ale-
well/Hackert 1998). Die Bedingungen, die die Unterscheidung effizienter von
weniger effizienten Praktiken erlauben, sind also keineswegs unabhängig vom
Handeln der Beteiligten. Personalpolitische Entscheidungen werden nicht durch
eine unabänderliche Realität bestimmt, vielmehr beziehen sie sich auf eine Wirklichkeit, die durch andere organisationale Entscheidungen hergestellt wurde,
gründen also auf selbst geschaffenen Voraussetzungen. Welche Beschäftigungspolitiken in solchen rekursiven Schleifen entstehen, wird etwa im *Societal Effect
Approach* (Maurice/Sorge 1996) mit dem Hinweis auf den jeweiligen institutionellen Kontext zu beantworten versucht. Welchen betrieblichen Zuschnitt Arbeitsleistungen bekommen, welche personalpolitischen Steuerungsmodi und
welche Unternehmensstrategien sich als besonders effizient erweisen, ergibt sich
danach aus dem zirkulären Zusammenspiel mit den jeweiligen institutionellen
Rahmenbedingungen (Lutz 1976; Sorge 1991). Das Ergebnis dieses Zusammenspiels führt zu einer Art nationalem „Eigenwert" (Foerster 1984), d.h. zu natio-
nalstaatsspezifischen Beschäftigungsmustern, etwa dem „deutschen Modell".
Die empirisch beobachtbare Vielfalt an Beschäftigungsverhältnissen kann jedoch
als Hinweis darauf gedeutet werden, dass dieses Modell deutlichen Fragmentie-
rungstendenzen unterliegt (Bosch et al. 2007). In dem Maße, wie vereinheitlichend wirkende Institutionen an Einfluss verlieren und zunehmend heterogene
institutionelle Rahmenbedingungen interpretiert, vermittelt und organisationsintern durchgesetzt werden müssen, rückt die organisationale Selbstorganisation
bei der Erklärung von Personalpraktiken verstärkt ins Blickfeld. Den Anspruch,
diese interne Entscheidungsdynamik verständlich zu machen, können jedoch
verfügbare, an einem zweckrationalen Organisationsbegriff festhaltende Erklärungsangebote, wie etwa das Ressourcenzusammenlegungsmodell von Coleman
(1992), nicht einlösen.

Eine analoge Entwicklung kann im Macht-Paradigma beobachtet werden.
Mikropolitische, postmoderne aber auch neuere Ansätze im Kontext der Industriesoziologie stehen für ein Abrücken von objektivistischen Positionen, die für
marxistische Arbeiten (Braverman 1977) charakteristisch waren (Hofbauer
1993). Danach erscheint die Behauptung, die objektiven, kapitalistischen Imperative der Kapitalakkumulation und der Mehrwertaneignung erzwängen eine
tayloristische Personalpolitik, deren Durchsetzung aufgrund der durch die Eigentumsverhältnisse begründeten eindeutigen Machtasymmetrie garantiert sei, als
verkürzt. Zu den Entdeckungen, die Zweifel an der Annahme einer strikten
Kopplung von Wirtschaft, sozialer Schichtung und Organisation aufwerfen,

gehört nicht nur das Transformationsproblem. Wo immer Unsicherheiten geschaffen, erfunden und kontrolliert werden können, erwachsen für Organisationsmitglieder Widerstandspotentiale (Crozier/Friedberg 1979). Betriebliche Herrschaft erfordert zu ihrer Durchsetzung darum die Akzeptanz und Unterstützung
der ihr Unterworfenen. Stärker als an ein objektives Herrschaftsverhältnis erinnert eine Organisation an eine politische Arena, in der unterschiedliche Akteure
mit unterschiedlichen Ressourcen um die Durchsetzung ihrer Interessen kämpfen
(Jürgens/Naschold 1984; Burawoy 1979). Die Machtverteilung muss als Variable gedacht werden, die in unterschiedlichen organisationalen und soziohistorischen Kontexten unterschiedliche Ausprägungen annehmen kann. Zwischen der
Machtverteilung und den organisationalen Strukturen wird ein zirkuläres Verhältnis angenommen: Organisationale Strukturen (und Diskurse) begründen
Macht und sind ihrerseits Ausdruck derselben (Foucault 1977, 1982; Ortmann et
al. 1990; Neuberger 1997a). Der Versuch, Personalpolitik als Resultat rekursiver
Entscheidungsdynamiken und innerbetrieblicher Machtspiele verständlich zu
machen, überfordert jedoch den Machtbegriff. Er erweist sich als Leerformel, auf
deren Grundlage keine geeignete Organisationstheorie ausgearbeitet werden
kann.

Schließlich wird in den neo-institutionalistischen Ansätzen anders als in
frühen Varianten des Institutionalismus die Annahme aufgegeben, Normen seien
homogen, eindeutig und direkt handlungsleitend (Hasse/Krücken 1996). Stattdessen wird heute davon ausgegangen, dass die institutionalisierten Erwartungen
widersprüchlich (Brunsson 2003), ambivalent und vage sind (Dobbin/Sutton
1998), sodass die Konstitution der „rules of appropriateness" (March/Olsen
1984; March 1999) als organisationsinterne Operation aufgefasst werden muss,
als Anfertigung eigener Interpretationen, die in der Interaktion mit einer auf sie
reagierenden und durch sie gestalteten Umwelt ihre Form gewinnt – Eigendynamik und eine sich daraus ergebende Trägheit und Ignoranz der Organisation mit
eingeschlossen. Legitimierende, institutionalisierte Regeln können demnach
nicht als gegeben betrachtet werden. Sie sind Gegenstand selektiver Deutungs-
und Übersetzungsprozesse und müssen aus der Interaktionsdynamik zwischen
System und Umwelt heraus verstanden werden. Es liegen bereits mehrere empirische Studien zur Rekursivität von Institutionalisierungsprozessen vor (Tol-
bert/Zucker 1983; Dobbin et al. 1994; Dobbin/ Sutton 1998). Eine solche Wende
zu einem stärker konstruktivistischen Verständnis von Institutionen und Normen
müsste dann aber die Aufmerksamkeit auf die organisationalen Interpretationsprozesse lenken und sich dazu auf einen entsprechend ausgearbeiteten Organisationsbegriff stützen können. Der Fokus im Neo-Institutionalismus liegt jedoch
vielmehr auf überorganisationalen kulturellen, politischen oder rechtlichen Dis-
kursen. Die Beobachtung, dass die Anpassung an diese Diskurse zu einem hohen

Maß an Ähnlichkeit und Standardisierung innerhalb der Organisationslandschaft führt (Brunsson/Jacobsson 2000), hat eine Auseinandersetzung mit Organisationen als sozialen Systemen eher verhindert und stattdessen zu einem Hinterfragen der organisationalen Grenzen, d. h. zum Kollaps der Unterscheidung von Organisation und Gesellschaft geführt.

Bei den Begriffen *Effizienz, Macht* oder *Legitimation* handelt es sich zunächst um Abstraktionen, die ihren Erklärungswert erst gewinnen, wenn man gewisse Aspekte der Wirklichkeit verdinglicht, die dann als Explanans in der Theorie fungieren – also etwa die institutionalisierten Normen oder die Betriebsspezifik von Arbeitnehmerqualifikationen. In den dargestellten Weiterentwicklungen werden die Entstehungskontexte dieser unabhängigen Variablen mitberücksichtigt, d. h. es wird reflektiert, dass die vermeintlich objektive Realität durch Entscheidungsprozesse hervorgebracht wird. Fragt man in dieser Weise nach der Konstruktion sozialer Wirklichkeit, gelangt man zu rekursiven Schleifen, in denen die erklärenden Faktoren ihrerseits durch Prozesse hervorgebracht werden, denen sie zugrundeliegen. Personalpolitiken ergeben sich danach als Resultat der zirkulären Verknüpfung organisationaler Entscheidungen. Diese bringen eine Wirklichkeit hervor, die weiteren Entscheidungen Orientierung bietet. Entscheidungen finden Halt in der wechselseitigen Bezugnahme aufeinander und nicht in einer gegebenen Realität. Der organisationale Entscheidungsprozess gründet in diesem Sinne auf selbstgeschaffenen Grundlagen, die sich in der Auseinandersetzung mit der gestalteten Organisationsumwelt bewähren müssen. Durch die konstruktivistische Drift, die sich in allen Erklärungsparadigmen andeutet, verlagert sich die Erklärungslast jedoch auf den Organisationsbegriff, mit dessen Hilfe die organisationsinternen Entscheidungsdynamiken, die zu bestimmten personalpolitischen Konstellationen führen, sichtbar gemacht werden müssen. Ein Organisationsbegriff, der diese Folgewirkungen auffängt, ist jedoch in keinem der drei Theorieszenarien verfügbar.

Diese Leerstelle bildet das Bezugsproblem für die Überlegungen im zweiten Teil. Hier soll ein organisationstheoretischer Rahmen erarbeitet werden, mit Hilfe dessen die skizzierten Entwicklungen aufgenommen und ihr Defizit – die Nichtberücksichtigung organisationaler Entscheidungsprozesse bzw. das Fehlen eines komplexen Organisationsbegriffs – behoben werden kann. Wie überall in der vorliegenden Arbeit ist dabei die Systemtheorie Luhmanns eine der maßgeblichen Inspirationsquellen. Die Organisationstheorie von Luhmann (1988a; 2000) bietet sich an, weil sie Organisationen explizit als Prozesse der rekursiven Vernetzung von Entscheidungen begreift. Organisationen entscheiden selbst, wer Mitglied ist und wer nicht und können deshalb als Systeme mit selbstgezogenen Grenzen betrachtet werden, die Entscheidungen im Netzwerk eigener Entscheidungen generieren. In diesem Prozess der Produktion von Entscheidungen im

Netzwerk eigener Entscheidungen wird die Wirklichkeit der Organisation konstruiert, d. h. wird diejenige Unsicherheit absorbiert, die es erlaubt, „begrenzt rational" zu entscheiden. Dies geschieht, indem Entscheidungen andere Entscheidungen als unhinterfragte Prämissen in Anspruch nehmen. In diesem Prozess der Entscheidungsverkettung werden diejenigen Bedingungen geschaffen, die zu beurteilen erlauben, was effizient ist, und es werden diejenigen Interpretationen angefertigt, die Organisationen mit Angemessenheitsregeln versorgen, an denen sich weitere Entscheidungen orientieren können. An die Stelle von Zielerreichung, Machterhalt oder Legitimation tritt Unsicherheit als das Bezugsproblem der Organisation. Diese Unsicherheit wird nicht als unabhängige Variable gedacht, sondern als Folge der Operationsweise der Organisation: Eben weil über Mitglieder und strukturelle Parameter *entschieden* wird, erscheint alles als kontingent, als auch anders möglich und deshalb als unsicher. Diese Unsicherheit wird durch die Verkettung von Entscheidungen nicht nur reduziert, sondern auch aufrechterhalten, weil die Kontingenz an diesen Entscheidungen haften bleibt, insofern man sie auch anders hätte treffen können bzw. in zukünftigen Gegenwarten anders treffen kann. Die reproduzierte Unsicherheit garantiert weiteren Entscheidungsbedarf, stellt also die Autopoiesis der Organisation sicher. Organisationen können deshalb als Systeme beschrieben werden, die sich im Prozess der Reduktion und Reproduktion selbsterzeugter Unsicherheit zu erhalten suchen.

Es soll mit diesem neuen Koordinatensystem nicht bestritten werden, dass die Evolution von Beschäftigungsverhältnissen durch Effizienzgesichtspunkte, Machtverhältnisse und Legitimationsnotwendigkeiten bestimmt wird. Aber die Kriterien, nach denen sich beispielsweise Effizienz bemisst, sind selbst Folge organisationaler Entscheidungen. Was effizient ist, ist das, was im Prozess der zirkulären Bezugnahme von organisationalen Entscheidungen auf andere organisationale Entscheidungen – in Interaktion mit der Umwelt – effizient *gemacht wird*. Wo sowohl Ziele als auch Alternativen mehrdeutig sind, muss der rationalen bzw. effizienten Entscheidung ein Prozess des *sensemaking* bzw. der Unsicherheitsabsorption vorangehen, in dessen Verlauf Ziele und Alternativen konstituiert bzw. Komplexität und Unsicherheit auf ein entscheidungsfähiges Maß reduziert werden. (Begrenzte) Rationalität wird also im organisationalen Entscheidungsnetzwerk erst ermöglicht (March/Simon 1958/1976a; Weick 1995). Weder institutionalisierte Normen noch organisationale Machtverhältnisse können diesen Prozess der Reduktion von Unsicherheit und Mehrdeutigkeit determinieren. Legitimierende Normen oder institutionalisierte kognitive Schemata sind ihrerseits deutungsbedürftig: Legitim ist nur das, was im Netzwerk organisationaler Entscheidungen als legitim interpretiert wird. Auch in diesem Falle beziehen sich organisationale Entscheidungen auf die Unsicherheitsabsorptions- oder

Interpretationsleistungen vorangegangener Entscheidungen und nicht auf eine objektiv gegebene Wirklichkeit, und auch dieser Prozess findet in Interaktion mit der Umwelt statt (Dobbin/Sutton 1998). Gleiches gilt schließlich für die Machtverteilung, die ebenfalls durch organisationale Entscheidungen gestaltet werden kann. Die Konstitution von Macht ist eingebettet in die organisationale Evolution von Sicherheiten und Unsicherheiten. Der Fokus eines stärker systemtheoretischen Vorgehens liegt also auf der Frage, wie Effizienz resp. Rationalität definiert oder konstruiert wird, wie Unsicherheitszonen, deren Kontrolle Macht begründet, geschaffen, bzw. wie legitime Standards konstituiert werden. Solche Konstitutions- und Konstruktionsprozesse finden im Rahmen des organisationalen Kommunikationsgeschehens statt. Erst im Rahmen der evolutionären, d. h. zirkulären, organisationsinternen Entscheidungsprozesse wird diejenige Unsicherheitsabsorption geleistet, die dann zu beurteilen erlaubt, was als effizient und legitim betrachtet werden kann und welche Unsicherheiten so attraktiv werden, dass sich ihre Kontrolle lohnt. Auf eben diesen organisationalen Entscheidungsdynamiken liegt das Augenmerk der vorliegenden Arbeit.

1.1 Effizienz

In den verschiedenen Ansätzen, die ich im Folgenden unter der Überschrift *Effizienz* zusammenziehe, werden Organisationen als zweckrationale Systeme konzipiert, d. h. als Sozialformen, die spezifische Zwecke verfolgen und diejenigen Mittel wählen, mit deren Hilfe sich diese Zwecke am günstigsten erreichen lassen (Weber 1980). Effiziente Zweck-Mittel-Verbindungen werden in formalen Regeln verankert, deren Einhaltung durch die organisationale Hierarchie kontrolliert wird. Für die Akzeptanz der Hierarchie sorgt die Mitgliedschaftsrolle, die die Geltung der Hierarchie einerseits auf den Bereich der Mitgliedschaft beschränkt und andererseits durch Vergütung attraktiv macht. Die formale Struktur einer Organisation und damit auch deren Personalpolitik werden demnach als rationale, im Falle von Wirtschaftsorganisationen als ökonomisch effiziente, Problemlösungsinstrumente begriffen. Ursprung einer solchen Rationalität ist bei Taylor (1913/1995) das wissenschaftliche Experiment. Dessen Ergebnis liefert den *one best way* zur Erreichung des Organisationszwecks. In dieser klassischen Konzeption war Rationalität noch weitgehend umweltunabhängig gedacht. Immerhin konnte von Umweltgegebenheiten wie etwa der jeweiligen Marktnachfrage oder politischen Vorgaben erwartet werden, dass sie die mit der Zweckfindung beauftragte Organisationsspitze disziplinieren und deren Willkür einschränken.

Zu einer systematischen Berücksichtigung von Kontextfaktoren – und damit zu einer situativen Relativierung von Rationalität – kommt es in der neoklassischen Wirtschaftstheorie (Fehl/Oberender 1994) und im situativen Ansatz bzw. der Kontingenztheorie (Burns/Stalker 1968; Lawrence/Lorsch 1967/1990; Woodward 1968). Was rational ist, ergibt sich danach aus der jeweils besonderen Umwelt, an die sich eine Organisation mit ihrer Struktur anpassen muss. Die neoklassische Wirtschaftstheorie bildet den traditionellen Ausgangspunkt für die ökonomische Theorie der Unternehmung (Schreyögg 2003). Die Abhängigkeit der Unternehmung von ihrem Umfeld drückt sich im Gleichgewichtstheorem aus, d. h. in der Annahme, unter der Bedingung der vollkommenen Konkurrenz stelle sich automatisch ein Gleichgewicht von Angebot und Nachfrage ein. Zu den Ausgangsprämissen dieses Modells gehören u.a. die Annahmen, es werde ein homogenes Gut angeboten, es herrsche vollständige Information der Marktteilnehmer über Qualität und Preis des Gutes sowie über die Handlungen der anderen Marktteilnehmer, allen Beteiligten sei eine Nutzen- bzw. Gewinnorientierung gemeinsam, ihre Entscheidungen seien von einander unabhängig und der Neueintritt anderer Marktteilnehmer sei jederzeit möglich. Unter der Bedingung der vollkommenen Konkurrenz ist die Organisation vollkommen umweltdeterminiert. Sie wird als Preisnehmer konzipiert, d. h. sie entnimmt ihrer Marktumwelt einen Preis und errechnet danach ihre Ausbringungsmenge.

Die Vorstellung, Organisationen würden durch die Einbettung in ein Netz konkurrenzförmig strukturierter Marktbeziehungen zu rationaler Mittelallokation gezwungen, wird im kontingenztheoretischen Ansatz weiter differenziert. Mit Hilfe großzahliger empirischer Forschungen sollen dabei Zusammenhänge zwischen situativen Faktoren und Organisationsstrukturen ermittelt werden mit dem Ziel, die jeweils am besten an eine bestimmte Situation angepassten Organisationsstrukturen zu identifizieren. So wird etwa in Anlehnung an Burns/Stalker (1968) für „stabile und überschaubare Umwelten (...) eine stark formalisierte und zentralisierte Organisationsstruktur für notwendig erachtet, während in turbulenten, komplexen Umwelten ein flexibles und anpassungsfähiges Strukturgefüge als Voraussetzung der Überlebensfähigkeit behauptet wird" (Schreyögg 2003: 332). Weil es sich bei Organisationen um differenzierte Systeme handelt, muss berücksichtigt werden, dass unterschiedliche Organisationsuntereinheiten unterschiedliche Umwelten haben (Lawrence/Lorsch 1967/1990). Ein Überleben der Organisation ist dann nur gewährleistet, wenn die Differenzierung durch entsprechende integrative Kräfte kompensiert wird. Zur objektiven Situation, an die sich eine Organisation bzw. eine ihrer Untereinheiten mit ihren Strukturen anpassen muss, gehören als Teil der internen Situation: die Fertigungstechnik, die Organisationsgröße, das Leistungsprogramm und die Rechtsform; und als Teil der externen Situation: die Konkurrenzverhältnisse, die Kundenstruktur, die Dynamik der technischen Entwicklung sowie die kulturellen und gesellschaftlichen Bedingungen (Kieser 2001b: 175).

Sowohl in der neoklassischen Wirtschaftstheorie als auch im situativen Ansatz wird ein deterministisches Verhältnis zwischen situativen Faktoren und der Organisation unterstellt (Schreyögg 2003; Schreyögg/Sydow 2003). Diesen Ansätzen liegt eine realistische Erkenntnistheorie zugrunde; sie gehen von der Möglichkeit aus, objektive, dem Wünschen und Wollen der Organisation entzogene Eigenschaften der Umwelt resp. der Situation identifizieren zu können, die für alle Unternehmen dieselben Wirkungen entfalten. Dies gilt analog für den Transaktionskostenansatz (Williamson 1981), aus dessen Perspektive die bestimmende Umwelt institutioneller Strukturen durch die Eigenschaften der in ihnen abgewickelten Transaktionen gebildet wird. Der Transaktionskostenansatz nimmt für sich in Anspruch, den ökonomischen Sinn vermeintlich außerökonomischer Institutionen – und dazu gehört auch die formale Organisation – erklären und damit das traditionelle Defizit der neoklassischen Wirtschaftstheorie heilen zu können. Gegen die Neoklassik ist häufig eingewandt worden, dass gerade am Arbeitsmarkt nicht gelte, dass im freien Wechselspiel von Angebot und Nachfrage die Konditionen festgelegt werden, unter denen die Ware Arbeit getauscht wird. Der Arbeitsmarkt gilt stattdessen als notorisch unvollkommener Markt, der für beide Seiten intransparent und in eine Vielzahl von (regionalen, fachlich-beruflichen, unternehmensinternen) Teilmärkten differenziert ist und der durch Ausbildungssysteme, politische Rahmenbedingungen und die industriellen Beziehungen präformiert wird. Der Arbeitsmarkt ist weder frei noch selbstreguliert, sondern in vielfacher Weise durch Institutionen geprägt. In einem neoklassischen Design muss der institutionelle Rahmen lediglich das „freie Spiel der Kräfte" sicherstellen, etwa Rechtssicherheit garantieren; er gilt aber darüber hinaus als weder notwendig noch förderlich, kann also über marktinterne Ursachen nicht erklärt werden (Neuberger 1997b; Neuberger/Wimmer 1998). Wo das „freie Spiel" durch Segmentierungen unterbrochen wird, muss die Annahme eines automatisch sich einstellenden Marktgleichgewichts aufgegeben werden. Auf berufsfachlichen Arbeitsmärkten etwa, wo bestimmte Gruppen den Erwerb und die Ausübung spezifischer Kompetenzen monopolisieren und auf diese Weise den Zugang zu bestimmten Arbeitsplätzen oder Tätigkeitsfeldern restringieren können, kann unter Umständen selbst bei steigender Nachfrage das Angebot nicht wachsen, weil die Interessengruppen es nicht wachsen lassen, um den Preis hoch zu halten. Ein anderes Segment bilden die internen Arbeitsmärkte, in denen Unternehmen ihre Kernbelegschaften gegen den externen Markt bzw. vollkommene Konkurrenz abschotten. Durch die Beschränkung des Zutritts auf einige *entry-ports* können sich auf diese Weise Systeme bilden, die ihre Strukturen selbstorganisiert festlegen.

In der soziologischen Kritik der Neoklassik werden solche Institutionen v.a. als Mechanismen gedeutet, die die Macht der Arbeitnehmer stärken und damit der asymmetrischen Machtverteilung auf dem Arbeitsmarkt entgegenwirken. Ihre Funktion liegt in der Domestizierung der Marktkräfte, sie erlauben die Reduktion von Unsicherheit und Unberechenbarkeit und ermöglichen damit den Aufbau stabiler sozialer Identitäten und Beziehungen (Streeck 2005). Diese Argumentationslinie ist von der Überlegung getragen, dass freie, unregulierte Märkte selbst minimale Ansprüche an soziale Gerechtigkeit unterschritten und deswegen soziale Institutionen als Garanten einer gesellschaftlichen Fairness notwendig machen. Die Transaktionskostenökonomie versucht dagegen diese Institutionen aus ihren ökonomischen Funktionen heraus zu verstehen. Danach stellen die Transaktionskosten, d.h. die „Reibungsverluste", die bei jeder Transaktion auftreten, das Bezugsproblem dar, das durch Institutionen gelöst werden muss. Die neoklassische Ökonomie abstrahiert von solchen Kosten. In bestimmten Situationen entstehen jedoch Transaktionskosten, die zu einem Scheitern des Marktes führen würden. Aus dieser Unvollkommenheit des Marktes wird die Notwendigkeit von Institutionen abgeleitet. Welche Institutionen in welchem Kontext effizient sind, hängt von der Höhe der Transaktionskosten ab.

Zu den Ex ante-Transaktionskosten, die bei der Anbahnung eines Tauschgeschäfts anfallen, gehören etwa Informations-, Verhandlungs- und Vertragskosten, zu den Ex post-Transaktionskosten dagegen die Aufwendungen für die Absicherung und Überwachung, Durchsetzung, Konfliktlösung und mögliche Anpassung vertraglicher Vereinbarungen an veränderte Umweltbedingungen im Rahmen von Nachverhandlungen. Die Entstehung dieser Kosten resultiert aus zwei Rahmenbedingungen, die als Grundprämissen eingeführt werden: der *begrenzten Rationalität* der Teilnehmer, die dazu führt, dass Verträge chronisch unvollständig sind und der Gefahr, dass diese Unsicherheit *opportunistisch* ausgenutzt wird. Ohne die Annahme des Opportunismus wäre die Existenz von Unsicherheit unproblematisch – weil man diese kooperativ kleinarbeiten würde – und ohne die Annahme der Unsicherheit ginge von einem möglichen Opportunismus keine Gefahr aus – weil die Akteure durch Verträge bzw. alternative Vertragsnehmerinnen diszipliniert werden könnten. Für die Höhe der Transaktionskosten sind drei Dimensionen entscheidend: die *Spezifik*, die *Unsicherheit* und die *Häufigkeit* einer Transaktion. Die *Spezifik* von Investitionen in eine Transaktion, etwa in Form spezifischen Humankapitals, führt aufgrund von Spezialisierungsgewinnen zu einem Sinken der Produktionskosten, gleichzeitig aber zu einem Anstieg der Abhängigkeit vom anderen Partner und damit der Gefahr, dass dieser diese Abhängigkeit etwa im Falle von Nachverhandlungen opportunistisch ausnutzt (Williamson et al. 1975; Marsden 2000). Um dies zu verhindern, müssen vertragliche Vorkehrungen getroffen oder Nachverhandlungen in

Kauf genommen werden – beides treibt die Transaktionskosten in die Höhe. Die *Unsicherheit* darüber, wie man die Leistung misst oder welche veränderten Bedingungen sich in Zukunft ergeben, treibt sowohl die Ex-ante- als auch die Ex-post-Transaktionskosten in die Höhe, etwa weil mehr Mühe in die Formulierung und Anpassung von Verträgen gesteckt werden muss. Die *Häufigkeit* der Transaktion senkt sowohl die Transaktions- als auch die Produktionskosten pro Transaktion.

Die Reduktion dieser sachlichen, sozialen und zeitlichen Unsicherheit bzw. der damit verbundenen Kosten kann durch verschiedene institutionelle Arrangements geleistet werden, die wiederum ihrerseits unterschiedlich kostengünstig sind. Der Transaktionskostenansatz versucht die Frage zu beantworten, welche Transaktion in welchem institutionellen Design am kostengünstigsten abgewickelt werden kann. Die Effizienz wird als Relation zwischen unterschiedlichen Summen von Produktions- und Transaktionskosten definiert. Welche unterschiedlichen institutionellen Arrangements dabei verglichen werden, richtet sich nach dem jeweiligen Bezugsproblem. Steht etwa die Frage nach der effizienten Grenzziehung einer Organisation im Vordergrund, kann zwischen den Alternativen Markt, langfristigen Verträgen bzw. hybriden Formen und organisationaler Selbstversorgung gewählt werden, die auf drei unterschiedlichen Vertragstypen aufbauen: klassischen, neoklassischen und relationalen Verträgen (Williamson 1990). Klassische Vertragsbeziehungen zeichnen sich aus durch kurze Dauer, Präzision in der wertmäßigen Bestimmung des Gegenstandes, die ex ante stattfindende Festlegung des vertraglichen Regelwerks und die für jeden Partner einseitig mögliche Anpassungsmöglichkeit bei sich verändernden Umständen. Konflikte werden vor Gericht gelöst. In neoklassischen Verträgen werden nicht alle Bedingungen der Transaktion exakt festgelegt, weil mit Anpassungsbedarf gerechnet wird. Auch nach dem Vertragsabschluss müssen weitere koordinierende Entscheidungen getroffen werden. Dafür gibt es Sicherungs-, Anpassungs- und Schlichtungsklauseln. Relationale Verträge etablieren langfristige Austauschbeziehungen, bei denen die vorherige Festlegung von Leistungen und Gegenleistungen nur in ganz geringem Maße stattfindet. Ändern sich die Rahmenbedingungen, müssen die Transaktionspartner sich gemeinsam auf Anpassungen einigen. Die verschiedenen institutionellen Arrangements können nun im Hinblick auf die in ihnen wirkenden transaktionskostenrelevanten Mechanismen verglichen werden. Auf Märkten verhindern Anreizsysteme opportunistisches Verhalten, weil die hohe Vergleichbarkeit der Leistungen Konkurrenz freisetzt. Jeder Teilnehmer ist motiviert, seine Ressourcen so effizient wie möglich einzusetzen, weil die damit verbundenen Gewinne ihm selbst zufließen. Kontroll- und Durchsetzungskosten sind niedrig, weil die Leistungen klar definiert sind und man mit gerichtlichen Sanktionen drohen kann. Der Markt funktioniert jedoch nur unter den Bedingungen, dass die Leistung klar definiert werden kann und so unspezifisch ist, dass es eine große Zahl an Mitbewerbern gibt, die sich wechselseitig disziplinieren. Ist dies jedoch nicht der Fall, wächst das Interesse am Aufbau einer langfristigen Austauschbeziehung, mit der eine permanente Vertragsneuformulierung entsprechend den veränderten Gegebenheiten vermieden resp. die leichte und schnelle Anpassung der Transaktion garantiert werden kann. Ferner können die hohen Kosten im Falle einer ungewollten Beendigung der Tauschbeziehungen eingespart werden. Im Falle einer Beendigung würde das spezifische Humankapital der Arbeitnehmer verloren gehen und der Arbeitgeber müsste umgekehrt neue Arbeitnehmer suchen und aufwendig anlernen. Ferner sind Organisationen besser über die „Leistungs- und Kombinationsfähigkeit verschiedener Inputfaktoren" (Ebers/Gotsch 2001: 234) informiert und können Ressourcen deshalb effizienter einsetzen und kombinieren. Der Transaktionskostenansatz schlussfolgert aus diesen Überlegungen, dass unter den Bedingungen hoher transaktionsspezifischer Investitionen und hoher Unsicherheit, die organisationsinterne Leistungserstellung unter Transaktionskostengesichtspunkten die effizienteste ist. Entfallen diese Bedingungen, ist hingegen der Markt das effizienteste institutionelle Arrangement. Wichtigstes Anwendungsgebiet des Transaktionskostenansatzes ist bislang die Frage der Fremd- oder Selbstherstellung, es gibt aber auch erste Anwendungen im Bereich der Beschäftigungspolitik (Alewell/Hackert 1998), die im Folgekapitel skizziert werden.

1.1.1 Anwendungen des Effizienzparadigmas auf personalpolitische Konfigurationen

In den klassischen Theorien der Organisation als eines rationalen Systems wurden verschiedene Vorstellungen davon entwickelt, wie eine von der konkreten Umwelt unabhängige, effiziente Personalpolitik auszusehen habe. Bei Weber (1980: 551ff) wäre hier an das Berufsbeamtentum zu denken. Fachkräfte mit Spezialkenntnissen werden im Austausch gegen ein Geldgehalt, langfristige Zukunfts- bzw. Beschäftigungssicherheit und erwartbare Laufbahnen nach objektivierten Kriterien zum Gehorsam gegenüber formalen Regeln verpflichtet. Strukturelle Grundlage dieser Ordnung ist die Trennung der Amtsinhaber von den Betriebsmitteln. Die Differenzierung zwischen den durch formale Regeln bestimmten Amtsgeschäften und der Person garantiert die Präzision, Berechenbarkeit und Schnelligkeit und damit die Überlegenheit der Bürokratie. Die ersten Vorstellungen von internen Arbeitsmärkten und bürokratischer Herrschaft wurden hier theoretisch fixiert. Taylor (1913/1995) überträgt das bürokratische Rationalisierungsmuster auf den Bereich der wirtschaftlichen Produktion – ohne freilich das Konzept interner Arbeitsmärkte aufzugreifen. Die formalen Regeln sind Resultat wissenschaftlicher Experimente, aus denen sich auch die Kriterien für Personalselektion und -training ableiten. Die Arbeitsorganisation ist durch die Trennung zwischen Hand- und Kopfarbeit charakterisiert, die nach Maßgabe eines Prämien- und Bonussystem vergütet wird. Dass dies der *one best way* im Bereich der Personalpolitik sei, wurde von der Human Relations-Bewegung bestritten unter anderem mit dem Verweis auf die psychische Komplexität der Beschäftigten, die nicht nur materielle Anreize, sondern auch Anerkennung, Selbstverwirklichung und Mitsprachemöglichkeiten suchten (Mayo 1949/1990; Roethlisberger/Dickson 1972; Kieser 2001a). Entsprechend wurde empfohlen, die Personalpolitiken etwa um partizipative Führungsstile zu ergänzen oder die Arbeitsumwelten abwechslungsreicher zu gestalten. Auf die Kritik an diesen Denktraditionen werde ich im Kapitel „Macht" zu sprechen kommen. Die Suche nach HR-Instrumenten oder Bündeln von HR-Instrumenten, die unabhängig vom konkreten organisationalen Kontext die effizientesten Wirkungen entfalten, hält bis heute an, etwa in der Diskussion über ein strategisches Human Resource Management (in Gestalt der „universalistic perspective", s. Delery/Doty 1996) oder in der Erfolgsfaktorenforschung (Gmür/Schwerdt 2005; kritisch hierzu: Nicolai/Kieser 2002).

Mehr und mehr scheint sich jedoch als Konsens durchzusetzen, dass Rationalität immer kontextspezifisch gefasst werden muss (Ridder 2007: 102). Was eine effiziente Personalpolitik ist, so kann im Anschluss an die kontingenztheoretischen Ansätze formuliert werden, richtet sich nach den jeweiligen Umständen. Welche Umstände dabei in den Vordergrund gerückt werden, variiert je nach in Anschlag gebrachter Theorie. In einem klassischen kontingenztheoretischen Design werden etwa Faktoren wie die Organisationsgröße oder die eingesetzte Technologie zur Erklärung organisationaler Personalpolitiken herangezogen. Danach wären beispielsweise ausdifferenzierte Personalabteilungen typischerweise nur in großen Organisationen zu finden, weil es erst ab einer bestimmten Größe effizient ist, Personalaufgaben in darauf spezialisierten Abteilungen zu konzentrieren (Blau 1970; Blau/Schoenherr 1971). Oder: In Organisationen, in denen Technologien eingesetzt werden, die betriebsspezifisches Wissen erfordern, verursacht häufiger Personalwechsel aufgrund der Anlernzeiten hohe Kosten. In technisch komplexen Organisationen würde man danach Personalpraktiken erwarten, die auf langfristige Beschäftigtenbindung abzielen (Doeringer/Piore 1978).

Ich möchte im Folgenden das Hauptaugenmerk auf Ansätze legen, die in den Zielen oder Strategien einer Organisation, in den Eigenschaften der jeweils getauschten Arbeitsleistungen sowie im weiteren institutionellen Rahmen, in den eine Organisation eingebettet ist, die für die Personalpolitik entscheidenden Kontextvariablen sehen.

Die Diskussion um den Zusammenhang zwischen den Zielen der Organisation und ihren Personalpraktiken läuft gegenwärtig unter der Überschrift *Strategic Human Resource Management* (SHRM) oder strategisches Personalmanagement (Wright/McMahan 1992; McMahan et al. 1999; Staehle 1999: 795ff; Schuler/Jackson 2007). Im Unterschied zur Personalarbeit, die „bloße Anwendung von Personaltechniken, wie Personalplanung, -einsatz, -entwicklung oder -entlassung" (Staehle 1999: 777) unabhängig von der jeweiligen Geschäftsstrategie sei, liegt der Fokus im SHRM gerade auf diesem Link zwischen Geschäfts- und Personalstrategie einerseits, der horizontalen Integration einst isolierter Personalpraktiken andererseits. In der Diskussion um das SHRM vermischen sich deskriptiv-erfahrungswissenschaftliche (die unterstellte Korrespondenz zwischen Geschäfts- und Personalstrategie kann bei erfolgreichen Unternehmen empirisch beobachtet werden) und normative Aspekte (wenn Unternehmen erfolgreich sein wollen, müssen sie ihre verstreuten HR-Praktiken integrieren und auf die Geschäftsstrategie beziehen). Entsprechend werden in den verfügbaren theoretischen Konzepten nicht nur Thesen formuliert, wie und ob es zu dieser Korrespondenz kommt, sondern auch, warum es zu dieser Korrespondenz kommen sollte.

Im Kern des SHRM steht die Überlegung, dass Unternehmen abhängig von ihrer Marktumwelt unterschiedliche Geschäftsstrategien wählen, die ein unterschiedliches Verhalten erfordern, das durch entsprechende, integrierte Personalpraktiken oder -strategien erzeugt wird, die es dann zu implementieren gilt. Neben dieser auch als *behavioral perspective* (Jackson et al. 1989; Wright/McMahan 1992) bezeichneten Spielart, gibt es weitere Strömungen, die andere Schwerpunktsetzungen vornehmen (Delery/Doty 1996), zum Teil aber auch erheblich in ihrem Strategieverständnis divergieren, wie etwa der Ressourcenansatz (Barney 1991). Der Versuch, den Unterschieden zwischen den einzelnen Spielarten und dem Diskurs über organisationale Strategien angemessen Rechnung zu tragen, würde den Rahmen dieser Arbeit sprengen. Ansätze im Bereich der Strategieforschung wie diejenigen von Mintzberg (1978; 1985) oder Eccles/Nohria (1992) bleiben ebenso unberücksichtigt wie industriesoziologische Varianten des Nachdenkens über betriebliche Strategien (Bechtle 1980). Der hier geführten Diskussion liegt damit ein stark verengtes Strategieverständnis zugrunde, das auf die klassische Definition von Chandler zurückgeht:

The „determination of the basic long-term goals and objectives of an enterprise, and the adoption of courses of action and the allocation of resources necessary for carrying out these goals" (1973: 13).

Obgleich es eine Vielzahl an Vorschlägen gibt, Personalstrategien zu typologisieren, scheint es eine zentrale Gegenüberstellung zu geben, die sehr stabil ist und in unterschiedlicher Benennung in vielen Arbeiten in ähnlicher Weise wiederkehrt, etwa bei Arthur (1992: „cost reduction" vs. „commitment maximizing"), Ouchi (1980: „clan" vs. „market"), Osterman (1987: „salaried" vs. „industrial model") oder bei Brose/Diewald/Goedicke (2004: Vergemeinschaftung vs. Vermarktlichung). Tsui et al. (1995) bezeichnen diese zwei unterschiedlichen Beziehungen zwischen Arbeitnehmern und Organisation als „organization-focused" und „job-focused". Im ersteren Falle müsse Beschäftigungssicherheit angeboten, partizipative Führungsstile gepflegt, in Weiterbildung investiert und Karrieren versprochen werden, um eine langfristige, auf Gegenseitigkeit gründende Beziehung aufzubauen, um die Beschäftigten zu Arbeitsleistungen zu motivieren, die vertraglich nur schlecht zu definieren sind. Nur so kann ein *commitment* auf Seiten der Beschäftigten erzeugt werden, das die Voraussetzung ist, breite Aufgabendefinitionen auszufüllen und sich auf ständig wechselnde Anforderungen einzulassen. Die Leistungsbewertung erfolgt innerhalb dieses Rahmens langfristig und gruppenbezogen. Im Falle einer Kostenreduktionsstrategie können umgekehrt aufgrund hochstandardisierter Arbeitsplätze vertragliche Pflichten exakt definiert werden, eine darüber hinaus gehende Identifikation mit der Organisation wäre nicht erforderlich. Betriebliche Kontrollen der Arbeitskräfte sind hoch, die Investitionen in Weiterbildung gering, die Bezahlung ist auf den Output bezogen, die zwischenbetriebliche Mobilität ausgeprägter. Während im ersten Fall die wechselseitigen Verpflichtungen unspezifiziert und zukunftsoffen sind, tauscht die Organisation im zweiten Fall kurzfristige und rein ökonomische Anreize für eng definierte Beiträge seitens der Beschäftigten.

Bei dem Versuch, diese beiden Muster mit korrespondierenden Geschäftsstrategien zu verknüpfen, wird häufig auf die Strategietypologie von Porter (1980; 1985) zurückgegriffen (Schuler/Jackson 1987; Arthur 1992). Einen alternativen, an der Typologie von Miles/Snow (1984) orientierten Weg wählt Ackermann (1983; 1987). Schuler/Jackson (1987) unterscheiden in Anlehnung an Porter (1980; 1985) zwischen einer Innovations-, einer Qualitäts- und einer Kostensenkungsstrategie. Der Versuch, mit Hilfe einer Kostenreduktionsstrategie die Preisführerschaft in einem Marktsegment für standardisierte Produkte zu erringen, ist danach zu verknüpfen mit einer Personalstrategie, die in den eben eingeführten Begriffen als „job-focused" bezeichnet werden kann, während das Bestreben, sich über Innovation von anderen Akteuren zu differenzieren oder hochwertige Qualitätsprodukte für bestimmte Nischen zu produzieren, eine Personalstrategie erfordern würde, die eine *organisationsfokussierte* Beziehung zwischen Arbeitnehmern und Organisation aufbaut.

Welche Strategien Erfolg versprechen, hängt von der Struktur der Güter-
märkte ab, auf denen eine Unternehmung operiert. Hat man einmal eine Strategie
gewählt, kann mit Hilfe des Transaktionskostenansatzes aus einer Analyse der
Eigenschaften der getauschten Arbeitsleistung erklärt werden, welche Personalpolitik zu welcher Geschäftsstrategie passt. Dazu werden unterschiedliche Vertragstypen daraufhin verglichen, in welcher Weise sie mit der Unsicherheit, mit
der bestimmte Arbeitsleistungen im Voraus detailliert festgelegt werden können,
umgehen können und wie sie die Kontrollprobleme lösen, die dort entstehen, wo
die Erbringung dieser Arbeitsleistungen betriebsspezifische Kenntnisse erforderlich macht. Williamson, Wachter und Harris (1975) beziehen vier Vertragstypen
in diesen Vergleich mit ein: einfache Verkaufsverträge, bedingte Verträge, sequentielle Spot-Verträge und Autoritätsverträge. Einfache Verkaufsverträge
scheiden dort aus, wo zu erbringende Arbeitsleistungen nicht voll spezifiziert
werden können. Werden, wie in bedingten Verträgen, zukünftige Umweltverän-
derungen mitkalkuliert, müssen diese jedoch ebenfalls umfassend ex ante definiert werden können. Entscheidet man sich für sequentielle Spot-Verträge, die
immer dann geschlossen werden, wenn der Umweltzustand bereits eingetreten
ist, wird das Problem virulent, dass die Inhaber spezifischer Qualifikationen nach
einmaliger Vertragspartnerschaft ihre Kenntnisse weiter spezialisieren und damit
ein Monopol erwerben können, das sie im Falle von Nachverhandlungen und
Vertragsneuschließungen opportunistisch ausnutzen können. Werden die Transaktionen spezifisch, entsteht also eine *small number bargaining situation*, in der
die Disziplinierung durch andere Marktteilnehmer außer Kraft gesetzt wird. Die
Verträge des letzten Typs lösen also das Problem der Unsicherheit, nicht aber
das der Spezifität bzw. des Opportunismus. Erfordern Arbeitsleistungen nicht
nur in hohem Maße betriebsspezifisches Wissen, sondern sind auch in ihrer Ex
ante-Bestimmung problematisch, sei deshalb die vertraglich abgesicherte, langfristige Autoritätsbeziehung die ökonomisch sinnvollste Option. Die Überlegenheit langfristiger Arbeitsverträge erklärt sich dadurch, dass die pauschale Akzeptanz der Weisungsbefugnis des Arbeitgebers durch den Arbeitnehmer eine detaillierte Bestimmung der Arbeitsleistung erübrigt, dass die Transaktion schnell an
sich verändernde situative Bedingungen angepasst und das Ausmaß von Nachverhandlungen reduziert werden kann.

In einem späteren Aufsatz interpretiert Williamson (1981) im Anschluss an
Alchian/Demsetz (1972) das Problem der Unsicherheit als die Schwierigkeit,
Leistungen individuell zurechnen zu können. Durch die Kreuztabellierung der
beiden Variablen „Zurechenbarkeit" und „Spezifität" gelangt er zu einer Vierfel-
dertafel, in die er geeignete *gouvernance structures* bzw. die jeweils passende
Ausgestaltung des Beschäftigungsverhältnisses einträgt: *internal spot market,
primititive team, obligational market, relational team*. Nur in den Fällen, in de-

nen sowohl leichte Messbarkeit als auch niedrige Spezifität der Arbeitsleistung vorliegen, werden die Beschäftigungsbeziehungen die Form von *internal spot markets* annehmen, in denen keiner der Vertragspartner Interesse an einer längerfristigen Beziehung hat. Umgekehrt: Wenn hoch betriebsspezifisches Wissen im Spiel ist und die Leistung nur schlecht gemessen werden kann, sind beide Partner an einer langfristigen Beziehung interessiert, weil ihnen etwa im Falle des Arbeitgebers hohe Anlernkosten bei ungewollten Kündigungen entstünden.

Beide Typologien konvergieren in der Annahme, dass der langfristige Arbeitsvertrag die relativ angemessenste institutionelle Lösung ist für die Probleme, die aus der Unsicherheit und Spezifik der getauschten Arbeitsleistungen erwachsen. Das Direktionsrecht funktioniert jedoch nur innerhalb einer gewissen Indifferenzzone (Barnard 1947/1970), es kann aber nicht garantieren, dass die Beschäftigten sich selbstständig und umsichtig in die Erfüllung ihrer Aufgaben einbringen; der Arbeitsvertrag ist zu offen, um wirksam opportunistisches Verhalten ausschließen und die Kontrolle über die Transaktion garantieren zu können. Die Mess- und Zurechnungsprobleme verhindern zwar eine marktförmig-werkvertragliche Beziehung, sie können aber auch organisationsintern nicht gelöst werden.

> „Da keine der untersuchten Vertragsformen für sich genommen geeignet ist, alle Probleme, die sich aus Transaktionen mit spezifischen Arbeitsleistungen ergeben, zu bewältigen, ist es erforderlich, die Arbeitsverträge durch zusätzliche Maßnahmen zu ergänzen, so daß eine Reduzierung der Kosten aus nachvertraglichen Verhandlungen erreicht, eine hohe Kooperationsbereitschaft sichergestellt und die Ausbeutung spezifischer Investitionen verhindert wird. Personalarbeit und Personalpolitik haben daher also eine Korrektur- bzw. Ergänzungsfunktion für die unvollständigen und offenen Arbeitsverträge" (Alewell/Hackert 1998: 37).

Aus der Unlösbarkeit der Unsicherheits- und Opportunismusprobleme wird die Existenz der Personalarbeit abgeleitet, die etwa mit Hilfe einer Veränderung der „Ausprägungen der Situations- und Verhaltensdeterminanten" (Alewell/Hackert 1998: 39) der Unsicherheit und Unbestimmtheit von Arbeitsverträgen beizukommen versuchen. So kann mit Hilfe von Sozialleistungen und dem Versprechen von Beschäftigungssicherheit ein Sozialisationsprozess angestoßen werden, der Vertrauen schaffen und zu einer Identifikation der Arbeitnehmer mit den Organisationszielen führen soll, um die Gefahr opportunistischen Verhaltens zu lindern (Ouchi 1980). Darüber hinaus kann eine Vielzahl von Praktiken auch bei konstanter Ausprägung der Situationsdeterminanten zu einer Lösung der Kooperationsprobleme beitragen. Arbeitgeberseitig finanzierte Weiterbildungen können in diesem Sinne als eine Art vertrauensbildende Maßnahme betrachtet werden, die weitere Transaktionen gegen eine nachvertragliche Änderung absichern sollen. Die Unwahrscheinlichkeit, dass sich Arbeitnehmer auf *spezifische* Weiterbildungen und die damit gegebene wachsende Abhängigkeit vom Arbeitgeber einlassen, könne durch die Gewährung *genereller* Weiterbildungen erhöht werden. Diese erhöhen den Wert des Arbeitnehmers auf dem externen Arbeitsmarkt, sie stärken also seine Verhandlungsposition und verhindern, dass der Arbeitgeber die qua betriebsspezifischer Bildung gegebene Abhängigkeit des Arbeitnehmers ausnutzt, um dessen Gehalt zu drücken.

Generell können *interne Arbeitsmärkte* bzw. Praktiken, die auf langfristige Beschäftigtenbindung abzielen, als Lösung für die Probleme der Unsicherheit und Spezifität von Arbeitsleistungen bzw. des aus ihnen erwachsenden Marktversagens betrachtet werden. Das Versprechen einer langfristigen Beziehung überwindet nicht nur die Unwahrscheinlichkeit, dass Arbeitnehmer in spezifische Ausbildungen investieren, es versichert beide Tauschpartner gegenüber dem Opportunismus der jeweils anderen Partei im Falle hoher Spezifität. Betriebsspezifische Spezialkenntnisse bringen die Tauschpartner in eine wechselseitige Abhängigkeit voneinander und steigern deshalb das Interesse an einer langfristigen Beziehung (Doeringer/Piore 1978): von Seiten des Arbeitgebers, weil sich seine Investitionen in das Training der Arbeitnehmer erst amortisieren, wenn die Beschäftigten länger im Betrieb verbleiben und erneute Anlernkosten vermieden werden können; von Seiten des Arbeitnehmers, weil seine Qualifikation nur in diesem spezifischen Kontext ein Kapital darstellt, das im Falle einer Vertragsauflösung verloren ginge. Neben der hohen Arbeitsplatzsicherheit sollen Karriereversprechen, Mitspracherechte oder soziale Absicherung ein vertrauensvolles Klima schaffen, um damit Loyalität, Kooperationsbereitschaft und Engagement der Beschäftigten zu sichern. Um das Ausmaß an Nachverhandlungen und die Gefahr unternehmerischer Willkür zu reduzieren, werden die Kriterien für Rekrutierung, Bewertung, Karrieren und Entlohnung objektiviert. Entlohnungssysteme orientieren sich beispielsweise am Dienstalter oder an der Stelle, nicht an der Person. Diesem Zwecke dient auch das Blockieren individueller Verhandlungen bzw. die Verlagerung des *bargaining* von der individuellen auf eine kollektive Ebene (Williamson et al. 1975). Die Standardisierung von Vertragsinhalten auf einer kollektiven Ebene spart Verhandlungsaufwand und versorgt diese Inhalte mit Legitimität. Zusammen mit dem Einräumen von betrieblichen Mitspracherechten oder der Einrichtung von Schlichtungsstellen wird dadurch die konfliktfreie Anpassung von Transaktionen ermöglicht. Überorganisationale Institutionen tragen aufgrund ihrer Sanktionsmacht zu einer Kultur des Vertrauens bei und unterstützen damit den Aufbau unwahrscheinlicherer oder voraussetzungsvollerer Austauschbeziehungen.

Die letzte hier zu diskutierende Theorieentwicklung zeichnet sich durch eine weitergehende Berücksichtigung des institutionellen Umfeldes einer Organisation aus. Durch die stärkere Fokussierung des gesellschaftlich-institutionellen Kontextes als maßgebliche Variable für die Gestaltung organisationaler Personalpolitiken, gelingt es, das im Transaktionskostenansatz unterstellte lineare Verhältnis von Transaktionseigenschaften und personalpolitischem Arrangement zu hinterfragen. In empirischen Studien, die dem *Societal Effect Approach* (Maurice/Sorge 1996; Rubery/Grimshaw 2003) zuzurechnen sind, kann stattdessen eine rekursive Beziehung zwischen institutionellem Rahmen und den Eigenschaften der Transaktion sowie der Organisationsstrategie und -struktur nachgewiesen werden, d. h. ein bestimmtes, historisch gewachsenes Setting von Institutionen formt Transaktionen in einer bestimmten Art und Weise und diese sozial produzierten Transaktionseigenschaften prägen dann ihrerseits die Entwicklung bestimmter Institutionen.

> „Societal differences in organizing and generating human resources, and the pursuit of different business strategies, are reciprocally related. An economy and society becomes populated by specific institutionalized organizational and human resource forms and practices, because economic niches and business strategies are different, and vice versa" (Sorge 1991).

Durch diese Wechselbeziehung entsteht eine „variety of employment systems", d.h. nationaltypische Kombinationen von spezifischem Problemzuschnitt und spezifischem Lösungsangebot, von denen keine als prinzipiell effizienter betrachtet werden kann.

Die Interdependenz von Organisationsstrukturen und gesellschaftlichem Umfeld zeichnet etwa Lutz (1976) am Beispiel eines Vergleichs deutscher und französischer Betriebe nach. Obwohl die miteinander verglichenen Betriebe mit nahezu identischer Technologie arbeiten, weisen sie hohe Unterschiede in der Strukturierung der Arbeitsabläufe auf. Die deutschen Betriebe sind sowohl vertikal als auch horizontal deutlich weniger differenziert. Die vertikalen Grenzen zwischen den Beschäftigtengruppen sind durchlässig. Durch Weiterbildung von Facharbeitern zu Technikern und Ingenieuren kann im Betrieb der Bedarf an höher qualifizierten Arbeitskräften gedeckt werden. Weite Teile der Belegschaft teilen einen homogenen Ausbildungskern, da auch Ingenieure häufig eine Lehre absolviert haben. Die gut ausgebildeten Facharbeiter übernehmen viele Aufgaben, für die in Frankreich aufgeblähte Instandhaltungsabteilungen eingesetzt werden müssen. Autonomie und Ermessensspielräume und damit Qualifizierungschancen sind in der deutschen Industrie bei dieser Beschäftigtengruppe aber auch bei den Führungskräften aufgrund ihrer geringeren Anzahl höher. Verdienstdifferenzierungen sind geringer. Interpretiert werden diese Unterschiede als Ausdruck einer strukturellen Kopplung zwischen Bildungs- und Beschäftigungssystem. Die Entstehung der Industrie im 19 Jh. konnte sich in Frankreich bereits auf ein existierendes Bildungssystem stützen und von dort ihre qualifizierten Arbeitskräfte beziehen, während in Deutschland die Betriebe ihre Beschäftigten selbst ausbilden mussten im Rahmen einer Lehre, aus der sich das

Duale System der Berufsbildung entwickelte, das in Deutschland ein hohes Maß an berufsfachlichen Qualifikationen vermittelt. Diese starke Stellung der beruflichen Erstausbildung und ihre hohe Verbreitung sowie der schwächere Ausbau von weiterführenden Bildungseinrichtungen zeichnen das deutsche Bildungssystem gegenüber dem französischen aus.

> „Dem insgesamt höheren schulischen Bildungsniveau der französischen Bevölkerung steht also ein deutlich höheres Niveau berufsfachlicher Qualifikation in Deutschland gegenüber" (Lutz 1976: 118).

Dazu kommt die Struktur der beruflichen Erstausbildung, die in Deutschland die Form miteinander kombinierbarer bzw. aneinander anschließbarer Module hat, während in Frankreich stark gegeneinander abgegrenzte schulische Ausbildungsgänge vorherrschen. Das französische Bildungssystem korreliert entsprechend mit einem ganz anderen Muster der Arbeitsorganisation, das sich eher als autoritär-bürokratisch beschreiben lässt. Dominant ist vor allem das allgemeinbildend-theoretische Wissen, während berufsfachliche Qualifikationen anders als in Deutschland *on the job* erworben werden. Das hohe Maß an horizontaler und vertikaler Differenzierung im französischen Bildungssystem führt zu einer ausgeprägten vertikalen und funktionalen Arbeitsteilung, d. h. zu einer höheren Zahl an Führungsebenen und einem viel höheren Anteil von Führungskräften an der Beschäftigtenzahl, die vor Berufseintritt kaum einschlägige fachliche Qualifikationen erworben, sondern gehobenere schulische Ausbildungen absolviert haben. Die unterschiedlichen Ebenen sind nicht nur verdienstmäßig stark gegeneinander abgesetzt, auch die Arbeitssituation unterscheidet sich erheblich. Es gibt eine scharfe Trennung von Hand- und Kopfarbeit, d. h. zwischen Produktion und technischen Stäben, die planen, organisieren und Arbeitsstudien durchführen, d. h. Tätigkeiten übernehmen, die in Deutschland von den qualifizierten Facharbeitern selbst übernommen werden, die anders als in Frankreich in breitem Maße verfügbar sind. Der niedrigeren Qualifikation der tieferen Ebenen, die in Frankreich mit un- oder angelernten Arbeitern bestückt werden, entspricht die detaillierte Vorgabe und Kontrolle der Arbeitsrichtlinien von oben, d. h. ein höheres Maß an Bürokratisierung und Regelungsdichte sowie dem Aufbau einer Beschäftigtengruppe, die diese Regeln aufstellt und ihre Einhaltung überwacht. Weiterer Druck auf den Ausbau von Hierarchien geht auf die Tatsache zurück, dass den französischen Beschäftigten Anreize in Form von Karrieren geboten werden müssen, um sie zur Aneignung betriebsspezifischen Wissens zu motivieren.

Diese Analyse zeigt, dass die jeweiligen Beschäftigungsstrukturen nicht durch technologische Imperative erzwungen werden, dass vielmehr dieselben technologischen Voraussetzungen mit unterschiedlichen Beschäftigungsstrukturen einhergehen können. Sie zeigt darüber hinaus, dass die „Natur der Aufgabe" resp. ihre transaktionskostenrelevanten Charakteristika erst im Rahmen nationaler institutioneller Entwicklungspfade definiert und d. h. nicht als unabhängige Variable vorausgesetzt werden können. Wo ausreichend qualifizierte Arbeitskräfte und stützende überorganisationale Institutionen vorhanden sind, können Transaktionen mehr Unsicherheit in sich aufnehmen, können Arbeitsaufgaben breiter und offener definiert und die Ermessensspielräume ausgedehnt werden. Institutionen wie etwa die Gewerkschaften können Einfluss auf die Spezifität von Arbeitsleistungen nehmen. Durch die Standardisierung der Ausbildung und der Zusammenfassung von Kompetenzbündeln in *Berufen*, an denen sich Organisationen beim Stellenzuschnitt bzw. der Arbeitsorganisation orientieren, kann einer Transaktion sehr viel an Betriebsspezifik genommen werden (Lutz 1976; Stock 2005; Streeck 2005). Es ist also das spezifische gesellschaftliche Setting, das mit dem Zuschnitt der Transaktion in einem wechselseitigen Beeinflussungsverhältnis steht und darüber auch die Organisationsstrategien prägt. So erfordert etwa eine Qualitätssteigerungs- im Unterschied zu einer Kostenreduktionsstrategie eine andere Organisationsstruktur, die etwa informelle Koordinationsmechanismen zwischen Experten, überlappende Kompetenzen und breite Weiterbildungen umfasst. Die Voraussetzungen für eine solche Strategie liegen u.a. in der ausreichenden Verfügbarkeit von dafür geeigneten Arbeitskräften, also in den Strukturen des Bildungssystems. Sind diese Bildungsstrukturen einmal institutionalisiert, schränken sie ihrerseits ein, welche organisationalen Strategien möglich sind bzw. effizient verfolgt werden können. Zum institutionellen Rahmen gehören neben dem Bildungssystem staatliche und überorganisationale Akteure, wie Gewerkschaften und Verbände, aber auch Finanzinstitutionen. Die Planungshorizonte und strategischen Entscheidungen sind etwa in Deutschland und Japan sehr viel stärker auf Langfristigkeit angelegt als in den USA oder Großbritannien, was auf Unterschiede in den Finanzierungspraktiken zurückgeführt wird: Hausbanken einerseits, Aktienmärkte andererseits (Abelshauser 2006).

Im Ergebnis entstehen laut diesen Überlegungen nationalspezifische Muster isomorpher Organisationspopulationen, insofern bestimmte institutionelle Nischen das Wachstum und den Erfolg bestimmter Organisationstypen und -strategien befördern. In Großbritannien überwiegt die Großserienfertigung und Massenproduktion, die mit einer größeren Kluft von Ingenieurs- und Arbeiterkarrieren und größeren Verdienstdifferenzierungen einhergeht, charakteristisch für Deutschland sei hingegen die diversifizierte Qualitätsproduktion (Streeck 1992; Abelshauser 2006) bzw. „flexible specialization" (Mueller 1994: 412). Eine Typologie solcher nationaler Wirtschaftskulturen im Hinblick auf die existierenden Beschäftigungspraktiken legt Marsden (2000) vor. Den Ausgangspunkt

bilden wiederum die dem Arbeitsvertrag inhärenten Unsicherheits- und Kontrollprobleme. Durch die Berücksichtigung beider Seiten der Vertragsbeziehung
gelangt Marsden von dort allerdings zu einer Differenzierung innerhalb langfristiger Arbeitsverhältnisse resp. interner Arbeitsmärkte und zu der Möglichkeit,
diese unterschiedlichen Nationen zuzuordnen. Er stellt dem Interesse des Arbeitgebers an flexiblem Einsatz der Arbeitskraft und einem möglichst geringen Ni-
veau an Nachverhandlungen, das Interesse der Arbeitnehmer gegenüber, das auf
die Absicherung gegen die willkürliche Ausnutzung des Direktionsrechtes durch
den Arbeitgeber zielt. Arbeitnehmer haben ein Interesse an einer einklagbaren
Festlegung von Arbeitspflichten, d.h. von Grenzen des Arbeitseinsatzes. Durch
die Kreuztabellierung dieses Interessengegensatzes gelangt Marsden zu vier
möglichen Beschäftigungsmodellen. Den Effizienzerwägungen des Arbeitgebers
stellt sich v.a. das Problem der effektiven Verknüpfung von qualifizierter Arbeitskraft und Arbeitsaufgabe. Diese Variable kann zwei Ausprägungen annehmen: Man organisiert Arbeit nach Maßgabe der verfügbaren Qualifikationen
(*training approach*) oder man sucht Arbeitskräfte passend zu den existierenden
Anforderungen (*production approach*). Die Grenzen der Zuweisung von Aufgaben – das arbeitnehmerseitige Interesse – können dagegen entweder entlang von
Aufgaben oder entlang von Funktionen laufen. Die sich ergebenden vier Be-
schäftigungsmodelle können mit Hilfe von vier Regeln oder institutionellen
Arrangements bezeichnet werden: Die *work-post rule* fasst komplementäre Aufgaben in einer Stelle zusammen und weist sie einem Beschäftigten zu. Aufgaben
werden überschneidungsfrei definiert und individuell zugerechnet. Die *work-post
rule* steht für die tayloristische Lösung des Beschäftigungsproblems. Die *job
territory rule* zieht alle Aufgaben zusammen, die mit einem bestimmten Werk-
zeug erledigt werden können. Orientierungsmaßstab für die Zuordnung von
Aufgaben zu Stellen sind also nicht unmittelbare Produktionserfordernisse, sondern Qualifikationen der Arbeitnehmer. Die Qualifikation wurde außerhalb der
Organisation erworben. Die *competency-rank rule* besagt, dass innerhalb der
Arbeitsgruppe die Tätigkeitsbereiche bestimmt werden, nach Maßgabe einer
Rangordnung, die durch Alter, Kompetenz oder Komplexität der Aufgabe be-
stimmt werden kann. Die *qualification rule* sortiert Aufgaben nach Maßgabe von
Qualifikationen, die anders als im Geltungsbereich der *competency-rank rule*
außerhalb der Organisation erworben werden.

Die inhaltliche Spezifizierung des Beschäftigungsverhältnisses ist im Falle
der ersten beiden Regeln „*task-centered*", im Falle der letzten beiden „*function-*"
oder „*procedure-centered*". Letztere erfordern ein höheres Maß an Vertrauen,
weil Arbeitspflichten nicht so genau festgelegt sind, haben dafür aber eine höhe-
re Flexibilität. Gearbeitet wird hier in der Regel in Gruppen. Jede der Beschäfti-

gungsregeln prägt weitere personalpolitische Praktiken, etwa die Leistungserfassung und -kontrolle sowie Entlohnungs- und Anreizsysteme. Marsden (1999: 117ff) ordnet in einem weiteren Schritt unterschiedliche nationale Beschäftigungssysteme jeweils einer dieser *employment rules* zu. So sei etwa die *work post rule* kennzeichnend für die USA und Frankreich, die *competency-rank rule* für Japan, *die job territory rule* für Großbritannien und die *qualification rule* für Deutschland. Das System der industriellen Beziehungen sowie die hoch standardisierte berufliche Bildung im Rahmen des Dualen Systems sichern die *qualification rule* ab, ermöglichen also die diversifizierte Qualitätsarbeit, d. h. die kompetente Nutzung der breiten Autonomiespielräume im Bereich der Aufgabendefinitionen, während umgekehrt die *work post rule* mit einem Minimum an überbetrieblicher Ausbildung als Basis für *on-the-job-training* auskommt. In unterschiedlichen Nationen entwickeln sich also unterschiedliche Regime von aufeinander bezogenen betrieblichen und institutionellen Strukturen, die die regimespezifischen Unsicherheits- und Kontrollprobleme, die der Markt nicht von alleine löst, bearbeiten helfen. Eine Ausprägung innerhalb dieser „varieties of capitalism" (Hall/Soskice 2001) ist das „deutsche Modell", wo versucht wird, mit Hilfe korporatistischer Verflechtungen eine Vertrauens- oder Konsenskultur zu erzeugen, die Kooperationsprobleme löst und langfristige wirtschaftliche Entscheidungshorizonte ermöglicht (Abelshauser 2006; Bosch et al. 2007).

1.1.2 Kritische Würdigung

Im vorangegangenen Teilkapitel wurden verschiedene Varianten der Erklärung von Personalpolitiken erläutert, die HR-Praktiken als rationale Mittel zur Erreichung organisationaler Zwecke deuten. Dabei wurden drei Akzente gesetzt, auf die Theorien des SHRM, den Transaktionskostenansatz sowie den *Societal Effect Approach*. Personalpolitik ist danach zunächst als abhängige Variable der Unternehmensstrategie zu interpretieren. Zweck bzw. wirtschaftliche Ausrichtung einer Organisation bestimmen, was im Bereich der Personalarbeit geschieht. Diese Idee lässt sich mit Hilfe des Transaktionskostenansatzes ausarbeiten: Aus der strategischen Ausrichtung der Organisation ergibt sich, welche Arbeitsleistungen eine Organisation ertauschen bzw. auf welche Transaktionen sich eine Organisation einlassen muss, aus deren Eigenschaften dann das jeweils optimale personalpolitische Instrumentarium abgeleitet werden kann. Mit Hilfe des *Societal Effect Approach* lässt sich schließlich dieses argumentative Arrangement in einen weiteren gesellschaftlichen Rahmen einordnen. Organisationale Strategien und die damit verbundenen beschäftigungspolitischen Settings stehen in einer sich wechselseitig bedingenden Beziehung mit dem institutionellen Kontext

(Bildungs- und Finanzinstitutionen, industrielle Beziehungen, politische Akteure) und bilden dadurch nationalstaatsspezifische Modelle aus.

Die empirischen Belege für die These, Personalpolitiken leiteten sich aus der Unternehmensstrategie ab, sind bislang mehrdeutig: Einige Studien unterstützen die Idee eines empirischen Zusammenhangs von Geschäfts- und Personalstrategie (Arthur 1992; Osterman 1995); andere Autorinnen finden horizontal wie vertikal integrierte Personalpraktiken, die sich auch noch von der *talk*- auf die *action*-Ebene übersetzen, in ihrem Untersuchungssample eher selten (Gratton/Truss 2003). Nicht immer trifft man in diesen Studien auf die erwünschte methodische Strenge. So können Jackson et al. (1989) etwa von den sechs unterstellten Zusammenhängen zwischen einer Innovationsstrategie und zu erwartenden organisationalen Personalpraktiken – „(a) performance appraisals that emphasize longer-term outcomes; (b) performance appraisals that put less emphasis on results; less use of compensation that emphasizes results, such as (c) incentive compensation and (d) bonuses for productivity; (e) employment security; and (f) extensive training overall" (732) – nur zwei, nämlich (c) und (f) als signifikant bestätigen und das auch nur für eine der beiden untersuchten organisationsinternen Beschäftigtengruppen. Trotzdem wird in den Schlussfolgerungen der fragliche Zusammenhang als empirisch vorhanden behandelt.

Diese eher schwache empirische Fundierung ermutigt eine Reihe kritischer Rückfragen, die den unterstellten Zusammenhang als eher unplausibel erscheinen lassen. Das gut etablierte Argument, die Umwelt sei komplex und die Rationalität maßgeblicher organisationaler Entscheider begrenzt, legt den Verdacht nahe, dass Organisationen entweder mehrere Strategien verfolgen müssen (Tsui et al. 1995; Tsui et al. 1997), die dann unter Umständen in kein konsistentes Verhältnis zueinander zu bringen sind, oder dass Strategien nur mehrdeutig und abstrakt formuliert werden können und sich dann organisationsintern ein hoher Entscheidungs- resp. Interpretations- und Konfliktlösungsbedarf stellt. In beiden Fällen wäre zu vermuten, dass dann Geschäfts- und Personalstrategie einerseits und unterschiedliche Personalpraktiken andererseits nur lose miteinander gekoppelt sind. Weder könnten danach Personalstrategien ohne weiteres aus Geschäftsstrategien abgeleitet, noch könnten einzelne Personalpraktiken in Form einer konsistenten „Politik" miteinander integriert werden. Diese Problematik der Mehrdeutigkeit der Ziele kann mit folgendem Beispiel plausibilisiert werden: Auch Organisationen, die eine Qualitäts- oder Nischenstrategie verfolgen, stehen unter dem Druck, zu möglichst niedrigen Kosten zu produzieren; neben der Flexibilität in der Zuweisung von Personen zu Aufgaben muss die Personalpolitik dann ebenfalls Flexibilität im Hinblick auf die Anpassung des Personalbestandes an Marktschwankungen garantieren können. Versucht man diese zuletzt genannte Flexibilität zu erreichen, untergräbt man das *commitment* der Beschäftigten, das die Voraussetzung für die erstgenannte ist (Tsui et al. 1995), oder aber man verstößt gegen institutionalisierte Ansprüche an eine faire Behandlung von Menschen und handelt sich damit Defizite ein im Bereich der Legitimation und der an diese gebundenen Ressourcenströme (Meyer/Rowan 1977; Brunsson 2003). Zur Zielambiguität kommt die technologische Unsicherheit verschärfend hinzu. HR-Praktiken sind ihrerseits mehrdeutig, d.h. sie können für unterschiedliche Ziele in Anspruch genommen werden. Die Heterogenität und breite Streuung der Befunde der Erfolgsfaktorenforschung (Gmür/Schwerdt 2005), in der die Beiträge einzelner Personalpraktikenbündel auf den Unternehmenserfolg oder einzelne Erfolgsgrößen gemessen werden, sind vor diesem Hintergrund nicht nur auf das methodische Problem divergierender Operationalisierungen zuzurechnen, sondern auch als ein Indikator dafür zu interpretieren, dass dieselben HR-Praktiken unterschiedliche Wirkungen entfalten können.

„Studies of so-called high performance work systems vary significantly as to the practices included (…) and sometimes even as to whether a practice is likely to be positively or negatively related to high performance. For example, Arthur's (1994) high performance employment system, which he termed a 'commitment' system, specifies a low emphasis on variable pay, whereas the high performance employment systems defined by Huselid (1995) and MacDuffie (1995) have strong emphases on variable pay" (Becker/Gerhart 1996: 784).

HR-Praktiken, so lässt sich daraus schlussfolgern, kann keine Wirkung an sich unterstellt werden, deswegen ist eine Zuordnung zu bestimmten Strategien keineswegs festgelegt. Eine Innovationsstrategie könnte sich sowohl auf extern ausgebildete Profis als auch auf intern weiterqualifizierte Mitarbeiter, die in die internen Arbeitsmärkte integriert werden, stützen; die Einführung leistungsabhängiger Bezahlung kann als Affront und Aufkündigung des Reziprozitätskonsenses, aber auch als (leistungs-)gerecht wahrgenommen werden; die Ermöglichung innerorganisationaler Aufstiege könnte der Clan-Strategie (Ouchi 1980) zugeordnet werden, insofern die Aussicht auf Karrieren die Beschäftigten zu Innovation und Kooperation motiviert, man könnte aber auch das Gegenteil behaupten, nämlich dass die Karriereperspektive die Konkurrenz unter den Mitarbeitern steigert, also einem kooperativen Miteinander im Wege steht.

Ebenfalls problematisch ist die implizite Voraussetzung, es gäbe Positionen in Organisationen, die über ausreichend Macht verfügten, um die Organisation nach Maßgabe einer bestimmten Strategie konsistent zu strukturieren. Wenn man unterstellt, dass ‚der Markt' selbst amorph ist, dann wird man in Organisationen divergierende Meinungen darüber erwarten müssen, welche strategische Selbstformierung die günstigste ist. Die Strategie der Organisation wäre danach als die Präferenz einer herrschenden Koalition (March 1966/1990b) zu konzipieren, die mit Widerständen rechnen muss. Die Organisation von der Strategie her zu den-

ken, impliziert ein optimistisches Steuerungsverständnis, in dem davon ausgegangen wird, dass die formulierte Strategie auch die durchgesetzte Strategie ist.
Unterstellt man stattdessen organisationale Mikropolitik, wird man nicht davon
ausgehen dürfen, dass die Organisation nach Maßgabe eines bestimmten Ziels
konsistent durchstrukturiert ist. Stattdessen würde man erwarten, dass sich die
verschiedenen personalpolitischen Instrumente nicht zu kohärenten Strategien
addieren. Die empirische Überprüfung einer solchen Inkonsistenz zwischen
Formal- und Aktivitätsstruktur setzt voraus, dass nicht nur das Vorhandensein
bestimmter formaler Strukturen gemessen wird, sondern etwa auch deren Wahrnehmung von Seiten der Beschäftigten (Gratton et al. 1999; Gratton/Truss 2003).
Auch von einem verstärkten Einsatz qualitativer Forschungsmethoden wären in
dieser Hinsicht instruktive Resultate zu erhoffen.

In dynamischen Märkten werden Strategien schließlich erwartbar instabil
sein, d.h. sich unter veränderten Umständen wandeln. Bei solch einem Wandel
wird es typischerweise zu Inkonsistenzen zwischen neuer Strategie und bestehenden Personalpraktiken kommen, weil die Personalressourcen nicht so schnell
ausgetauscht werden können (Staehle 1999: 798; Ridder 2007: 102). Dass sich
die Vielzahl der aus kurzfristigen Reaktionen auf die jeweils aktuelle Geschäftsstrategie resultierenden HR-Praktiken zu homogenen Instrumentenbündeln zu-
sammenfügen, ist eher unwahrscheinlich. Stattdessen wird man davon ausgehen
müssen, dass es zu Inkonsistenzen in horizontaler wie in vertikaler Richtung
kommt, weil sich die verschiedenen HR-Praktiken unterschiedlichen Entste-
hungskontexten verdanken und nicht „aus einem Guss" entworfen werden.

Ein Zusammenhang zwischen Strategie und HRM soll hier nicht bestritten
werden. Ziele und Strategien nehmen Einfluss auf die Art und Weise, wie man
sich in Organisationen einen Reim auf sich und seine Umwelt macht, und diese
Interpretationen fließen in die Gestaltung der Personalarbeit ein. Zugleich sind
an der Vorstellung einer linearen Ableitung von Personalpraktiken aus der Geschäftsstrategie erhebliche Zweifel anzumelden. Wie die aufgeführten Argumente deutlich gemacht haben, muss die Zieldefinition als organisationinterner Prozess aufgefasst werden. Ziele können nicht als gegebene, durch den Markt bestimmte Realität begriffen werden, vielmehr sind sie Resultat organisationsinterner Entscheidungen. Die Definition einer Strategie ist eingebettet in die organisationale Selbstorganisation, d.h. in die rekursive Verknüpfung organisationaler
Entscheidungen. Ziele müssen ihrerseits gedeutet und konkretisiert, miteinander
vermittelt oder gegeneinander ausgespielt werden. Sie dienen nicht als Anker für
eine logische Ableitung von Personalpraktiken, sondern generieren weiteren
Entscheidungsbedarf. Strikte Kopplungen zwischen Geschäfts- und Personalstrategie sowie konsistente Muster von Personalpraktiken müssen unter diesen Vor-

zeichen eher als empirischer Sonderfall behandelt werden (das legt auch die bereits zitierte Studie von Gratton/Truss 2003 nahe).

Im Effizienzparadigma besteht die Neigung, diese Selbstorganisationsprozesse zu unterschätzen und Organisationen als triviale Maschinen (Foerster 1997) zu behandeln, die auf dieselben Inputs auf immer dieselbe Weise reagieren. Darauf weist nicht nur die Nichtberücksichtigung mikropolitischer Auseinandersetzungen in Organisationen und die sehr optimistische Einschätzung der Steuerbarkeit von Organisationen hin, sondern auch die Verdinglichung von HR-Praktiken, denen bestimmte Wirkungen zugesprochen werden, ohne zu berücksichtigen, dass diese Praktiken interpretiert werden müssen, dass diese Praktiken immer auf einen situativen, historisch gewachsenen Kontext treffen, der bestimmt, welche Wirkungen sie entfalten, dass hinter solchen Wirkungen kontingente Konstruktionsprozesse stehen, die dazu führen, dass bestimmten Sachverhalten diese Wirkungsmächtigkeit zukommt (ein empirisches Beispiel, wie beispielsweise die Einführung leistungsabhängiger Entgeltbestandteile an der Unternehmenskultur scheitern kann, liefern etwa Beer/Cannon 2004).

Diese Kritik trifft auch den Transaktionskostenansatz. In objektivistischer Weise werden hier bestimmte Faktoren der Umwelt als gegeben unterstellt, die die Organisation einseitig bestimmen. Die Eigenschaften der Transaktion können jedoch nicht als ‚Natur der Sache' vorausgesetzt werden. Dieses Problem wird durchaus gesehen (Alewell/Hackert 1998: 39/40). Nicht nur, dass sich erhebliche Mess- und Identifikationsprobleme einstellen, wenn versucht wird, etwa die ‚Spezifität' einer Arbeitsleistung zu bestimmen, oder die Kosten bestimmter institutioneller Settings losgelöst von deren betrieblicher Einbettung zu errechnen; ‚Opportunismus' und ‚Spezifität' können nicht als unabhängige Variablen betrachtet werden, insofern sie durch Sozialisationsprozesse, ein vertrauensvolles Betriebsklima (Ouchi 1980) oder den arbeitsorganisatorischen Zuschnitt der Stellen ihrerseits beeinflusst werden können. So weisen etwa Williamson et al. (1975: 255) selbst darauf hin, dass die individuelle Zurechenbarkeit von Arbeitsleistungen durch „buffer inventories" modifizierbar sei. Die Eigenschaften der Transaktion sind Teil einer durch die Organisation selbst gestalteten Umwelt. Osterman (1987) etwa berichtet, dass in den USA in den 70er Jahren IT-Fachkräfte v.a. vom externen Arbeitsmarkt bezogen wurden, die hoch generalisierte Kenntnisse besaßen und deshalb ihre Arbeitgeber leicht wechseln konnten. Zehn Jahr später setzten dieselben Firmen eher darauf, eigene Angestellte soweit weiterzubilden, dass sie organisationsbezogene IT-Aufgaben übernehmen konnten. Deren Wissen war nun hoch betriebsspezifisch und sie waren eingebunden in die internen Arbeitsmärkte. Das Beispiel zeigt, dass Aufgaben sehr unterschiedlich geschnitten werden können (etwa im Hinblick auf die Betriebsspezifik des dazu notwendigen Wissens), dass diese Schnittmuster von organisationalen

Entscheidungen abhängen und dass abhängig davon unterschiedliche beschäftigungspolitische Optionen effizient werden.

Diese Kritik führt zu der Schlussfolgerung, dass organisationale Praktiken
und Transaktionscharakteristika in einer zirkulären Beziehung miteinander stehen oder, bezogen auf Personalpolitiken, dass die Gestaltung von Beschäftigungsverhältnissen von weiteren organisationalen Entscheidungen abhängt. Die
Transaktionskosteneffizienz wäre dann als eine Art „Eigenwert" zu begreifen,
der sich in der rekursiven Bezugnahme von Entscheidungen auf andere Entscheidungen einspielen kann (Foerster 1984; Ortmann 1995b), sie wäre aber kein
unabhängiges Entscheidungskriterium zur Wahl unterschiedlicher institutioneller
Arrangements. Erst im Netzwerk eigener Entscheidungen würden sich danach
die Eigenschaften einer Transaktion bestimmen.

Die vom Transaktionskostenansatz in die Erwägungen einbezogenen Eigenschaften – Unsicherheit, Unzurechenbarkeit und Betriebsspezifik – sind ferner zu
allgemein, um als Entscheidungskriterien dienen zu können. Die zur Abwicklung
unsicherer und betriebsspezifischer Transaktionen als besonders geeignet emp-
fohlenen, langfristigen Beschäftigungsverhältnisse können ja sehr unterschiedlich ausgestaltet sein. Die sich dabei anbietenden Praktiken (Gewinnbeteiligung;
Gestaltung von Arbeitsinhalten, Aufstiegswegen, Kollegenbeziehungen und
gemeinsamer Kultur; Ausmaß der Partizipation; Angebote zur Vereinbarkeit von
Familie und Beruf; Führungsstile; Leistungsbewertungsverfahren etc.) werden
dann aber lediglich in Form eines Instrumenten-Pools angeboten, aus dem man
sich bedienen kann (Coff 1997). Für die Wahl zwischen diesen verschiedenen
Instrumenten werden jedoch keine weiteren Kriterien angeboten.

Auch auf den Transaktionskostenansatz trifft damit die Kritik zu, die bereits
die Kontingenztheorie auf sich gezogen hat. Gegen sie ist oft eingewandt worden, sie verdinglichte die Umwelt (Schreyögg 2003; Kieser 2001b). Sie schreibe
der Umwelt bestimmte Wirkungen zu, ohne dabei eine mögliche Einflussnahme
der Organisation auf diese Umwelt oder mögliche Reaktionsspielräume zu be-
rücksichtigten wie sie etwa im Falle technischer Innovationen im Bereich der
Arbeitsorganisation beobachtet werden können (etwa bei technischen Innovationen im Bereich der Arbeitsorganisation Mikl-Horke 2000b: 159ff). Insgesamt
bleibt also unbeantwortet, wie zwischen alternativen institutionellen Arrangements und zwischen alternativen personalpolitischen Konstellationen gewählt
wird. Eben weil die vermeintlich feststehenden Einflussfaktoren abhängig von
eigenen Interpretationen und Handlungen sind, weil die Transaktionseigenschaften nicht nur das Handeln bestimmen, sondern auch von diesem bestimmt werden, müssen organisationsinterne Entscheidungsprozesse und deren Umgang mit
Mehrdeutigkeit ins Zentrum der Aufmerksamkeit gerückt werden. Mangels eines
adäquaten Organisationsbegriffs geschieht dies jedoch gerade nicht. Tatsächliche

Entscheidungs- und Aushandlungsprozesse in Organisationen werden nicht untersucht (Martin 1996: 37f).
Dem *Societal Effect Approach* und den verwandten Ansätzen gelingt es, die Konstruktion von Transaktionseigenschaften im Zusammenspiel von institutionellen Rahmenbedingungen und organisationalen Personalpolitiken zu rekonstruieren. Auf diese Weise kann die Linearität der transaktionskostenökonomischen Argumentation überwunden und die Verdinglichung einer objektiven Realität vermieden werden. Es drängt sich allerdings der Verdacht auf, dass der *Societal Effect Approach* oder auch die – auf den industriellen Sektor beschränkten – Überlegungen von Marsden (2000) die Sensibilität für gesellschaftliche Rahmenbedingungen ebenfalls mit einer Vernachlässigung organisationaler Eigendynamiken erkaufen. Der industrielle Sektor kann heute nicht mehr für das Ganze genommen werden, ehemals vereinheitlichend wirkende Institutionen wie der Wohlfahrtsstaat oder die industriellen Beziehungen scheinen geschwächt oder werden verbetrieblicht (Schmidt/Trinczek 1989; Nienhüser/Hoßfeld 2008). Ein Auseinanderdriften der unterschiedlichen wirtschaftlichen Sektoren und eine Fragmentierung des deutschen Beschäftigungsmodells sind die Folge (Bosch et al. 2007). Dass sich der entstehende Reichtum organisationaler Ordnungsmuster auf einen national einheitlichen Nenner bringen lässt, wird dadurch in wachsendem Maße unplausibel. Eine eindeutige Zuordnung einzelner Nationen zu einer Ausprägung innerhalb einer Typologie wird in dem Maße schwierig wie widersprüchliche Institutionensettings (Bosch/Jansen 2010 sprechen von „bricolage"; s.a. Crouch 2005) zur Regel werden – in Deutschland etwa wird die Frauenerwerbsarbeit durch das Ehegattensplitting und die Höhe des Kindergeldes einerseits unattraktiv gemacht, durch den verstärkten Ausbau von Kindertagesstätten sowie der Einführung des Elterngeldes zugleich gefördert (Bosch et al. 2007), durch die Hartz-Gesetze und die dadurch bedingte massive Senkung des Lebensstandards für Arbeitslose oder die Ausdehnung des Niedriglohnsektors wird sie sogar erzwungen. Nationalstaatsspezifische Ordnungsmuster laufen zudem Gefahr, durch die zunehmende Bedeutung von über nationalstaatliche Grenzen hinweg agierenden Organisationen (Mueller 1994) unterbrochen zu werden. Auf die Kritik, dass „the societal effect approach tends to focus on internal coherence and to abstract from the sources of conflicts, tensions and differences within an organization and within the wider society" (Rubery/Grimshaw 2003: 42) kann nicht allein dadurch reagiert werden, dass weitere Untersuchungsebenen über den Nationalstaat hinaus, wie etwa die Region, die Stadt oder der Wirtschaftssektor in die Analyse einbezogen werden. Die genannten Argumente deuten darauf hin, dass vor allem den organisationalen Interpretations- und Entscheidungsdynamiken sehr viel mehr Aufmerksamkeit geschenkt werden müsste. Empirische Befunde unterstützen diese Schlussfolgerung. So kommen etwa

Shire et al. (2009: 615) in ihrem Vergleich des Nutzungsumfangs von Zeit- und Leiharbeit in Call Centern in sechs verschiedenen europäischen „coordinated market economies" zu folgendem Schluss:

> "Thus, regardless of regulatory differences, evidence from call centers suggests that the hold of employment protections on firm-level employment strategies is weakening in the coordinated economies. Whether or not firms in the coordinated economies continue to follow a 'quality production' rather than a cost-cutting service strategy will, however, influence the extent to which firms depart from long-term employment commitments, and embrace temporary contracts. In-house call centers and those that invest more in work force training do still seem to prefer long-term employment contracts regardless of the opportunities afforded by national regulatory contexts to increase their temporary work force."

Die Nichtberücksichtigung organisationaler Eigendynamiken umgekehrt schließlich bedingt, dass der Personalarbeit ein hohes Maß an Integration und Konsistenz unterstellt wird und die Möglichkeit loser gekoppelter Instrumentensammlungen, einer Pluralität von Beschäftigungssystemen in einer Organisation oder eines Auseinanderklaffens von „talk", „action" und „decision" (Brunsson 1989) kaum in Erwägung gezogen wird. Wo dies geschieht, wie etwa bei Sorge (1991), der mit der Annahme einer konsistenten Rationalisierbarkeit von Organisationen bricht und den Erfolg von Organisationen auf die gelungene Kombination von organischen mit mechanischen Organisationsstrukturen, von Kostensenkung mit Produktdifferenzierung und Qualitätssteigerung zurechnet, stellt sich dann aber noch sehr viel nachdrücklicher der Bedarf nach einem Organisationsbegriff, mit Hilfe dessen die organisationalen Entscheidungsprozesse konzipiert werden könnten, die zwischen diesen widersprüchlichen Logiken vermitteln.

1.2 Macht

Neomarxistische, poststrukturalistische und mikropolitische Ansätze deuten Organisationen als Herrschaftsordnungen oder Ausdruck einer bestimmten Machtkonstellation und werden deshalb im Folgenden unter der Überschrift Macht zusammengezogen. Gemeinsam ist diesen Theorien die Abgrenzung gegen rationalistische Argumentationen, die in der formalen Struktur von Organisationen die jeweils rationalsten, im Sinne von ökonomisch effizientesten Problemlösungen verkörpert sehen – sei es, dass diese Rationalität im wissenschaftlichen Experiment ermittelt (Taylor 1913/1995), sei es, dass sie von der Umwelt erzwungen werde (Lawrence/Lorsch 1967/1990; Burns/Stalker 1968; Williamson 1981). Der Verdinglichung von ökonomischer Umwelt und wissenschaftlicher Rationalität setzt das Herrschaftsparadigma den Anspruch entgegen, die Machtbeziehungen aufzudecken, die hinter dieser vermeintlich objektiven Realität stehen und diese hervorbringen. Der Objektivismus kontingenztheoretischer oder tayloristischer Prägung wird dabei sowohl negiert als auch bejaht (Adorno 1955/1995). Zwar wird die Wirklichkeit in den sozialen Praktiken konkreter Akteure hervorgebracht, die selbst Resultat dieser Praktiken sind; zugleich löst sich diese Wirklichkeit unter kapitalistischen Bedingungen vom Wünschen und Wollen der Akteure ab und tritt zu diesen in Widerspruch. Die *kapitalistische* Realität ist eine verdinglichte Realität, die den Beteiligten als fremde Macht objektiv gegenübersteht und ihnen ihre Gesetze aufnötigt. Nur weil ihnen die Form ihrer Zusammenarbeit durch den Takt der Maschinen und die überlegene Macht des Kapitalisten aufgezwungen wird, weil ihre Arbeit unter Marktzwängen bestehen muss, auf die sie keinen Einfluss haben, und nur weil der Arbeitsprozess selbst so zersplittert ist, sie nur Teilaufgaben ausführen und den Kontakt zum Produkt verlieren, erleben die Organisationsmitglieder die Organisation als etwas Fremdes, als etwas ihnen objektiv Gegenüberstehendes, d. h. als verdinglichte soziale Realität. Dieser Eindruck, dass Organisation und Individuum zwei voneinander unterschiedene und unter Umständen in ein gegensätzliches Verhältnis zueinander tretende Größen seien, ist also richtiges und falsches Bewusstsein zugleich: falsch, insofern die Organisation nur eine Form der Vergesellschaftung von Arbeit ist, richtig, weil sich im Kapitalismus diese Vergesellschaftungsform gegen die Individuen selbst wendet, weil wir in einer Ordnung leben, die real diese beiden Größen in einen Gegensatz zueinander bringt (Adorno 1957/1995). Dieser Gegensatz zwischen gesellschaftlichen Produktionsverhältnissen und Produktivkräften, die in unterschiedlichen Klassen ihre Agenten finden, ist zugleich die Triebfeder gesellschaftlicher Veränderung. Können sich die dynamischen und produktiven Kräfte innerhalb der bestehenden Strukturen nicht entwickeln, kommt es zu deren Umwälzung. Eine an Berger/Luckmann (1969/1980) geschulte, sozialkonstruktivistische Variante dieser Überlegung findet sich bei Benson (1977: 16):

„The most basic, generic contradiction is that between the constructed social world and the ongoing process of social construction. The reification of the organization as a determinate thing standing over against people is contradictory to the ongoing process of production. This contradiction is the essence of social and political alienation. As people become conscious of this contradiction and act to overcome it, they rationally reconstruct the present order and overcome its limitations."

Dabei sind die Produktivkräfte keine von den Produktionsverhältnissen loszulösende Größe, vielmehr entwickeln sich erstere nach Maßgabe der jeweiligen herrschenden Strukturen, können dann im Laufe ihrer Entwicklung aber in ein antagonistisches Verhältnis zu diesen treten. Die Verhältnisse erzeugen das, was sie selbst schließlich zur Veränderung treibt. Solche dialektischen Widersprüche stecken im Unterschied zu logischen Widersprüchen in den Verhältnissen selbst. Sie entwickeln sich kontingent, nicht mit teleologischer Zwangsläufigkeit (Bruch 1997).

Die Sensibilität gegenüber Kontroll- und Herrschaftsaspekten bei der Analyse von Organisationsstrukturen kann der Aufmerksamkeit gegenüber Effizienzgesichtspunkten nicht einfach hinzuaddiert werden. Wenn man die Form der Organisation aus ihrer Einbettung in eine gesellschaftliche Totalität heraus begreift, d. h. als besondere Art der Strukturierung sozialer Beziehungen, in der die übergreifenden sozialen Verhältnisse zum Ausdruck kommen, muss die Unterscheidung zwischen ökonomischer und politisch-rechtlicher Umwelt hinterfragt werden. Legt man das marxistische Gesellschaftsbild zugrunde, d. h. begreift man den Prozess der gesellschaftlichen Selbsthervorbringung durch Arbeit als konditioniert durch historisch spezifische Produktionsverhältnisse, die in der kapitalistischen Gesellschaft durch die Asymmetrie der Eigentumsverteilung und den daraus resultierenden Konflikt zwischen Kapital und Arbeit sowie durch die Eigenlogik kapitalistischer Verwertungsinteressen (Akkumulationsimperativ) geprägt sind, dann erscheint die Trennung von ökonomischen und politisch-herrschaftlichen Aspekten im Sinne getrennter Logiken als ideologische Vorstellung, insofern Ökonomie und Herrschaft unentwirrbar miteinander verflochten sind. Zu den institutionellen Voraussetzungen des Effizienzstrebens gehöre die Trennung der Arbeiter und Angestellten von den Produktionsmitteln, die die Bedingung für die Inklusion von Mitgliedern gegen ein Entgelt und die Aneignung des Mehrwerts durch die Produktionsmittelbesitzer ist (Marglin 1977). Damit kollabieren Konzepte, in denen die Institution der Organisation als neutrales oder sogar rationales Konzept vorausgesetzt und nicht selbst als Herrschaftsinstrument hinterfragt wird. Organisationen sind keine rationalen Instrumente effizienter Kooperation, „sondern eine spezifische Form von Herrschaft im Kapitalismus" (Bruch 1997: 183), die in ihrer Gewordenheit und daher Veränderlichkeit sichtbar und der Kritik zugänglich gemacht werden müssen. Perrow (2004) etwa versucht für den Fall des *corporate capitalism* amerikanischen Typs den kontingenten, historischen Prozess sichtbar zu machen, in dessen Verlauf sich große Organisationen als das Medium der Konzentration von Macht und Wohlstand in privaten Händen durchgesetzt haben. An dessen Beginn stehen unterschiedliche mögliche Entwicklungspfade. So gab es in der ersten Hälfte des 19. Jahrhunderts neben den auf Massenproduktion spezialisierten, großen Unternehmen auch Netzwerke von kleinen Unternehmen, die qualitativ hochwertige und innovative Produkte für regionale Märkte produzierten. Die Durchsetzung großer Organisationen verdankt sich weniger deren Effizienz als vielmehr den politischen Manövern einflussreicher Akteure, denen es gelingt, politische und rechtliche Instanzen zu korrumpieren und staatliche Regulation auszuschalten;

Technologien wie die Eisenbahn so zu strukturieren, dass sie ihren Interessen
nutzen; breite Bevölkerungsschichten in die Lohnabhängigkeit zu zwingen und
durch Handelshemmnisse Konkurrenz wirksam zu eliminieren. Wenn der Ent-
wicklungspfad etabliert ist, entstehen änderungsresistente Strukturen, die als
objektiv notwendig erscheinen und die die Geschichte ihrer sozialen Konstruktion verdecken.

> "I have emphasized that a weak state allowed private organizations to grow and exploit wage
> dependency. But it was a path-dependent process, with some historical accidents; there was no
> inevitability to it until the end of the century, when the path was so firm that little could, or did,
> change it. (…) Despite the conjunction of industrialization, mass markets, and untapped natural
> resources, the juggernaut of giant corporations at the turn of the century was far (…) from effi-
> cient even in the narrow sense that economists employ, let alone in social terms" (Perrow 2004:
> 37/38).

Anders als in frühen, neomarxistisch inspirierten Ansätzen wird in neueren industriesoziologischen und organisationstheoretischen Entwicklungen, die unter
Titeln wie Mikropolitik oder Poststrukturalismus firmieren, von der Position
abgerückt, die soziale Wirklichkeit verselbstständige sich unter kapitalistischen
Verhältnissen gegenüber der Handlungsebene der Akteure und trete dieser als
objektiver Zwang gegenüber. Aufgegeben wird damit die Vorstellung eines
deterministisches Verhältnisses zwischen der (Markt)Umwelt bzw. den dieser
zugrundeliegenden Eigentumsverhältnissen und der Organisation (Hofbauer
1993). Danach sind Organisationen nicht durch eine immer schon gegebene
Machtasymmetrie, ein objektives Herrschaftsverhältnis, und systembedingte
Akkumulations- und Rationalisierungszwänge geprägt, die ihr bestimmte Strukturen aufzwingen, etwa eine tayloristische Arbeitsorganisation, weil diese die
beste Methode sei, betriebliche Herrschaft zu vertiefen und die Mehrwertaneignung zu steigern (Braverman 1977). Vielmehr entwickeln sich organisationale
Strukturen kontingent nach Maßgabe der Auseinandersetzungen einer Vielzahl
von Akteuren, die sich die im System diffus verteilte Macht zunutze machen, um
ihre Interessen durchzusetzen (Küpper/Ortmann 1986; Ortmann et al. 1990;
Ortmann 1995c). Eine solche Perspektive sensibilisiert für die Eigendynamik
von Organisationen, ohne ihre gesellschaftliche Einbettung und ihren Status als
„Institution der kapitalistischen Gesellschaftsformation" (Türk 1997; Bruch
1997) zu vernachlässigen. Macht bedeutet dabei, dass Alters Handlungen zur
Prämisse von Egos Handlungen werden. Machtquelle ist die Fähigkeit, Ressourcen zu kontrollieren, die von Ego begehrt werden. Sie steigert sich in dem Maße,
wie die Kontrolle über die Ressourcen monopolisiert werden kann (Nienhüser
1998). Macht ist also immer eine Beziehung, insofern die Definition von „Ressourcen" und die Zahl ihrer Anbieter abhängig sind vom jeweiligen sozialen
Kontext. Die Macht der Einen ist dabei die Unsicherheit der Anderen; wem es

gelingt, attraktive Ressourcen anzuhäufen, kontrolliert die Unsicherheit der Anderen (Crozier/Friedberg 1979). Die Akteure in Organisationen streben danach, ihre Machtbasen zu erweitern, bzw. gewisse Unsicherheitszonen unter ihre Kontrolle zu bekommen, um ihre Interessen und Bedürfnisse befriedigen zu können. Anders als im Bürokratiemodell von Weber (1980: 122ff) erwächst Macht jedoch nicht nur aus der formalen Struktur, die das Handeln der Mitglieder determiniert, und der sie sich im Austausch gegen ein Geldgehalt gehorsam unterwerfen. Formale Regeln legen das Verhalten der Beteiligten nicht fest, ihnen bleiben Spielräume, weil Regeln und Ziele mehrdeutig und vage und deshalb interpretationsbedürftig sind, weil ungewisse Aufgaben eine Vielzahl von Mitteln denkbar erscheinen lassen, weil Befehle an die Situation angepasst werden müssen... – solche Spielräume oder Unsicherheiten konstituieren Macht und können zum Zwecke der Verfolgung eigener Interessen bzw. eigener Vorstellungen von Rationalität genutzt werden (Crozier/Friedberg 1979; Neuberger 2006). Macht verdankt sich also nicht nur den Eigentumsverhältnissen und der Stellung in der formalen Hierarchie. Sie kann aus der Verfügung über ein bestimmtes Expertenwissen, aus der Kontrolle von Umweltbeziehungen oder von Informations- und Kommunikationskanälen erwachsen oder aus der Ausnutzung organisationaler Regeln resultieren (Crozier/Friedberg 1979: 51 ff). Sie entsteht auf allen Ebenen, ist also diffus verteilt. Organisationen gleichen deshalb mitnichten einer rational konstruierten Maschine zur Erreichung bestimmter Zwecke. Sie sind nicht durchwirkt von einer gemeinsam geteilten Vorstellung von Rationalität und Effizienz. In Organisationen ist vielmehr alles umkämpft. Es gibt eine Vielzahl von Zielen, damit aber auch eine Vielzahl von Rationalitäten. Diese Ziele konstituieren und begrenzen sich wechselseitig und sie lassen sich durch keine gemeinsame Präferenzordnung harmonisieren. Konflikte bleiben latent fortbestehen in vorläufigen Quasi-Lösungen, in alltäglichem Gezerre und in der sequentiellen Verfolgung mal des einen, mal eines anderen Ziels (Cyert/March 1995; Becker et al. 1988). Mächtige Akteure versuchen nach Maßgabe ihrer Interessen, Formen in diese Kontingenzen zu prägen. Dabei stößt jeder Versuch, bestimmte Interessen durchzusetzen bzw. bestimmte Herrschaftsverhältnisse zu etablieren, auf Widerstände; er muss sich in der arbeitspolitischen Arena (Jürgens/Naschold 1984; oder im Netz von Beobachtungen zweiter Ordnung, s. hierzu Baecker 1999a) bewähren oder durchsetzen – wenngleich die Ausgangspositionen der verschiedenen Akteure in dieser Arena natürlich sehr unterschiedlich sind. Die Resultate solcher mikropolitischer Auseinandersetzungen gerinnen zu Strukturen. Organisationsstrukturen können in diesem Sinne als Ausdruck der Partialrationalität einer jeweils herrschenden Koalition, als Manifestation bestehender Machtverhältnisse und der Versuche, diese zu reproduzieren, gedeutet werden (Cyert/March 1995). Formale Strukturen und Macht stehen in einem zirkulären oder rekursiven Verhältnis, insofern sich formale Strukturen nicht nur den Machtkämpfen verdanken, sondern auch definieren, welche Unsicherheiten als Ressourcen und damit als Machtquellen fungieren (Foucault 1982, 1977; Crozier/Friedberg 1979). Integriert werden Organisationen nicht durch gemeinsam geteilte Werte oder Zielvorstellungen, sondern auf der Grundlage eines gemeinsamen Interesses am Fortbestand der Organisation bzw. an der Organisation als Mittel zur Erreichung ihrer jeweiligen Ziele, das die Beteiligten dazu zwingt, sich an gewisse Spielregeln zu halten.

> „Der Spieler bleibt frei, muss aber, wenn er gewinnen will, eine rationale Strategie verfolgen, die der Beschaffenheit des Spiels entspricht, und muss dessen Regeln beachten. Das heißt, dass er zur Durchsetzung seiner Interessen die ihm auferlegten Zwänge zumindest zeitweilig akzeptieren muss. Handelt es sich, wie immer bei einer Organisation, um ein Kooperationsspiel, so wird das Produkt des Spiels das von der Organisation gesuchte gemeinsame Ergebnis sein" (Crozier/Friedberg 1979: 68).

Um ihrer selbst willen müssen sich die Mitglieder also auch um die Erreichung des Organisationszwecks bemühen – der natürlich wiederum umkämpft ist. Integration findet daher gewissermaßen als unintendierter Effekt statt: Durch die Beteiligung an den organisationalen Spielen zum Zwecke der Verfolgung der eigenen, besonderen Interessen reproduzieren die Einzelnen zugleich die Organisation.

Mikropolitische Spiele existieren im Innenverhältnis ebenso wie im Außenverhältnis. Organisationen sind abhängig von vielen Akteuren in ihrer Umwelt, die Ressourcen kontrollieren, die sie benötigen. Um diese Unsicherheit zu reduzieren, werden Mechanismen entwickelt, die die Zu- und Abflüsse von Ressourcen sicherstellen sollen, etwa Marketing, Lobbyarbeit oder die Integration anderer Unternehmen durch Fusionen (Pfeffer/Salancik 1978). Organisationen passen sich also nicht passiv an eine gegebene Umwelt an und werden auch nicht einseitig durch diese determiniert; sie versuchen vielmehr diese Umwelt zu beeinflussen und die Abhängigkeiten von dieser zu verringern: Sie stehen in einem interaktionistischen Verhältnis zu ihrer Umwelt (Schreyögg 2003).

> „Kontingenz heißt das Losungswort. Dass vieles auch anders möglich und nichts determiniert ist, weder durch den Markt, noch durch die Technologie, noch durch eine wie auch immer sonst definierte Umwelt, eröffnet die Freiheit zur Mikropolitik" (Küpper/Ortmann 1988: 8).

Die handlungstheoretische Wende, die zu der Auffassung führt, dass die organisationale Wirklichkeit nicht durch ökonomische Gesetzmäßigkeiten oder objektive Machtverhältnisse bestimmt wird, sondern kontingentes Resultat sozialer Praktiken sei (Hofbauer 1993), läuft dabei stellenweise Gefahr, nun umgekehrt das Individuum zu verdinglichen als strategischen und rational seine Interessen

verfolgenden Akteur (Bosetzky 1988). Die meisten Autoren lehnen dieses Vorgehen jedoch mit den Argumenten ab, dass Bedürfnisse und Präferenzen typischerweise mehrdeutig sind, sich beim Handeln oder sogar erst danach entwickeln und als Ergebnis einer Interaktion zwischen dem Individuum und seinem
sozialen Kontext, einer Dialektik von Gelegenheiten und Fähigkeiten, verstanden
werden müssen (Lindblom 1959/1975; Crozier/Friedberg 1979). Der Versuch,
Organisationen als eigendynamische Systeme zu konzipieren, deren Strukturen
sich rekursiv entwickeln, wird begleitet von Bemühungen, ein naturalistisches
Verständnis des Individuums zu dekonstruieren. Weder Organisation noch Individuum können danach zu substantiellen Einheiten verdinglicht werden, vielmehr werden sie in der kapitalistischen Gesellschaftsformation produziert. Das
bürgerliche Individuum ist ein Ergebnis der Disziplinarzwänge, die von dieser
Ordnung ausgehen. Diese Position findet man schon bei Adorno (Horkhei-
mer/Adorno 1944/1996: 50ff), v.a. dann aber bei Foucault (1977) und den Autoren, die an ihn anschließen (Treiber/Steinert 1980; Townley 1993; Rose 1990).
Hier wird versucht zu rekonstruieren, welche Disziplinierungsleistungen historisch notwendig waren, um Kollektivmassen in Individuen zu zerschneiden, wie
mit Hilfe von Separierung, Überwachung, Kontrolle, Messung, Prüfung, Bewertung, Hierarchisierung das moderne Individuum produziert und wie mit organisationalen Arrangements wie Gefängnissen, Kliniken, Fabriken, Schulen etwa
durch panoptistische Techniken daran gearbeitet wird, die Individuen zur Über-
nahme und Internalisierung der darin enthaltenen Fremdzuschreibungen zu be-
wegen, sie zu gesteigerter Selbstbeherrschung und Selbststeuerung zu veranlas-
sen. Das moderne Subjekt bzw. der um seinen individuellen Nutzen besorgte
rationale Entscheider, der in manchen mikropolitischen Varianten als anthropo-
logische Konstante begriffen wird, verdankt sich aus dieser Perspektive den
verschiedensten Disziplinarmaßnahmen, die die Umsetzung von Fremdzwängen
in Selbstzwänge zum Ziel haben. Es handelt sich um eine Unterwerfungssubjek-
tivität (Foucault 1987), die zur (zweiten) Natur des Menschen geworden ist
(Adorno 1955/1995), und die die Gefolgschaft des Einzelnen sichern und seinen
ökonomischen Nutzen steigern soll. Das Individuum wird in dieser Theorie-
variante nicht nur „geprägt", es wird durch die in Organisationen wirksamen
Machtmechanismen überhaupt erst als Individuum formiert. Dies führt erneut zu
einer rekursiven Figur, insofern das Individuum durch Diskurse hervorgebracht
wird, die es selbst vorantreibt. Damit bezieht das kritische Paradigma klare Ge-
genposition zu einer institutionenökonomischen Perspektive, die nutzenorientier-
te Akteure als gegeben annimmt.

1.2.1 Anwendungen des Machtparadigmas auf personalpolitische Konfigurationen

Im Machtparadigma wird betont, dass die Gestalt des Arbeitsprozesses nicht allein als Ausdruck der rationalsten, ökonomisch effizientesten Mittelwahl verstanden werden kann, sondern sich ganz wesentlich den Versuchen der Produktion und Reproduktion bestimmter Macht-, Kontroll- und Herrschaftsverhältnisse verdankt, die sich gegen Widerstände durchsetzen müssen. Organisationen müssen daher als Arenen beobachtet werden, in denen unterschiedliche Parteien um günstige Machtpositionen kämpfen. Die Organisation ist kein harmonisches Ganzes, sondern durch Inkonsistenzen, Brüche und Konflikte geprägt, die aus solchen Auseinandersetzungen resultieren (Benson 1977). Diese Interessengegensätze oder -widersprüche sind verantwortlich für die Dynamik von beschäftigungspolitischen Konstellationen. Die Ergebnisse dieser Auseinandersetzungen und damit die Form der Beschäftigungspolitik hängt von unterschiedlichen Faktoren ab, die die Machtverteilung zwischen den Parteien tangieren, wie etwa der Wettbewerbsintensität, der Technologie, der Organisationsgröße, der Eigenschaften der Transaktion, der Existenz von Gewerkschaften oder der Aktivitäten des Staates (Edwards 1981).

Das Ziel der Arbeitgeber in diesen Auseinandersetzungen, die Aneignung des Mehrwerts, setzt die Überführung von Arbeitsvermögen in Arbeitsleistung voraus. Diese Transformation ist problematisch, weil die durch die Eigentumsverhältnisse bedingte Macht der Arbeitgeber auf dem Arbeitsmarkt nicht bruchlos in betriebliche Herrschaft über die Ware Arbeit übersetzt werden kann, solange die Aktualisierung des Gebrauchswertes der Arbeit von Leistungen des Arbeitnehmers abhängig bleibt, die nur freiwillig erbracht werden können: etwa spontane Anpassungs- und Regelinterpretationsleistungen oder der kreative Umgang mit unsicheren Situationen. Die konkreten Arbeitsanforderungen sind zu komplex, um ihre Erfüllung zum Gegenstand eines Vertrages und damit zur Bedingung der Mitgliedschaft machen zu können. Die Mitgliedschaftsrolle schaltet nur eine „Indifferenzzone" (Barnard 1947/1970) frei, innerhalb derer hierarchische Weisungen mit Folgebereitschaft rechnen können. Gehorsam jenseits dieser Zone setzt den Kooperationswillen der Beschäftigten voraus. Die Unsicherheit des Arbeitsvertrages konstituiert also ein Herrschaftsproblem, das darin besteht, dass der Beschäftigte bei der Transformation seines Arbeitsvermögens in Arbeitsleistung mithelfen muss (Braverman 1977; Hildebrandt/Seltz 1987; Deutschmann 2002). Die Kontrolle dieser Unsicherheit verschafft ihm ein Machtpotential, das sich als Unterlassung, Sabotage oder Dienst nach Vorschrift ausdrücken kann, und an dem sich die Herrschaft der Arbeitgebenden bricht (Crozier/Friedberg 1979). Ziel von Beschäftigungssystemen aus der Sicht der

Beschäftiger ist es demnach, Machttechniken zu ersinnen, die diese Herrschafts-
lücke schmal halten und das Transformationsproblem im Interesse der Kapitalverwertung lösen. Das Transformationsproblem ist insofern selbstgemacht, als es
erst mit der Umstellung von „contracts of work" auf „contracts of employment"
entsteht (Streeck 2005). Das Herrschaftsverhältnis, das sich in der Durchsetzung
der hierarchisch fabrikmäßigen Produktion gegen die handwerklich selbstständi-
ge Fertigung und damit der Ablösung des Verkaufs von Arbeitsleistungen durch
den Verkauf von Arbeitskraft manifestiert, bedingt den Interessenkonflikt zwischen Arbeitgeber und Arbeitnehmer und die Notwendigkeit der Kontrolle des
Letzteren durch Ersteren.

Mit dem Transformationsproblem wird die Eigendynamik der Organisation
unterstrichen. Es macht darauf aufmerksam, dass es kein deterministisches Verhältnis zwischen gesellschaftlicher Umwelt und Organisation geben kann, sei es
von Seiten des Marktes, sei es von Seiten der Sozialstruktur. Das Transformationsproblem stellt ein Unsicherheitspotential dar, das nicht gesellschaftlich, sondern nur organisational gelöst werden kann. Es eröffnet einen Vergleichshorizont
für unterschiedliche, funktional äquivalente Lösungen, die als historisch kontingente Resultate der Auseinandersetzung zwischen Arbeitgebern und Beschäftigten zu verstehen sind. Dabei wird – aus der Perspektive der Organisation resp.
ihrer Manager – versucht, diejenigen Lösungen durchzusetzen, die die Herrschaft
über den Arbeitsprozess bzw. die Beschäftigten garantieren oder zu vertiefen
erlauben – und nicht diejenigen, die ökonomisch am effizientesten sind oder
durch technische Erfordernisse erzwungen werden. So kommt eine Vielzahl von
industriesoziologischen Studien zu dem Ergebnis, dass die Arbeitsorganisation
keine abhängige Variable der eingesetzten Technologie darstellt (Mikl-Horke
2000a: 159ff), und dass bestimmte Strukturmerkmale wie etwa die Hierarchie
und die Arbeitsteilung sich leichter als kontingente soziale Konstruktionen, hinter denen bezeichenbare Herrschaftsinteressen stehen, denn als technische Notwendigkeit begreifen lassen (Marglin 1977). Die Lösung des Transformationsproblems ist dabei aus der Sicht der Organisation ein widersprüchliches Unter-
fangen, insofern einerseits die Herrschaft über die Beschäftigten reproduziert
werden muss, um die Mehrwertaneignung sicherzustellen. Andererseits muss die
Seite der Arbeitnehmer jedoch auch anerkannt werden, um sie zu den notwendigen aber nicht erzwingbaren Leistungen zu motivieren. Um Widerstände zu
vermeiden, muss sich Herrschaftsausübung immer auch um Legitimität und
Akzeptanz bemühen (Hofbauer 1993). Dieser *double-bind* löst typischerweise
eine Pendelbewegung aus, die an den einzelnen Lösungen abgelesen werden
kann (Deutschmann 2002: 185). Zu einer Fortentwicklung der einzelnen Lösungen kommt es aufgrund solcher ihnen inhärenten Widersprüche.

„Jedes Kontrollsystem erzeugt aufgrund seiner inneren Widersprüche Gegenkräfte, die es unterhöhlen und schließlich ein neues System entstehen lassen" (Deutschmann 2002: 117).

Nach diesem dialektischen Verständnis generiert jeder Lösungsversuch neue lösungsspezifische Folgeprobleme, die neue Beschäftigungsstrategien erzwingen. Beschäftigungsverhältnisse gleichen also einer rekursiven Schleife, die sich an selbst verursachten Problemen weiterentwickelt (Edwards 1981; Nienhüser 2001).

Welche unterschiedlichen Lösungen des Transformationsproblems gibt es und wie haben sie sich entwickelt und verändert? Charakteristisch für das 19. Jahrhundert ist die direkte persönliche Kontrolle, die der Unternehmereigentümer weitgehend willkürlich ausübte (Edwards 1981). Ihre Stütze fand diese Art der unmittelbaren Kontrolle in der Entlassungsdrohung, die durch die leichte Substituierbarkeit der Arbeitskräfte ermöglicht wurde. Wachsende Unternehmensgrößen zwingen diesen Kontrolltyp zur Transformation hin zu einer sogenannten technischen Kontrolle, wie sie für das tayloristische Produktionsregime typisch war. In der tayloristischen Lösung des Transformationsproblems wird mit Hilfe von Teilung und Technisierung des Arbeitsprozesses eine Trennung von geistigen und körperlichen Tätigkeiten erreicht, die den Produktionsprozess aus der Abhängigkeit von den handwerklichen Fähigkeiten der Arbeiter löst. Der Dequalifizierung der Arbeitnehmer entspricht die Konzentration des Wissens um den Arbeitsprozess als Ganzes in der Hand des Kapitalisten (Braverman 1977; Marglin 1977). Die in die Apparate hinein gebaute und damit verunsichtbarte Macht ersetzt die unmittelbare Aufsicht durch den Vorgesetzten und ermöglicht eine Rationalisierung und Intensivierung der Produktion. Im Hinblick auf Beschäftigungsverhältnisse löst sie eine hohe Substitutionskonkurrenz aus und erübrigt Bemühungen um Beschäftigtenbindung, weil die erforderlichen Qualifikationen leicht ersetzbar sind. Die tayloristische Lösung vernachlässigt jedoch die Inklusionsproblematik auf der Ebene der Kontrolleure und unterschätzt sie auf der Ebene körperlicher Tätigkeiten. Auf diese Defizite wurde mit einer Ergänzung der tayloristischen Produktionsverhältnisse mit partizipativen Führungsstilen und Bemühungen um eine Humanisierung der Arbeitswelt reagiert (Mikl-Horke 2000b; Deutschmann 2002: 187ff). Dabei handelt es sich jedoch nicht um eine Rücknahme von Herrschaftsbeziehungen, sondern um deren Fortführung mit anderen Mitteln (Adorno 1957/1995).

Die technische Kontrolle wirft jedoch noch andere Ordnungsprobleme auf: Einerseits wächst in strikt gekoppelten technischen Anlagen das Sabotagepotential der Arbeitnehmer, andererseits führen die Arbeitsbedingungen zur Auflösung von beruflichen oder ständischen Identitäten und damit zu einer Homogenisierung der Arbeitnehmer, die deren gewerkschaftliche Organisation befördert. Dadurch kommt es zu einer Verlagerung der Auseinandersetzung zwischen Arbeit und Kapital auf eine gesamtgesellschaftliche Ebene und zur Etablierung gesellschaftlicher Institutionen, die diesen Konflikt regulieren und damit die betrieblichen Mechanismen der Lösung des Transformationsproblems ergänzen.

> „Institutionelle Ordnungen des Arbeitsverhältnisses schaffen die *notwendige* Voraussetzung für Vertrauen und Kooperation in den Arbeitsbeziehungen moderner Gesellschaften" (Deutschmann 2002: 144)

Mit Hilfe der industriellen Beziehungen, der institutionellen Ordnungen von Ausbildung und Arbeitsmarkt sowie der betrieblichen und überbetrieblichen Sozialpolitik wird diejenige Anerkennung der Arbeitenden *institutionell* verankert, die die Bedingung der Bereitschaft ist, selbstständig und initiativ, kontextsensitiv und einfallsreich zu arbeiten. Zugleich wird dadurch der kapitalistische Gesamtkontext legitimiert.

> „Reformerische Strömungen in den Gewerkschaften werden durch eine vermehrte Einbindung in die staatliche Willensbildung, durch den Ausbau staatlicher (aber auch betrieblicher) Sozialpolitik und durch die Ausweitung der gesetzlichen Mitbestimmung gestärkt, das Kernargument systemkritischer Kräfte – die These der prinzipiellen Nichtreformierbarkeit des Kapitalismus – wird durch derartige Reformen geschwächt" (Nienhüser 2001: 8).

Zunehmende technische Komplexität, wachsende Organisationsgrößen und zunehmende Macht der Gewerkschaften erzwingen aber auch eine Formalisierung und Rationalisierung der betrieblichen Personalpolitik und den Aufbau interner Arbeitsmärkte, d. h. eine Ergänzung der technischen durch bürokratische Kontrolle (Edwards 1981). Die willkürliche Unternehmerherrschaft wird dabei durch die Herrschaft des Betriebsrechts ersetzt, dem auch die Führungsverantwortlichen unterworfen sind. Durch die Herrschaft unpersönlicher Regeln wurden die Verfahren für Einstellung, Rekrutierung und Beförderung objektiviert. Zur Legitimierung dieser Regeln haben auch die Gewerkschaften beigetragen (Aldrich/Mueller 1982). Eines der Kernelemente dieser Kontrolltechnik ist die Karriere, d. h. die Konkurrenz um knappe Aufstiegspositionen, die die Beschäftigten zu einer erhöhten Selbstkontrolle motiviert (Savage 1998). Bürokratisierte interne Arbeitsmärkte schränken die Arbeitgeber in ihren Möglichkeiten ein, nach Maßgabe der Marktentwicklung den Beschäftigtenpool zu verkleinern. Eine Lösung für dieses Problem ist die Differenzierung betrieblicher Beschäftigungsstrategien, die als „Teile-und-Herrsche-Strategie" interpretiert werden kann (Reich et al. 1978). Mit der abgestuften Zuteilung von Privilegien und Ressourcen produzieren Organisationen Kern- und Randbelegschaften, die sich dann nicht mehr zu einer interessenhomogenen Gesamtgruppe integrieren lassen. Interne Arbeitsmärkte enthalten damit bereits Elemente einer Kontrollform, die als Vergemeinschaftung beschrieben werden könnte (Krell 1994; Brose et al.

2004). Diese Lösung des Transformationsproblems setzt auf die normative Ausgestaltung der Beziehung zwischen Beschäftigern und Beschäftigten etwa mit
Hilfe betrieblicher Sozialleistungen, auf die kulturelle Einbindung und den Aufbau einer *corporate identity*, auf die Stärkung persönlicher Bindungen oder pa-
ternalistischer Loyalitäts-Fürsorge-Beziehungen. In dieser Lösungsvariante werden Gemeinschaften inszeniert, um den Menschen hinter der Rolle einzubinden
(Deutschmann 1987). Dem entgegen steht eine Variante der Vermarktlichung
oder fremdorganisierten Selbstkontrolle, die hohe Autonomiespielräume mit
konkurrenzförmigen Ordnungsmustern verbindet und die die arbeitsvertragliche
Einbindung von Beschäftigten durch Werkverträge und leistungsabhängige Bezahlung ergänzt. Hierarchische Überwachung wird hier durch indirekte Kontrollen wie etwa Zielvereinbarungen oder die Schaffung selbstständiger Geschäfts-
bereiche ersetzt. Auf der Seite der Beschäftigten erfordern solche „subjektivier-
ten" oder „entgrenzten" Inklusionsmuster ein hohes Maß an Selbstrationalisie-
rung und Internalisierung von Fremdzwängen (Voß/Pongratz 1998; Moldaschl
2002b).

Aus einer poststrukturalistischen Perspektive erscheinen derartige personalpolitische Instrumente als Techniken der Formation von Subjekten. Bei der Analyse von Beschäftigungsverhältnissen dürfen danach Individuum und Organisation nicht als zwei voneinander unabhängige Pole begriffen werden. Die Konfliktlinie verläuft nicht zwischen dem Individuum und dem Kontrollansinnen der
Organisation, vielmehr ist die Konstitution des Individuums resp. des Personals
selbst Teil der Lösung des Transformationsproblems (Townley 1993; Rose 1990,
2000). Das Individuum wird durch die Beschäftigungsverhältnisse geschaffen,
indem es räumlich separiert, gemessen, abgeschätzt, bewertet, kategorisiert und
geprüft wird, indem ihm bestimmte Eigenschaften, Fähigkeiten, Fehler, Defizite
oder Verantwortlichkeiten, aber auch Triebe, Neigungen oder Wünsche zugeschrieben werden oder indem es als Autor oder Subjekt von Handlungen adressiert wird, zu deren Inszenierung normierte Vokabulare der Zwecke, Intentionen,
Kalküle oder Motive verwendet werden müssen. Im Anschluss an Foucault
(1977) werden diese Mechanismen der Konstruktion von Individuen (oder Indi-
vidualrollen) als Disziplinierungstechniken gedeutet, die die Herstellung ökonomisch nützlicher Individuen zum Ziel haben. Personalwirtschaftliche Praktiken
werden dann daraufhin beobachtet, welches Wissen sie über die Einzelnen generieren und welche Macht- oder Disziplinierungsgewinne damit verbunden sind
(Treiber/Steinert 1980; Laske/Weiskopf 1996; Neuberger 1997a; Krell 2003).
Aus dieser Perspektive erscheint der im personalwirtschaftlichen Diskurs beobachtbare Wandel des Menschenbildes – vom *human factor* im Taylorismus,
dem Faulheit und materielle Motive unterstellt werden, hin zum *human resource*-Subjekt als strategischer Variable, dessen Kreativität als Quelle betriebli-

cher Wertschöpfung entfaltet werden soll – nicht als Emanzipationsgeschichte hin zu humaneren Arbeitswelten und gesteigerter Autonomie der Beschäftigten. Vielmehr kommt hier ein Wandel der Subjektivitätsformen und der diese hervorbringenden Disziplinierungstechniken zum Ausdruck, die in postbürokratischen Organisationen weniger auf hierarchische Überwachung als auf internalisierte Fremdkontrollen bauen. Organisation und Individuum stehen also nicht in einem Ausschließungsverhältnis zueinander, die Person ist keine unabhängig von personalplanerischen Maßnahmen zu verstehende Wirklichkeit, vielmehr nimmt die Organisation das Konzept der Individualität zu Disziplinierungszwecken in Anspruch. Die Organisation unterdrückt das Individuum nicht, sie konstituiert es und versucht, seine Kräfte zu steigern.

1.2.2 Kritische Würdigung

Mit der Fokussierung des Transformationsproblems als dem Bezugspunkt von Personalpolitik beginnt in marxistischen Ansätzen, die Binnendynamik von Organisationen ins Blickfeld zu rücken. Dabei wird jedoch zum einen an problematischen rationalistischen Prämissen festgehalten, insofern unterstellt wird, dass sich Personalpolitiken der rationalen Wahl eines Managements verdanken, das genau wisse, welche Mittel ihre Macht ausweiten und erhalten und welche nicht (Nienhüser 2001: 13ff; Türk 1995). Dem entspricht die Wahrnehmung der Personalpolitik als ein kohärentes System von Maßnahmen. Zum anderen wird die soziale Komplexität einer Organisation durch die Annahme der Existenz von genau zwei interessenhomogenen Großgruppen über Gebühr reduziert.

Im Koordinatensystem von mikropolitischen Ansätzen kommt es dagegen zu einer Pluralisierung der Konfliktlinien, insofern zwischen verschiedenen opponierenden Koalitionen, aber auch zwischen verschiedenen Beschäftigtengruppen Interessengegensätze auftreten können. Das Transformationsproblem verliert seine zentrale Stellung für die Analyse von Personalpolitiken und wird zu einer Unsicherheitsquelle unter anderen. Die Ziele des Managements werden als mehrdeutig und widersprüchlich konzeptualisiert. Organisationale Personalpolitiken können danach besser begriffen werden, wenn man sie als das Bemühen versteht, eine Vielzahl von potentiell konfligierenden Logiken miteinander zu vermitteln. Zu den entgegengesetzten organisationalen Steuerungsprinzipien, denen organisationale Abläufe gleichzeitig genügen müssen, zählt Neuberger (2006: 184ff) unter anderem Hierarchie *und* Autonomie, Formalisierung *und* Improvisation, Differenzierung *und* Integration, Kooperation *und* Konkurrenz, Wandel *und* Bewahrung (siehe hierzu auch Neuberger/Wimmer 1998: 318 ff). Es ist die Heterogenität, Interpretationsbedürftigkeit und Widersprüchlichkeit dieser

Ziele, die die Handlungsspielräume der betrieblichen Akteure generieren, d.h. Unsicherheitszonen schaffen, aus deren Kontrolle Machtpotentiale erwachsen. Mikropolitisches Handeln ist dabei nicht nur der Sand im Getriebe, sondern auch der Kitt, dessen es bedarf, um die divergierenden Logiken zu managen. Die daraus resultierende Beschäftigungspolitik wird nicht logisch aus dem Organisationszweck oder einem übergeordneten Herrschaftsinteresse deduziert, sondern nimmt die Gestalt eines vorläufigen, widersprüchlichen, manipulierenden und fintenhaften Handelns an, dessen Ende ein personalpolitisches Ziel bilden kann.

Es liegt zwischenzeitlich eine Vielzahl an empirischen Forschungsarbeiten vor, in denen versucht wird, mit Hilfe standardisierter Fragebogeninstrumente die unterschiedlichen Einflussstrategien zu systematisieren, derer sich die Akteure in ihrem organisationalen Alltag bedienen. Folgt man Neuberger (2006: 85ff) ist es aber bislang nicht zu einer Übereinstimmung gekommen, sondern bei einer Sammlung bedeutsamer mikropolitischer Einzeltaktiken einerseits (wie etwa „Druck machen", „Rationales Überzeugen", „Einschmeicheln", „Übergeordnete einschalten", „Austausch" oder „Koalitionen bilden" und viele andere) und Gesamtstrategien andererseits („tactician", „shotgun", „bystander"...) geblieben. Neuberger (Ebd.) liefert einen instruktiven Überblick über diese Forschung, spart aber auch nicht mit Kritik an der weit überwiegend gewählten Fragebogenmethodik, die Formen der indirekten Einflussnahme ausblendet und sich unreflektiert auf die Fiktion rational kalkulierende Akteure stützt. Indem sie sich nur auf die Selbstaussagen der Akteure verlässt, bleibt die „dunkle" Seite der Mikropolitik (Mobbing, Fälschung, Sabotage...) typischerweise ausgeblendet. An diesem Problem krankt auch die Forschung über die Wirksamkeit mikropolitischer Strategien. Auf welche Strategien der Erfolg zugerechnet wird, unterscheidet sich je nach dem, ob man den Einflusssuchenden oder den Beeinflussten fragt. Zudem gelinge es nicht, die Bedingungen zu spezifizieren, unter denen bestimmte mikropolitische Strategien besonders hilfreich sind. Die bisherige Erfolglosigkeit der Wirksamkeitsforschung scheint nicht zuletzt in dem Umstand begründet, dass Einzeltaktiken künstlich isoliert werden müssen, will man ihre Wirksamkeit beurteilen. Zugespitzter müsste formuliert werden, dass dieser Befund gerade aus einer mikropolitischen Perspektive zu erwarten war, denn diese versucht ja, sich von dem in dieser Suche nach den *best practices* unterstellten Bild der Organisation als einer trivialen Maschine zu distanzieren und die unberechenbare Binnendynamik von Organisationen zu unterstreichen.

In den mikropolitisch ausgerichteten Weiterentwicklungen klassischer neomarxistischer Theorieansätze wird diese organisationale Binnendynamik nicht länger durch unabhängige Variablen wie die Eigentumsverhältnisse oder Rationalisierungszwänge still gestellt. Stattdessen erscheint die organisationale Strukturgenese als ein rekursiver Prozess, in dem Machtpotentiale eingesetzt werden, die Folge und Ursache mikropolitischer Spiele sind. Machtpotentiale ergeben sich als Resultat organisatorischer Strukturen, die sich ihrerseits dem Machtwillen der beteiligten Akteure verdanken und in Interaktion mit der Umwelt ihre Form gewinnen. Betriebliche Entscheidungen werden in einem Kontext getroffen, der durch diese Entscheidungen gestaltet wird. Die „selbstgeschaffenen Wirkungen kehren rekursiv als Bedingungen zurück und konditionieren das Spektrum weiterer Handlungen" (Neuberger/Wimmer 1998: 156). Solche rekursiven Verhältnisse, in denen sich Akteure auf Strukturen beziehen, die sie in ihrem Handeln verändern und gestalten können, entwickeln sich kontingent (Ortmann et al. 1990). Für das Verständnis des Zustandekommens mikropolitischer Spiele scheint die Edwardsche Typologie von Kontrollstrategien und das Angebot an Variablen, nach Maßgabe derer die verschiedenen Ausprägungen variieren: Organisationsgröße, technologische Komplexität oder Gewerkschaftspräsenz unzureichend. Weil diese Variablen und ihr Einfluss unabhängig von den organisationalen Machtspielen gedacht werden, verbaut sich dieser Erklärungsversuch die Möglichkeit einer Querschnittsanalyse, d.h. einer Analyse unterschiedlicher Personalpolitiken zum selben historischen Zeitpunkt (Nienhüser 2001). Zur Erforschung solcher Dynamiken wäre ein qualitatives Methodendesign erforderlich, das sich nicht auf die Messung des Organisationsgrades der Beschäftigten beschränkt (Baron et al. 1986; Osterman 1995), sondern im Rahmen von Fallstudien zu rekonstruieren versucht, wie Machtquellen geschaffen und genutzt werden (Riegraf 1996; Maitlis 2004; Mensching 2008: 277).

In dem Maße allerdings wie sich das Herrschafts- zu einem Machtparadigma wandelt und der empirischen Vielfalt von Konfliktlinien und Machttechniken öffnet, verliert der Machtbegriff an Kontur (Nienhüser 2001: 18; Moldaschl 2002a). Dies lässt sich exemplarisch am Werk von Foucault zeigen. Hier wird Macht als „Ensemble von Handlungen, die sich gegenseitig hervorrufen und beantworten" (1987: 252) oder als „Einwirkung auf die Handlungen anderer" (*Ebd.*: 255) definiert und ihr produktiver und ermöglichender Charakter wird hervorgehoben, sodass es schwierig wird, die andere Seite der Macht zu bestimmen. Es scheint für jegliches soziales Handeln zuzutreffen, dass es Wirkungen auf andere Handlungsereignisse besitzt. Der Begriff der Macht wird also inhaltsleer. Probleme dieser Art finden sich aber auch bei Crozier/Friedberg (1979: 39), die Macht als „Möglichkeit, auf andere Individuen oder Gruppen einzuwirken" bestimmen. Auch der Versuch, Macht als „Dualität von Struktur" zu definieren (z.B. bei Iding 2006 im Anschluss an Ortmann u.a. 1990), führt aus diesem Dilemma nicht heraus, weil eine solche Definition um einen Hinweis ergänzt werden müsste, um was für eine besondere Art von Struktur es sich bei Macht handelt. Diese Probleme sind innerhalb des Diskurses durchaus präsent, z.B. bei Neuberger (2006: 127/128):

> „Jede Handlung – und sei sie von ihrem Autor noch so altruistisch oder sachlich gemeint gewesen – kann vom Beobachter als ‚mikropolitisch' motiviert rekonstruiert werden. Aus diesem Blickwinkel ist der Erklärungswert gleich Null. Es müsste also gelingen, die Differenzkriterien von mikropolitischem und nicht-mikropolitischem Verhalten herauszuarbeiten."

Es bleibt jedoch bei der Formulierung dieses Desiderats. Die Kritik gibt Anlass zu der Frage, ob das Konstrukt Macht einen wertvollen Beitrag zur Erklärung komplexer sozialer Systeme leisten kann (March 1966/1990a). Solange die Organisation als triviale Maschine behandelt wird, kann sie mit Hilfe einfacher Kraftmodelle beschrieben werden, in denen die mächtigen Teilnehmer den Zustand des Systems nach Maßgabe ihrer Interessen oder Präferenzen beeinflussen können. In diesen Fällen mag Macht ein sinnvolles, d. h. erklärungsmächtiges Konstrukt sein. Einzelne Abteilungen oder kurzfristige Situationen lassen sich möglicherweise auch weiterhin auf diese Art beschreiben, als Modell für komplexe Organisationen wird dies jedoch empirisch unplausibel – etwa weil es unterschiedliche Grade der Aktivierung von Macht gibt je nach Anzahl der gleichzeitig zu bewältigenden Entscheidungssituationen; weil die Machtausübung auf das eigene Machtpotential positiv oder negativ zurückwirken kann, d. h. zeitlich variabel ist; oder weil unter der Bedingung begrenzter Rationalität mit der Mehrdeutigkeit von Präferenzen und technologischer Unsicherheit gerechnet werden muss. March (Ebd.) zieht daraus die Schlussfolgerung, dass das Modell, in dem das Verhalten der Organisation durch die Präferenzen und Machtpotentiale der Individuen bestimmt wird, durch alternative Entscheidungsmodelle, zum Beispiel das *Mülleimer-Modell,* ersetzt werden muss, in dem das Entscheidungsresultat sehr viel stärker durch den systemischen Kontext erklärt wird. In einer Bilanz der bisherigen Überlegungen zu Entscheidungsprozessen bezeichnet March (1990: 7) deshalb Macht als „enttäuschendes Konzept", das nicht nur an Messproblemen kranke, sondern auch „bei der Modellspezifikation grundlegende Unzulänglichkeiten" aufweise.

> „Es wird leicht zu einem tautologischen Ausdruck für die unerklärte Varianz in einer Entscheidungssituation oder es dient dazu, sich in einem System von Verhandlung und Austausch auf eher politische Art auf Unterschiede in den Ressourcen (Ausstattungen) zu berufen" (Ebd.).

Mit der mikropolitischen Wende im Machtparadigma wird die Aufmerksamkeit auf rekursive Entscheidungsprozesse, d.h. auf die organisationale Eigendynamik gelenkt. Hier fehlen dann allerdings die begrifflichen Mittel, um dieser Eigendynamik angemessen Rechnung tragen zu können. Der Machtbegriff scheint in dieser Hinsicht unzureichend und als Grundlage für eine adäquate Organisationstheorie, mit deren Hilfe die organisationale Entscheidungspraxis begreiflich gemacht werden könnte, ungeeignet. Überlegungen, die die Lücke zu schließen versuchen, die ein fehlender überzeugender Organisationsbegriff hinterlässt, setzen typischerweise zu allgemein an. So bewirbt etwa Benson (1977) eine „dialektische Perspektive" auf Organisationen, präsentiert dann aber lediglich einige sozial- und erkenntnistheoretische Annahmen:

> „A dialectical view is fundamentally committed to the concept of process. The social world is in a continuous state of becoming – social arrangements which seem fixed and permanent are temporary, arbitrary patterns and any observed social pattern are regarded as one among many possibilities. Theoretical attention is focused upon the transformation through which one set of arrangements gives way to another. Dialectical analysis involves a search for fundamental principles which account for the emergence and dissolution of specific social orders. There are four principles of dialectical analysis – social construction/production, totality, contradiction, praxis. These constitute a perspective on the fundamental character of social life. A dialectical view of any particular field of study must be guided by an application of these principles" (Benson 1977: 3).

Mit diesen Prinzipien kann aber nicht die Spezifik der Organisation als eines besonderen Ausschnittes der sozialen Wirklichkeit erfasst werden: prozesshaft und widersprüchlich mögen auch andere soziale Phänomene sein und die Verwicklung des Beobachters in seinen Gegenstand sowie der Ratschlag, Phänomene nicht isoliert, sondern in ihrer Totalität zu betrachten, gelten für die Untersuchung nicht nur von Organisationen.

Dasselbe Problem stellt sich analog für Crozier/Friedberg (1979). Der Begriff des Spiels vermag bestimmte sozialtheoretische Annahmen sehr anschaulich zu plausibilisieren, er taugt aber nicht zur Begründung einer Theorie der Organisation als einer besonderen Art von Spiel. Statt einer Organisationstheorie scheint hier eher eine Netzwerktheorie vorbereitet zu werden. Die Grenzen dieses interorganisatorischen Netzwerks können flexibel verschoben, neu justiert und wieder gelöscht werden. Dieses Netzwerk deckt sich aber

> „nur unvollständig mit den Grenzen einer oder mehrerer Organisationen. Es ist ein System individueller oder kollektiver, institutionalisierter und nicht institutionalisierter Akteure, das einen Teil oder die Gesamtheit einer Organisation mitsamt den relevanten Handlungspartnern im Umfeld umfasst und für das ein Teil der Organisation selbst zum Umfeld werden kann. Es ist mit einem Wort ein System von Akteuren, das seine eigene Existenz hat und in dem die Tatsache, formal Mitglied der Organisation zu sein, nicht notwendigerweise ein ausschlaggebendes Faktum ist" (Friedberg 1995: 90).

Diese Verschiebung des Forschungsgegenstandes weg von der Organisation und hin zu interorganisatorischen Netzwerkdynamiken läuft dann aber Gefahr, die wechselseitige Durchdringung der Organisation mit ihren Umfeldern überzubetonen und die Wirkmächtigkeit der Organisationsgrenzen zu unterschätzen.

1.3 Legitimation

Theoretischer Ausgangspunkt dieses Paradigmas ist die Annahme, dass Organisationen in einem gesellschaftlichen Kontext ausdifferenziert werden, also in ein Bedeutungsuniversum eingelassen sind, das als historisch gewachsenes Resultat sozialer Praxis unterschiedliche Gestalt annehmen kann. Jede Organisation ist eingebettet in ein Netz von Erwartungsstrukturen, von institutionalisierten Normen und Werten, die als Betriebssystem der gesellschaftlichen Konstruktion von Wirklichkeit fungieren (Berger/Luckmann 1969/1980). „Institutionalisiert" bedeutet dabei, dass die Beteiligten diese Wirklichkeit als objektiv gegeben anerkennen und die zu ihrer Hervorbringung notwendigen Regeln, Unterscheidungen und Interpretationsschemata in unreflektiert-selbstverständlicher Weise handhaben – die Kontingenz und das Gemachtsein dieser Wirklichkeit, also der Umstand, dass sie sich dem Reden und Handeln der Beteiligten verdankt, werden abgeblendet. Der Neo-Institutionalismus versucht, organisationale Praktiken als Institutionen sichtbar zu machen, die durch soziale Konstruktionsprozesse hervorgebracht, dann aber objektiviert werden und schließlich als Ausdruck objektiv gegebener und universeller Effizienz- und Rationalitätskriterien erscheinen (Dobbin 1994).

Mit diesem Ausgangspunkt grenzen sich die institutionalistischen Ansätze nach zwei Richtungen hin ab. Zum einen wird ein individualistisch-mikrosoziologischer Zugang zu Organisationen abgelehnt, wonach sich Organisationsstrukturen den rationalen Wahlhandlungen von Individuen, den mikropolitischen Spielen organisationaler Akteure oder den situativ-konkreten Problemen, die sich bei der Produktion von Gütern oder Dienstleistungen stellen, verdanken. Solchen Theorien gelänge es nicht, den organisationalen Isomorphismus, also die hohe Übereinstimmung und Ähnlichkeit zwischen verschiedenen Organisationen sogar über nationalstaatliche Grenzen hinweg, zu erklären (Meyer et al. 1994; DiMaggio/Powell 2000). Organisationsstrukturen müssten vielmehr als Anpassungsstrategien an institutionelle oder kulturelle Umwelten und deren rechtlich-politischen Kodifizierungen verstanden werden. Zu diesen institutionalisierten Regeln gehören etwa Vorstellungen darüber, was eine gute und effiziente Organisation ausmacht, welche Ziele erstrebenswert und welche Mittel rational und zeitgemäß sind. Die Konformität mit solchen Erwartungen garantiert der Organisation Legitimität und Anerkennung, leistet jedoch keinen unmittelbaren Beitrag zur Produktivitätssteigerung bzw. zur Lösung organisationsspezifischer Koordinationsprobleme, unter Umständen ist sie der Erreichung dieser Ziele sogar abträglich – etwa wenn extern legitimierte Experten eingestellt werden, obwohl Angelernte dieselbe Arbeit für ein geringeres Entgelt verrichten könnten (Meyer/Rowan 1977).

Zum anderen versucht das Legitimationsparadigma, sich in Abgrenzung zu deterministischen Perspektiven auf das Verhältnis von System und Umwelt (Schreyögg 2003: 323) zu profilieren. Organisationsstrukturen werden durch institutionelle Kräfte, den Staat, die Gerichte oder an ihrer Selbsterhaltung interessierte Professionen (Manager, Personaler...) konstruiert und nicht durch objektive Marktkräfte oder ahistorisch gedachte Erfordernisse erzwungen, die aus bestimmten Technologien oder Merkmalen wie der Organisationsgröße erwachsen. Organisationsstrukturen, wie z. B. personalpolitische Instrumente, entwickeln sich immer auch kontingent und können nicht als *one best way* zur Erreichung des Organisationsziels betrachtet werden – sei es nun ein ökonomisches oder ein herrschaftspolitisches.

Diese doppelte Stoßrichtung macht auf ein Problem aufmerksam. Der Ausgangspunkt der Ausdifferenzierung von Organisationen in der Gesellschaft bringt eine Paradoxie mit sich, die darin besteht, dass die Organisation Teil dessen ist, was sie nicht ist. Die Organisation ist eine gesellschaftliche Institution, die sich aus einer gesellschaftlichen Umwelt ausgrenzt. Dieser Widerspruch wird durch eine Pendelbewegung zwischen zwei verschiedenen Perspektiven aufgelöst, die in der dargestellten doppelten Abgrenzungsbewegung ebenfalls zum Ausdruck kommen: Institutionen erscheinen im Sinne von Kultur einerseits als zusätzlich zu berücksichtigende Teilumwelt, an die sich die rationale Organisation ebenfalls anzupassen hat; andererseits erscheint die Organisation gerade in ihren Rationalitätsbestrebungen als moderne Institution, die bei der Definition von ‚Effizienz' und ‚Rationalität' auf institutionelle Unterstützung angewiesen ist. Türk (1997) spricht an dieser Stelle von einer kontingenztheoretischen und einer konstitutionstheoretischen Lesart der institutionalistischen Ansätze.

Aus der Perspektive von ersterer, der kontingenztheoretischen Lesart, erscheint der kulturelle oder institutionelle Rahmen als ein weiteres Umweltsegment neben den technischen oder Marktumwelten (Scott/Meyer 1991). Danach müssen Organisationen nicht nur Effizienzkriterien genügen, um marktfähige Leistungen zu erstellen, sie müssen mit ihrer formalen Struktur auch die Werte der Umwelt zelebrieren, also Fortschrittlichkeit, Effizienz und Rationalität symbolisieren, um sich mit Legitimität, Glaubwürdigkeit und dem nötigen Vertrauen in die Richtigkeit ihres Tuns zu versorgen (Meyer/Rowan 1977). Die institutionelle Umwelt bestimmt in hohem Maße die Gestalt der Organisationsstrukturen und zwar umso mehr, je unklarer deren Technologie, d. h. je ungewisser die Bewertung des Erfolgs, die Bestimmung der Ziele und der legitimen Mittel zu deren Erreichung sind (Brunsson 1995). Die institutionalisierten Erwartungen sind jedoch in der Regel zu abstrakt, als dass sich konkrete Verhaltensvorgaben aus ihnen ableiten ließen, üblicherweise konfligieren sogar die situativen und organisationsspezifischen Erfordernisse mit diesen institutionellen

Erwartungen. Die formale Struktur ist deshalb vor allem als zeremonielle Praktik, als Mythos oder Ritual, zu verstehen, nicht als rationales Mittel zur effizienten Zielerreichung oder konkreten Koordinierung der Arbeitsabläufe. Diese Koordination wird hauptsächlich informell bewältigt. Damit die zeremonielle Konformität nicht die Arbeitsabläufe stört und entsprechende Inkonsistenzen unsichtbar bleiben, werden beide nur lose gekoppelt und der technische Kern durch eine Kultur des Vertrauens, dass alles mit rechten Dingen zugeht und die Beteiligten ihre Rollen verlässlich spielen, geschützt (Ziele werden nur vage formuliert, Kontrollen werden vermieden oder nur oberflächlich durchgeführt und dabei auftretende Ungereimtheiten absichtlich übersehen oder diskret behandelt...).

Zu welchen Konflikten es zwischen institutionalisierter Struktur und arbeitsorganisatorischen Erfordernisse kommen kann, wenn man auf diese Entkopplungstaktik verzichtet, zeigt Kühl (2002) in einer Studie der New Economy. Internetfirmen konnten sich in der Boom-Phase dieser Branche umfängliche Ressourcenzuflüsse sichern, weil sie ein Organisationsmodell verkörpert haben, das von den Akteuren des Kapitalmarktes als besonders legitim betrachtet wurde.

> „Die Unternehmen versprachen, mit ihrer Dynamik, ihrem Engagement und ihren organisatorischen Fähigkeiten eine Revolution des Wirtschaftens einzuleiten. Sie vertrieben nicht (nur) ein Produkt oder eine Dienstleistung, sondern sie verkauften sich selbst als Vorbild für die Wirtschaftsorganisationen des 21. Jahrhunderts" (191).

Das Bemühen, der institutionalisierten Idealvorstellung einer zukunftsweisenden Organisation gerecht zu werden, erklärt die Rationalität vermeintlich absurder Entwicklungen: das 'Verbrennen' von Geld, das die Banken den Internetfirmen aufdrängten, die bedingungslose und betriebswirtschaftlich unrentable Expansionsstrategie, die ausufernde Einstellungspolitik, die Fokussierung des Produktmarketings trotz fehlender technischer Ausgereiftheit der Produkte. Die erzwungene Expansionsstrategie führte dazu, dass die wachsende Komplexität nicht mehr mit Hilfe der nach außen präsentierten Gruppenstruktur reduziert werden kann. Die hierarchie- und regelfeindliche Struktur, die den Unternehmen die Legitimität sicherte, geriet mit arbeitsorganisatorischen Erfordernissen in Konflikt. Es entstanden Probleme, wie etwa die Konzentration von Entscheidungserwartungen an der Unternehmensspitze und übertriebene Sicherheitsstrategien, die eine Abwärtsspirale anstießen, in der sich organisationale Schwierigkeiten und schwindendes Anlegervertrauen wechselseitig verstärkten.

In dieser kontingenztheoretischen Lesart erscheint der institutionelle Rahmen resp. die Gesellschaft als einer unter mehreren Kontexten, als unterschieden von der Organisation selbst und von anderen, z.B. technischen Umwelten. Das impliziert zum einen, dass die Organisationsmitglieder durchaus einen strategischen Umgang mit den institutionellen Erwartungen pflegen können, zum anderen, dass Effizienz- und Herrschaftserklärungen nicht hinterfragt, sondern nur ergänzt werden. Die kontingenztheoretische Variante des Neo-Institutionalismus schließt in diesem Sinne unmittelbar an den alten Institutionalismus an, der bereits versucht hatte zu zeigen, wie die Bemühungen um Anerkennung durch die institutionelle Umwelt zu einer Unterwanderung der Organisation durch externe Anspruchsgruppen und dadurch zu einer Verschiebung von Zielen führt (Selznick 1949/1980).

Aus der konstitutionstheoretischen Perspektive dagegen wird sowohl die Unterscheidung zwischen institutioneller und technischer Umwelt und darauf bezogenen „kulturell geprägten" und „rationalen" Verhaltensweisen, als auch die Gegenüberstellung von Gesellschaft und Organisation hinterfragt (Dobbin 1994). Die Unterscheidung zwischen technischem Kern und einer formalen Struktur, die diesen Kern vor den institutionellen Erwartungen schützt, also zwischen effizienter informeller Arbeitsorganisation und ineffizienten institutionellen Elementen in der Organisationsstruktur, kollabiert, wenn man die Effizienz der Anpassung an institutionelle Umwelten einerseits und die notwendigen institutionellen Voraussetzungen von Effizienz andererseits berücksichtigt. So handelt es sich bei der formalen Struktur keineswegs um Verhaltensweisen, auf die man auch verzichten könnte: Mit diesen Ritualen versichert man sich nicht nur gegenseitig einer gemeinsamen Realität, verleiht ihr Sinn und Akzeptanz und der Organisation damit Stabilität; vielmehr beeinflusst die Legitimität einer Entscheidung ihre Implementierung und damit ihre Qualität. Eine als antiquiert oder rückschrittlich beobachtete Organisation hat Probleme, sich die notwendigen Ressourcenzuflüsse (qualifizierte Beschäftigte, Aufträge...) und damit ihr Überleben zu sichern.

Umgekehrt können Effizienz und Rationalität nicht als die andere Seite der Kultur gedacht werden. Effizienz ist kein sich aus objektiven Marktbedingungen ableitendes Kriterium, sondern selbst eine soziale Konstruktion, insofern sie etwa bestimmte Eigentumsstrukturen voraussetzt, einen institutionellen Rahmen benötigt, der die Externalisierung von Kosten erlaubt, oder erst die Folge der Durchsetzung bestimmter Produkte und der durch diese generierten Bedürfnisse ist (Fligstein 1993; Ortmann 1995b). Konformität mit institutionalisierten Regeln findet also keineswegs nur über entkoppelte Legitimationsfassaden statt. Die Kultur dringt bis zur Aktivitätsstruktur durch.

Schließlich ist die Form der Organisation selbst ein kulturelles Artefakt (Zucker 1983; Brunsson/Sahlin-Andersson 2000), das nicht in Abgrenzung von der Gesellschaft begriffen werden kann. Die Legitimität einer rein an Zweckrationalität und Rentabilität orientierten Produktions- und Verwaltungsform ist eine historisch junge Institution (Weber 1980). Effizienz und Rationalität haben

sich in der modernen Gesellschaft als handlungsleitende Normen und Selbstdar-
stellungsanweisungen etabliert, mit denen bestimmte Praktiken legitimiert und in
ihrer Verbreitung befördert werden. Organisationen sind gesellschaftliche Parti-
kel, die diese Werte zelebrieren, sie sind „dramatic enactments of the rationali-
zed myths pervading modern societies" (Meyer/Rowan 1977: 346).

In scharfer Abgrenzung gegen individualistische Ansätze wird aus einer
konstitutionstheoretischen Perspektive auch der Akteur als Institution betrachtet
(Meyer/Jepperson 2005; Meyer et al. 1994). Das selbstbestimmte und rational
handelnde Individuum ist ein kulturelles Muster, das erst mit der modernen Gesellschaft entsteht. Ein solcher Akteur kann nicht als gegebene, substantielle
Einheit verstanden werden, sondern als Bedeutungskonstruktion, die durch Zu-
rechnungs- und Selbstdarstellungsprozesse interaktionell hervor gebracht werden
muss. Das tatsächliche Handeln ist eher durch unbewusste und routinemäßige
Handhabung institutionalisierter Regeln gekennzeichnet.

Bei einer solchen Betrachtung besteht dann jedoch die Gefahr, eine „politische" Betrachtungsweise zu vernachlässigen, die zu den zentralen theoretischen
Einsichten des alten Institutionalismus gehörte (DiMaggio/Powell 1991). Ein
konstitutionstheoretisch verstandener Neo-Institutionalismus muss sich den
Vorwurf gefallen lassen, sich durch die Betonung des überorganisationalen Ur-
sprungs institutionalisierter Regeln einen gewissen strukturalistischen Bias ein-
zuhandeln (die Kritik zusammenfassend Walgenbach 2001). Institutionen werden als homogen, widerspruchsfrei und konkret, d. h. unmittelbar handlungsleitend, konzipiert – während das Verhalten der Organisation als passive Anpassung beschrieben wird. Die Frage nach der Entstehung institutionalisierter Normen sowie den Möglichkeiten reflexionsmächtigen, interessengeleiteten und
strategiefähigen Handelns (Oliver 1991) wird damit mehr oder weniger ausgeblendet.

Neuere Entwicklungen des Neo-Institutionalismus versuchen, diese Ten-
denz zu korrigieren (Hasse/Krücken 1996) und eine Vermittlung der beschriebenen Teilung in eine kontingenz- und eine konstitutionstheoretische Variante zu
leisten. Der konstitutionstheoretischen Variante folgend wird mit Nachdruck
versucht, die Differenz zwischen kulturell geprägten Legitimationsfassaden und
an objektiven Effizienzkriterien orientiertem Handeln zu überwinden, indem die
institutionelle Prägung von Letzterem herausgearbeitet wird (Dobbin 1994;
Fligstein 2001, 1996). Sowohl die Soll- als auch die Ist-Erwartungen sind gesellschaftlich konstruiert. Es wird jedoch konzediert, dass diese Erwartungen vage
oder auch widersprüchlich sind, sodass der Organisation resp. den organisationalen Entscheidungsprozessen die Aufgabe zufällt, diese Vorgaben zu interpretieren und zu vermitteln (Brunsson 1982, 1995, 2003). Dadurch wirken sie an der
Konstitution legitimer Standards mit, insofern etwa die organisationalen Ausge-

staltungen abstrakter politischer Vorgaben auf die politisch-rechtliche Umwelt
zurückwirken und legitime Standards als Ergebnis dieser Wechselbeziehung
verstanden werden können (Dobbin/Sutton 1998). Darüber hinaus wird mächtigen Akteuren in Organisationen die Möglichkeit eingeräumt, neue Standards zu
definieren (Fligstein 1991). Mit dieser Wendung wird in doppelter Weise die
Rolle der Organisation an der Konstitution von Legitimitätsnormen sichtbar,
einerseits durch interne, selektive Interpretations- und Vermittlungsprozesse,
andererseits durch die Wirkungen, die diese auf die Umwelt haben. Im Ergebnis
gelangen die neo-institutionalistischen Ansätze durch diese Hinterfragung der
Objektivität institutionalisierter Normen also zu zirkulären Erklärungen von
Institutionalisierungsprozessen, wonach sich organisationale Praktiken dem
Zusammenwirken von Organisationen und ihren Umwelten verdanken.

1.3.1 Anwendungen des Legitimationsparadigmas auf personalpolitische Konfigurationen

Im Folgenden sollen einige empirische Anwendungen der neo-institutionalistischen Ansätze auf den Bereich der organisationalen Personalarbeit dargestellt
werden, an denen sich die Weiterentwicklung hin zu rekursiv gebauten Erklä-
rungsmustern ablesen lässt. Dabei steht die Konstruktion interner Arbeitsmärkte
und bürokratischer Personalverwaltungssysteme in den USA im Vordergrund.
Vor 1930 haben Organisationen in den USA ihre Mitglieder fast ausschließlich
vom externen Arbeitsmarkt rekrutiert und nur selten vorhandene Mitglieder in
offene Stellen befördert. Die Formalisierung und Rationalisierung von Beschäftigungspolitik, die als charakteristisches Merkmal des organisationsinternen
Arbeitsmarktes gilt, war nur wenig entwickelt.

Die Erklärung der Durchsetzung dieser neuen Praktiken wird in Kontrast zu
den oben dargestellten rationalistischen Theorien einerseits, zu den machttheoretischen Ansätzen andererseits entwickelt. Aus der Vorstellung, Organisationen
seien durch effiziente Zweck-Mittel-Beziehungen charakterisiert, werden unterschiedliche Hypothesen zur Erklärung der Entstehung interner Arbeitsmärkte
abgeleitet. So wird z.b. zum einen die Organisationsgröße als unabhängige Variable in Anspruch genommen (Blau/Schoenherr 1971). Zunehmende Organisationsgröße befördere Differenzierung und Spezialisierung der Organisationsstrukturen und damit auch die Ausdifferenzierung von Personalabteilungen und
die Formalisierung ihrer Aktivitäten. Eine bürokratisierte Personalpolitik sei für
große Organisationen also effizienter als für kleine und müsste demnach vor
allem dort anzutreffen sein. Eine zweite Erklärung benutzt die Technologie und
die Eigenschaften der Transaktion als unabhängige Variablen und deutet interne

Arbeitsmärkte als Ausdruck des Versuchs, firmenspezifische Kenntnisse bei einem Segment der Belegschaft aufzubauen (Doeringer/Piore 1978). Kapitalintensive Unternehmungen in technologisch fortgeschrittenen Sektoren benötigten spezifischere und komplexere Arbeitsleistungen. Die Transaktionskosten, die bei der Einarbeitung neuer Beschäftigter anfielen, würden dadurch steigen und seien höher als die Sondergratifikationen, die notwendig wären, um für die bereits kundigen alten Mitarbeiter den Verbleib in der Unternehmung hinreichend attraktiv zu machen.

In dem Maße, wie die Bedienung der Technologie anspruchsvoller wird, steigt auch das Sabotagepotential der Mitarbeiter. Aus herrschaftstheoretischer Sicht stellen deswegen interne Arbeitsmärkte ein Instrument dar, das die organisationale Herrschaftsordnung vor dem Hintergrund dieses Problems aufrechterhält. Die mit diesem Instrument in Gang gesetzte Segmentierung der Belegschaft hat den Effekt, im Sinne einer Teile-und-Herrsche-Strategie zu fungieren, also Interessen zu differenzieren und damit eine einheitliche gewerkschaftliche Vertretung zu erschweren (Reich et al. 1978).

Im Neo-Institutionalismus wird für die Entwicklung interner Arbeitsmärkte dagegen eine Erklärung angeboten, wonach vor allem der Interaktion zwischen Organisationen und ihrer rechtlich-politischen Umwelt maßgebliche Bedeutung zukommt: etwa im Anschluss an die durch den zweiten Weltkrieg hervorgerufene interventionistische Politik in den 1930er und 40er Jahren und die durch die Bürgerrechtsbewegung beförderten Gleichstellungsgesetze in den 1960er und 70er Jahren. So zeigen etwa Baron/Dobbin/Jennings (1986), dass die politische Krise des zweiten Weltkrieges bei der Implementierung einer bürokratischen Personalverwaltung katalytisch wirkte und dieser zu einer raschen Verbreitung half. Die Analyse der Daten des *National Industrial Conference Board (NICB)* aus den Jahren 1927 bis 1946 ergab, dass dabei Variablen wie Organisationsgröße und Branche bzw. eingesetzte Technologie nur geringer Erklärungswert zukommt. Zu den Instrumenten einer bürokratischen Personalpolitik zählen sie die Spezialisierung und Rationalisierung von Arbeitsrollen (Zeit- und Bewegungsstudien, Arbeitsplatzanalysen, Kodifizierung von Anforderungen, Formalisierung von Schulungen und Leistungsbeurteilungen) sowie Praktiken, die auf die Pflege langer Beschäftigungsverhältnisse und die Schaffung interner Arbeitsmärkte abzielten (Konzentration und Formalisierung von Personalaufgaben wie Rekrutierung, Beförderung und Entlassung in entsprechenden Abteilungen, Klassifizierung von Gehaltsgruppen und Aufstiegswegen, systematische Erfassung der Personalfluktuation, Senioritätsregeln). Ausschlaggebend für die Einführung dieser Instrumente waren politische Interventionen mit dem Ziel, die knappen Arbeitskräfte optimal einzusetzen, d. h. vor allem in kriegsbedeutenden Industrien das Arbeitsangebot sicherzustellen sowie Lohnkonkurrenz und Fluktuation zu verhindern. Das zwang die Unternehmen dazu, ihre Personalarbeit zu konzentrieren und zu formalisieren, etwa Stellenbeschreibungen oder Qualifikationsanforderungen anzufertigen, um gegenüber anderen Firmen ihren Bedarf an Arbeitskräften kommunizieren zu können. Die bundesstaatlichen Einstellungsquoten kombiniert mit hohen Fluktuationsraten führten zu einem Interesse an langer Beschäftigungsdauer. Dem Interesse, das Humankapital bestmöglich zu Kriegszwecken einzusetzen, dienten ebenfalls Trainings, Sicherheitsmaßnahmen oder Lohnanreizsysteme. Rationalisierungs- und Standardisierungstendenzen wie etwa die Einführung eines branchenweit vereinheitlichten Arbeitsplatzbewertungs- und Bezahlungssystems in der Stahlindustrie erfüllten nicht nur staatliche Interessen nach Reduktion der Arbeitskräftefluktuation, sondern stießen auch bei den Gewerkschaften und Arbeitgebern auf Gegenliebe, weil sich die einen eine Verringerung der Lohnungleichheiten, die anderen eine Verringerung der Konkurrenz mit anderen Firmen erhofften. Die Akteure des organisationalen Feldes nehmen also die Umweltentwicklung auf, nehmen Einfluss auf die konkrete Ausgestaltung der personalpolitischen Reaktionsmuster und formen damit die entstehenden institutionalisierten Normen.

Die Diffusion der Innovationen wird den Aktivitäten von professionellen Personalverantwortlichen zugeschrieben, die angesichts der drohenden Streichung ihrer Abteilung in der Nachkriegszeit sich neue Aufgaben und Legitimationen suchten: etwa die Vermittlung in den Beziehungen zwischen Arbeit und Kapital oder Produktivitätsmessungen von Arbeitsplätzen. Auch als der Krieg endete, d. h. die Umwelt sich veränderte, wurden deshalb die neuen Innovationen beibehalten. Zwar wurden kriegsbedingte Sonderleistungen wieder abgeschafft, aber Arbeitsplatzbewertungen, Leistungsbeurteilungen, Personalabteilungen, Entlassungsgespräche, Gehaltssysteme... blieben und wurden von anderen Firmen kopiert. Indem die Personalverantwortlichen diese Praktiken als rationale Mittel zur Erreichung betriebsinterner Ziele uminterpretieren, tragen sie zur Institutionalisierung dieser Praktiken bei. Einmal in Gang gesetzt, tragen sich die Prozesse der Institutionalisierung und der Diffusion wechselseitig. Personalpraktiken setzen sich in dieser Perspektive nicht aufgrund ihrer überlegenen Effizienz durch, sondern sie werden im Lichte von Problemen als effizient gedeutet, die gesucht oder sichtbar werden, nachdem die Praktiken Eingang ins Handlungs- und Deutungsrepertoire entscheidungsmächtiger Akteure gefunden haben.

Ein solches Problem stellt sich ab Mitte der 60er Jahre, als eine Reihe von Gesetzen, beginnend mit dem *Civil Rights Act* von 1964, die Gleichstellung von Minderheiten für Organisationen verpflichtend festschrieb (Dobbin et al. 1994; Dobbin/Sutton 1998; Kelly/Dobbin 1998). Diese sogenannte „Equal Employment Opportunity"-Gesetzgebung stellt eine weitere Veränderung der rechtlichen

Umwelt von Organisation dar, im Zuge derer sich die Bedeutung des Konzepts des internen Arbeitsmarktes verändert, das nun als rationales Mittel zur Herstellung von Gleichheit und Gerechtigkeit und effizienter Allokation von Personalressourcen in Stellung gebracht wird. In diesem Sinne lässt sich sagen, dass

> „ILM mechanisms (...) exemplify garbage-can theory's solution-in-search-of-a-problem, for EEO is just the latest in a series of problems personnel managers have sought to solve with ILMs" (Dobbin et al. 1994: 298).

Die institutionalisierte Regel oder Norm, die in den Antidiskriminierungsgesetzen kodifiziert wird, ist die des sich selbstverwirklichenden, ambitionierten und karriereorientierten Individuums. Diese Vorstellung eines psychisch komplexen und entwicklungsfähigen Individuums grenzt sich von Trivialisierungen tayloristischer Prägung ab und wird – angestoßen durch die Frauen- und Bürgerrechtsbewegung – nun allen Bevölkerungsgruppen, nicht nur weißen Männern, zugeschrieben. Um die homogene Reaktion der Unternehmen auf diese kulturellen Entwicklungen erklären zu können, muss das Zusammenspiel von Politik, Gerichten und Personalverantwortlichen näher betrachtet werden. Innerhalb des vagen Rahmens der rechtlichen Vorgaben experimentierten Organisationen mit unterschiedlichen personalpolitischen Maßnahmen: Quotenregelungen, ausgeklügelten Einstellungs- und Beförderungstests sowie formalisierten Einstellungs- und Beförderungsprozeduren; letztere umfassten Gehaltsklassifikationssysteme, Stellenbeschreibungen und formale Leistungsbeurteilungen und sind dem Konzept des internen Arbeitsmarktes zuzurechnen. Dieses letztere Konzept setzte sich zu Beginn der 70er-Jahre durch aufgrund der Rechtssprechungspraxis, die Tests und Quoten für weniger geeignet hielt, um die Gleichstellung der unterschiedlichen Beschäftigungsgruppen zu sichern. 1985 wurden die genannten Instrumente von der Mehrheit der amerikanischen Unternehmen genutzt.

Gegen eine rein auf ökonomische Faktoren abstellende Erklärung der Entstehung interner Arbeitsmärkte spricht der Befund, dass es kontingente Entwicklungsmöglichkeiten gibt und die Entscheidung für eine der Möglichkeiten weniger von ökonomischen als vielmehr von institutionellen Rahmenbedingungen abhängt. Erst nachdem die Veränderungen in der rechtlichen Umwelt Anlass dazu gegeben haben, Einstellung und Beförderung zu formalisieren, wird im personalwirtschaftlichen Diskurs der mögliche Effizienzgewinn herausgestrichen, der von Stellenbesetzungen nach Maßgabe von Leistungen und nicht aufgrund zugeschriebener Merkmale oder personaler Netzwerke zu erwarten ist. Fachzeitschriften und Personalverantwortliche haben damit den Weg geebnet, auf dem sich die internen Arbeitsmärkte als *court-proof* und zugleich effizient legitimieren und dann rasch verbreiten konnten – in allen Organisationen, nicht

nur in denen, die als Auftragsnehmer staatlicher Agenturen den prüfenden Blicken und Sanktionen der *EEO-Commission* ausgesetzt waren.
Effizienz ist also die Ideologie, die einmal eingeführte Praktiken nachträglich legitimiert und damit hilft, diese zu verbreiten. Der Ursprung dieser Praktiken liegt jedoch in einer Reaktion auf institutionelle Umwelten. Dieser Zusammenhang von staatlicher Initiative und nachträglicher wirtschaftlicher Legitimation wird auch bei Dobbin/Sutton (1998) herausgearbeitet, wiederum am Beispiel der organisatorischen Reaktion auf die Antidiskriminierungsgesetze, jedoch mit größerer Betonung der Gesetze, die Anfang der 1970er Jahre Gesundheit und Sicherheit am Arbeitsplatz garantieren und betriebliche Sozialleistungen stärken sollten. Der Anwendungsbereich dieser Gesetze war enorm und dehnte sich stetig aus, sie waren komplex und mehrdeutig und lieferten den Unternehmen keine konkreten Verhaltensvorgaben, die administrative Überwachung ihrer Einhaltung blieb fragmentiert und die Interpretation durch die Gerichte uneinheitlich. Diese Unsicherheit zwang die Unternehmen eigens Experten für diese Bereiche einzustellen und darauf spezialisierte Abteilungen einzurichten. Legitimiert wurden diese Veränderungen jedoch nicht über die Notwendigkeit der Anpassung an rechtliche Vorgaben, sondern über zu erwartende Effizienzgewinne durch verbesserte Arbeiterloyalität, erhöhte Motivation, bessere Ausnutzung vorhandener Talente und Diversität der Belegschaft, Erhöhung der Attraktivität des Arbeitgebers auf dem Arbeitsmarkt, Schwächung der Gewerkschaften. Das Human Ressource-Paradigma muss als Ergebnis dieser Legitimationsbemühungen verstanden werden. Die Wahl der Effizienz als Fassade erklären die Autoren (Dobbin/Sutton 1998) mit der Illegitimität staatlicher Eingriffe in das Marktgeschehen in den USA. Dies ist ein Hinweis auf die Widersprüchlichkeit institutioneller Erwartungen: Der Gehorsam gegenüber staatlichen Interventionen wird sowohl legitimiert als auch delegitimiert. Die Unsicherheit und Mehrdeutigkeit der Gesetzgebung ermöglicht es der Organisation, sich die ergriffenen konkreten Maßnahmen selbst zuzurechnen und durch deren ökonomische Effizienz zu rechtfertigen. Diese Legitimierung wird voran getrieben von den Personalexperten, die versuchen, ihre Stellung zu sichern und ihren Zuständigkeitsbereich auszudehnen, und die die Kontrolle der ergriffenen Maßnahmen entsprechend ernst nehmen. Im Verhältnis von Staat und Organisation hat man es hier also mit einem Umbau von Fremd- in Selbstzwänge zu tun und Effizienz ist die Ideologie, die diesen Umbau deckt und stabil hält – auch wenn sich die rechtliche Umwelt wandelt. So dehnten sich die ergriffenen Maßnahmen über alle Branchen und Organisationsgrößen hinweg aus, auch nachdem die Reagan-Regierung den Gesetzeskomplex sehr beschnitten hatte. Wenn sie einmal institutionalisiert sind, werden ausdifferenzierte Personalabteilungen kopiert, weil sie als legitim gelten, unabhängig davon, ob die kopierende Organisation die Prob-

leme hat, die von Kontroll- und Effizienztheorien als ausschlaggebend unterstellt werden – sei es die verbesserte Beschäftigtenbindung aufgrund anspruchsvollerer Aufgaben, die Bekämpfung der Gewerkschaften oder die bessere Kontrolle angesichts wachsender Organisationsgrößen.

Dem Legitimationsparadigma zufolge sind es also weniger vermeintlich außersoziale Ursachen wie Technik oder Organisationsgröße als vielmehr institutionelle Faktoren, die die Gestalt von Beschäftigungsformen bestimmen. Der Staat, die Gerichte und die professionellen Personalverantwortlichen wirken in iterativen Prozessen zusammen und konstruieren dabei neue Beschäftigungspraktiken. Innerhalb des von der Politik bereit gestellten ergebnisorientierten Rahmens bleiben Organisationen Spielräume, um mit verschiedenen Praktiken experimentieren zu können. Dabei wird auf Praktiken zurückgegriffen, weil sie verfügbar sind, entsprechend der neuen Probleme wird jedoch ihre Funktion umgedeutet. Bei der Auswahl spezifischer Techniken, mit deren Hilfe sich Konformität mit den rechtlichen Direktiven erlangen lässt, fungiert die Rechtssprechung als Selektionsmechanismus (Dobbin et al. 1994; Fligstein 1993). Erklärungen, die auf die Wirtschaftlichkeit der implementierten Praktiken abstellen, werden erst nachträglich hinzuerfunden. Bei der Verbreitung der Praktiken wirken dann der rechtliche Zwang, die normative Definition durch professionelle Gruppen sowie das Kopieren der als effizient erachteten Regeln durch andere Organisationen zusammen. Die moderne bürokratische Personalverwaltung ist demnach weniger als rationale oder effiziente Lösung für ein Problem zu verstehen, ihre Evolution ist vielmehr Resultat einer zirkulären Verknüpfung von Problemen und Lösungen, bei der politische Krisen oder Veränderungen der rechtlichen Umwelt als Initialzündung fungieren können. Andere Erklärungsmuster, die darauf abstellen, dass die Differenzierung von (Personal)Abteilungen abhängige Variable der Organisationsgröße sei, dass die Einführung von Gleichberechtigungs-, Gesundheits-, Sicherheits- und Sozialleistungsprogrammen von den Gewerkschaften erkämpft wurde oder als Ausdruck des Versuchs angesehen werden müsse, interne Arbeitsmärkte aufzubauen, die kapitalintensiven Unternehmungen den Aufbau von firmenspezifischen Kenntnissen bei einem Segment der Belegschaft erlaubten, werden vor allem in der Entstehungsphase solcher rekursiver Prozesse als Teilerklärungen akzeptiert (Tolbert/Zucker 1983) – allerdings seien sie eben durch die Betonung des Beitrags des Staates zu ergänzen. Ist der Implementierungsprozess einmal in Gang gesetzt, erzeugt dieser jedoch seine Stabilität aus sich selbst heraus und diese Erklärungsfaktoren verlieren zunehmend an Gewicht. Organisationen aller Branchen und Größen übernehmen dann die legitimierten Handlungsmuster, auch wenn sie über keines der genannten Probleme zu klagen haben.

1.3.2 Kritische Würdigung

Der institutionalistische Ansatz ist oft dafür kritisiert worden, dass Institutionen ein quasi metaphysischer Charakter zugestanden würde und unberücksichtigt bliebe, welchen Einfluss mächtige Akteure auf die Konstitution von Institutionen hätten (Türk 1997; Walgenbach 1998). Meines Erachtens kann diese Kritik angesichts der dargestellten neueren Entwicklungen nicht mehr aufrechterhalten werden. Mit Hilfe von rekursiven Entwicklungsmodellen kann auf einer empirischen Grundlage die Frage, wie sich Institutionen entwickeln, plausibel beantwortet werden. Anstöße zur Institutionalisierung neuer Organisationsstrukturen oder -praktiken können danach wie oben dargestellt von der Politik ausgehen; solche Anstöße enthalten jedoch noch keine konkreten Vorgaben für Organisationen, vielmehr stellen sie eine in hohem Maße unsichere Umwelt dar, die interpretiert, also nur selektiv wahrgenommen wird (Hasse/Krücken 1996). So spricht etwa Fligstein (1991) von „Schocks" und betont gleichzeitig die Bedeutung, die der Beobachtung, Wahrnehmung und Interpretation derartiger Irritationen zukommt. Institutionen wie Rationalität, Fortschritt, Gleichheit und Gerechtigkeit sind viel zu abstrakt, um daraus konkrete Verhaltensvorgaben zu erwirtschaften. Im Akt der Interpretation oder Konkretisierung solcher Institutionen werden Organisationen also zu Mitbegründern von institutionalisierbaren Praktiken, und sie verleihen diesen Praktiken durch die Einführung eine erste Legitimation, weil Organisationen selbst Institutionen sind: Wenn ein neues strukturelles Element in einem organisationalen Rahmen auftaucht, dann erscheint allein dadurch seine Zweckrationalität verbürgt (Zucker 1977, 1988).

Institutionelle Umwelten sind unsicher und interpretationsbedürftig, deshalb müssen von Organisationen zunächst Praktiken ersonnen werden, die diese Unsicherheit reduzieren. Dieser Zusammenhang konnte oben am Fall der Formalisierung von Einstellung und Beförderung von Beschäftigten empirisch belegt werden (Dobbin et al. 1994; Dobbin/Sutton 1998). Organisationen spielen also eine aktive Rolle bei der Konstitution dessen, was als legitim anerkannt und dann kopiert wird. Hasse/Krücken (1996: 105) sind der Ansicht, dass gerade dies das Neue am Neuen Institutionalismus sei:

> „Was als angemessenes Verhalten in Betracht kommt, ergibt sich keinesfalls aus den jeweiligen Umweltbedingungen. Die Konstruktion und Anwendung von Angemessenheitsregeln ist vielmehr eine Operation, die innerhalb des Systems [der Organisation; HH] zu verorten ist."

Normen werden nicht verinnerlicht, um dann unmittelbar und unreflektiert handlungsbestimmend zu wirken. Umwelterwartungen müssen systemintern aktualisiert und interpretiert werden, um überhaupt Relevanz gewinnen zu können. Die gesellschaftlichen Erwartungsstrukturen sind also nicht beobachterunabhängig gegeben und es kann deshalb auch keine linear-kausale Einwirkung solcher institutionalisierter Normen auf organisationales Handeln angenommen werden, vielmehr muss „der Prozess der *aktiven Gestaltung* gesellschaftlicher Umwelterwartungen durch das Handlungssystem" (Ebd.: 104) miteinkalkuliert werden. Mit Hilfe der von DiMaggio/Powell (2000) herausgearbeiteten Mechanismen der Herstellung von Isomorphismus kann der an die organisationale Interpretation anschließende, weitere Prozess der Institutionalisierung beschrieben werden. Die Einführung von neuen Strukturen in einigen Organisationen kann sich danach durch Zwang oder Mitgliederfluktuation in andere, meist abhängige Organisationen verbreiten und auf diesem Wege einen legitimen Status erringen, der diesen Strukturen die weitere Verbreitung sichert. Weitere Verbreitungs- resp. Institutionalisierungsmodi sind Mimesis und normativer Druck: Im ersteren Falle werden als legitim empfundene Praktiken kopiert, unabhängig davon, ob es sich um die im wirtschaftlichen Sinne funktionalsten Modelle handelt, um in unsicheren Umwelten Anerkennung und Legitimität zu generieren, im letzteren Falle sind es Professionalisierungsprozesse, d. h. gemeinsamer akademischer Hintergrund, Austausch innerhalb von Berufsverbänden, ähnliche Auswahlkriterien innerhalb von Unternehmen und Selbstsozialisation, die vereinheitlichend wirken, insofern sie bei einem bestimmten Beschäftigtensegment ein hochgradig ähnliches Verhaltensrepertoire hervorbringen. Durch die Professionalisierung erringen Experten die Definitionsmacht im Hinblick auf die anzuwendenden legitimen Praktiken und fördern deren Verbreitung, indem sie ihnen die höheren Weihen akademischer Rationalität verleihen.

Die Etablierung von institutionalisierten Praktiken läuft also ausgehend von Schocks oder mehrdeutigen Umweltentwicklungen über organisationale Interpretation und Implementierung, die zurückwirkt auf politische und rechtliche Akteure sowie andere Organisationen, sei es durch Zwang, durch Nachahmung oder durch professionelle Sozialisation. Die Verbreitung von Praktiken kann sich unabhängig machen von ihren auslösenden Ursachen, etwa wenn einmal etablierte Lösungen und ihre Anwender nach neuen Problemen suchen, für die sie die Antwort sind oder indem für eingeführte Praktiken legitimierende Ideologien nachträglich hinzuerfunden werden, die bei ihrer Einführung keine Rolle gespielt haben, aber der Verbreitung der Praktiken förderlich sind. Institutionalisierungsprozesse, die einmal angestoßen sind, stabilisieren sich selbst und stellen in rekursiven Schleifen ihre eigene Erhaltung und Verbreitung sicher. Praktiken, wie etwa ausdifferenzierte Personalabteilungen, werden kopiert, weil sie als legitim gelten und in dem Maße, wie sie sich verbreiten, steigern sie ihre Legitimität. Hasse/Krücken (1996: 105/6) bringen dieses rekursive Modell der Genese institutionalisierter Praktiken wie folgt auf den Punkt:

„Die *interne Abbildung* der legitimatorischen und ressourcenförmigen Unterstützung durch die gesellschaftliche Umwelt induziert sowohl Veränderungen des Handlungssystems als auch Veränderungen der Bezugnahme auf die jeweilige Umwelt (1). Diese Bezugnahme bleibt nicht folgenlos für die gesellschaftlichen Rahmenbedingungen. Weil diese Veränderungen wiederum intern abgebildet werden, ergeben sich aus den Versuchen einer *aktiven Gestaltung* der gesellschaftlichen Umwelt *Rückwirkungen* auf das Handlungssystem (2). Sozialer Wandel lässt sich somit über das *Zusammenwirken beider Faktoren:* interne Abbildung der gesellschaftlichen Umwelt und Rückwirkungen des aktiven Einwirkens auf diese Umwelt erklären und modellieren."

In dem Maße, wie man den organisationalen Beitrag bei der Konstitution von institutionalisierten Normen hervorhebt und berücksichtigt, dass Legitimitätsvorstellungen bzw. die „rules of appropriateness" (March/Olsen 1984; March 1999) nicht einfach der Umwelt entnommen, sondern mit Hilfe organisationsinterner Interpretationsleistungen generiert werden müssen, wird es jedoch unplausibel, von quasi-homogenen Organisationspopulationen auszugehen und Unterschiede zwischen Organisationen, wenn nicht zu negieren, dann doch stark zu vernachlässigen. Ein Festhalten an dieser Vorstellung wird durch das methodische Design der meisten empirischen Untersuchungen im Umfeld des Neo-Institutionalismus begünstigt, das auf der Grundlage großzahliger Datensätze ausschließlich auf das Vorhandensein oder Nicht-Vorhandensein formaler Regeln fokussiert. Damit bekommt man jedoch nicht zwangsläufig einen Zugang zur tatsächlichen Organisationswirklichkeit, vielmehr stellt sich das Problem,

„dass die Tatsache, dass die Personalbeauftragten der Unternehmen über das Vorhandensein einer bestimmten Praxis berichten, noch nichts über das Ausmaß und die konkrete Ausgestaltung dieser Praxis besagt" (Walgenbach 1998: 289; dieses Problem benennen auch Vertreter des neo-institutionalistischen Paradigmas selbst, siehe etwa Baron et al. 1986).

Das Kopieren organisationaler Praktiken ist kein Geschehen, das fehlerfrei abläuft und zu einer identischen Reproduktion der fraglichen Praktik in einem anderen Kontext führt. Kopieren erfolgt immer im vorhandenen Sinnhorizont und wird deshalb nicht zu einer exakten Entsprechung führen. Im Prozess der Diffusion von Praktiken entstehen neue Variationen. Wenn man konzediert, dass institutionalisierte Normen je nach organisatorischem Kontext unterschiedlich interpretiert und umgesetzt werden können, muss die Diffusion institutionalisierter Praktiken eher als Prozess einer „translation" und Neuerfindung von Praktiken begriffen werden, in dessen Verlauf sich Organisationen und Praktiken verändern (Czarniawska/Joerges 1999: 207 f; Scheidemann 2009: 61 ff). Wie ein solches organisationales *sensemaking* aussieht, welche Rolle dabei Organisationskultur und -tradition einerseits, mikropolitische Kämpfe um die Definition legitimer Praktiken andererseits spielen, wird nicht untersucht. Systematisch unberücksichtigt bleibt damit ein Umweltaspekt, der unter Legitimationsgesichtspunkten von großer Bedeutung ist, nämlich die Reaktionsmuster von Arbeitnehmerinnen und Arbeitnehmern (Mayrhofer 1998). Eine Theorie organisationsinterner Entscheidungsprozesse gibt es in Ansätzen (Brunsson 1982), diese neigt jedoch dazu, normenkonforme Außendarstellung von effizienzorientiertem Handeln zu unterscheiden, ohne die institutionelle Abhängigkeit von Letzterem zu reflektieren (Ortmann 2004: 119 f). Schließlich wird die Möglichkeit, von Normen abzuweichen und sich gegen die Adaption institutionalisierter Praktiken zu entscheiden, nicht in Betracht gezogen; stattdessen wird eine Konformitätspräferenz einfach unterstellt und dadurch „die Diversität der entsprechenden Population systematisch unterschätzt" (Kieserling 2004: 213f).

Die neo-institutionalistische Organisationstheorie ist darüber hinaus in eine Gesellschaftstheorie eingebettet, die sich auf den Hinweis eines allgemeinen Rationalisierungstrends beschränkt, in dessen Verlauf Werte wie Fortschritt und Gerechtigkeit oder die Vorstellung rational handelnder Individuen an Bedeutung gewönnen (zum Vorwurf der Theorielosigkeit s. Ortmann 1995b). Dem geringen Auflösungsvermögen dieses Gesellschaftsbegriffs ist es geschuldet, dass im Neo-Institutionalismus der Pluralität und Differenziertheit der (post)modernen Gesellschaft nicht ausreichend Rechnung getragen wird. Das Ausmaß an Widersprüchlichkeit zwischen verschiedenen institutionalisierten Normen und der dadurch generierte organisationale Vermittlungsbedarf, der erwartbar unterschiedliche Mechanismen der Entkopplung, der Heuchelei oder der strukturellen Inkonsistenz hervorbringt, wird im Mainstream neo-institutionalistischer Forschung trotz der Arbeiten von Brunsson (1995; 2003) nach wie vor unterschätzt.

Nimmt man diese Hinweise ernst, wird man davon ausgehen müssen, dass sich Organisationen stärker voneinander unterscheiden, als dies im Neo-Institutionalismus angenommen wird. Das Aufdecken solcher Unterschiede würde ein stärker fallstudienorientiertes empirisches Vorgehen erfordern (Eisenhardt 1989) und eine Korrektur der theoretischen Perspektive zugunsten einer stärkeren Fokussierung organisationsinterner Unsicherheitsabsorptionsprozesse. Hasse/Krücken (2005) fassen die vorgetragene Kritik noch einmal zusammen:

> „Eine derartige Innenperspektive liegt jenseits der neo-institutionalistischen Agenda, bei der eine dezidierte Außenperspektive auf Organisationen vorherrscht. Das reichhaltige Instrumentarium zur Analyse organisationsinterner Prozesse, welches nicht zuletzt von der Organisationsforschung in mehr als vier Jahrzehnten entwickelt wurde, bleibt folglich ungenutzt" (Ebd.: 24).

Um die organisationale Eigendynamik stärker zu berücksichtigen, fehlen dem neo-institutionalistischen Theorieprogramm sowohl ein Organisations- als auch ein ausgearbeiteter Gesellschaftsbegriff. Die Beobachtung, dass aus dem Involviertsein in überorganisationale Diskurse ein hohes Maß an Ähnlichkeit und

Standardisierung innerhalb der Organisationslandschaft resultiert, hat eine Auseinandersetzung mit Organisationen als sozialen Systemen eher verhindert und
stattdessen zu einer Hinterfragung der organisationalen Grenzen, d. h. zum Kollaps der Unterscheidung von Organisation und Gesellschaft geführt.
   Eine stärker systemtheoretisch inspirierte Betrachtungsweise wie sie im
nächsten Kapitel vorgestellt wird, bietet die begrifflichen Mittel, um Organisationen stärker gegen ihr gesellschaftliches Umfeld zu differenzieren und die
Unterschiede zwischen den verschiedenen Logiken dieser beiden Systemebenen
heraus zu arbeiten (Pollack 1991), die durch den vagen Begriff der Institution
eher vernebelt werden. Die Systemtheorie leistet damit eine Vermittlung der
oben vorgestellten kontingenztheoretischen und konstitutionstheoretischen Variante des Neo-Institutionalismus. Die Umwelt der Organisation lässt sich nicht
in rational-ökonomische einerseits, kulturelle Nischen andererseits zerlegen,
Organisationen genauso wie ihre Umwelten sind Teil einer *sozial konstruierten*
Wirklichkeit. Die Systemtheorie erlaubt jedoch, Organisation und Umwelt schärfer voneinander zu trennen und die Differenzierung dieser Umwelt in wirtschaftliche, rechtliche, massenmediale, wissenschaftliche... Teilumwelten zu berücksichtigen. Durch die Einbettung in dieses polykontexturale Setting, das die Vermittlung unterschiedlicher Systemlogiken notwendig macht, wird die Sensibilität
für die verschiedenen Spielarten organisationaler Wirklichkeit und damit für
unterschiedliche personalpolitische Konfigurationen gesteigert.
   Durch den Wechsel zu einer Systemperspektive kann zudem der Wandel
von Institutionen und Institutionalisierungsprozessen mitbeobachtet werden
(Luhmann 1970a). In dem Maße wie im Zuge der gesellschaftlichen Evolution
Institutionen über die unmittelbar Anwesenden hinaus Geltung beanspruchen,
müssen die Mechanismen zu ihrer Konstitution und Veränderung neu justiert
werden. Das führt dazu, dass Institutionalisierungsprozesse reflexiv werden: Es
werden Institutionalisierungsmechanismen institutionalisiert, die Institutionen
qua Entscheidungen einführen und damit änderbar halten (demokratische Politik,
positives Recht). In dem Maße wie die gesellschaftliche Komplexität wächst,
rückt die Selektivität dieser Entscheidungen stärker ins Bewusstsein und Institutionalisierung wird zum Problem, denn Entscheidungen kommunizieren ihre
eigene Kontingenz immer mit und können sich zu ihrer eigenen Rechtfertigung
nicht mehr auf einen traditionell-gemeinschaftlichen Hintergrund berufen (Geser
1982). „Administrative Planung erzeugt einen universalen Rechtfertigungs-
zwang" (Habermas 1973: 101) und treibt deshalb besonders leicht Gegenkul-
turen hervor. Diese Überlegung unterstreicht nicht nur die Notwendigkeit der
Konzeption der Moderne als einer im Hinblick auf institutionalisierte Normen
differenzierten und wandlungsfähigen Gesellschaft; sie macht zugleich deutlich,
dass das im Neo-Institutionalismus als invariant vorausgesetzte Legitimations-

problem von Organisationen wenn nicht selbst erzeugt so doch verschärft wird.
In dem Maße wie sich Institutionen Entscheidungen verdanken, die in Organisationen getroffen werden, generieren eben diese Organisationen den Legitimationsdruck, dem sie selbst unterliegen.

2 Personalpolitik aus einer systemtheoretischen Perspektive

Die vorangegangenen Kapitel legen nahe, Personalpolitiken als Resultat der rekursiven Vernetzung organisationaler Entscheidungen zu begreifen und sich in der Analyse der Entwicklung von Beschäftigungsverhältnissen deshalb stärker als bislang für organisationale Eigendynamiken zu sensibilisieren. Personalpolitiken können nicht aus den Strategien oder Zielen der Organisation abgeleitet werden, weil Ziele mehrdeutig und widersprüchlich sind und in der Organisation selbst festgelegt werden müssen. Unterschiedliche Ziele müssen organisationsintern interpretiert und koordiniert werden, um weitere Entscheidungen möglich zu machen. Die Gestaltung der Beziehungen zwischen der Organisation und ihren Mitgliedern wird auch nicht durch die Spezifika der getauschten Arbeitsleistung festgelegt, weil diese Spezifika durch organisationale Entscheidungsprozesse beeinflusst werden können. Organisationale Entscheidungen gewinnen also wiederum Halt an anderen organisationalen Entscheidungen, nicht aber an einer objektiv gegebenen Realität. Solche Entscheidungen werden durch die Machtverhältnisse in einer Organisation dirigiert, die Folge organisationaler Entscheidungen sind und sie unterliegen Legitimationszwängen, die in der wechselseitigen Bezugnahme unterschiedlicher Akteure eines organisationalen Feldes konstruiert werden. Auch diese Legitimationszwänge sind jedoch mehrdeutig und heterogen, müssen also ebenfalls durch organisationale Entscheidungen vermittelt werden.

Diese Perspektive ist in gewisser Hinsicht für einen Gutteil der dargestellten Organisationstheorien keine Neuigkeit. In allen referierten Erklärungsangeboten lassen sich Entwicklungen beobachten, die die Determination organisationaler Personalpolitik durch unabhängige Variablen hinterfragen, stattdessen den organisationalen Einfluss auf diese Erklärungsfaktoren unterstreichen und linearkausale Erklärungsmodelle durch zirkuläre Entwicklungsvorstellungen ersetzen. Aus diesem Umbau folgt jedoch die Notwendigkeit einer gesteigerten Aufmerksamkeit gegenüber der organisationalen Ebene der Entscheidungsproduktion und -verflechtung. Um diese Folgen aufnehmen zu können, bedarf es eines ausgearbeiteten Organisationsbegriffs, mit dessen Hilfe sich das Verständnis der organisationalen Entscheidungspraxis verbessern lässt. Ein solcher Organisationsbegriff ist in keinem der skizzierten Paradigmen verfügbar.

Um diese Lücke zu schließen und den organisationsinternen Dynamiken besser Rechnung tragen zu können, möchte ich im Folgenden auf einen alternativen theoretischen Rahmen zugreifen, der sich aus unterschiedlichen, symbolisch-interaktionistischen, verhaltenswissenschaftlichen, konstruktivistischen und systemtheoretischen Theoriequellen speist (March 1966/1990a; Weick 1969/ 1998, 1995; Luhmann 1988a, 2000; Ortmann 1995b). Der Systemtheorie Luhmannscher Prägung billige ich dabei eine Schlüsselrolle zu, weil in ihr das Motiv der Rekursivität am stringentesten ausgearbeitet und für die Organisationstheorie fruchtbar gemacht wurde. Mit dem systemtheoretischen Organisationsbegriff gewinnt man das theoretische Fundament, um sich einerseits den Entscheidungsprozessen in Organisationen zuwenden und andererseits Ordnungsbildung dezidiert als *rekursiven Prozess* begreifen zu können.

Rekursivität ist zunächst nur eine Problemformel. Wie ist es möglich, dass organisationale Entscheidungen Halt und Orientierung an anderen organisationalen Entscheidungen finden? Wie kann diese Unsicherheit, die sich aus der Notwendigkeit der Orientierung von Entscheidungen aneinander ergibt, reduziert bzw. die Tautologie – wie man entscheidet, hängt davon ab, wie man entscheidet – entfaltet werden? Im Anschluss an das folgende Kapitel, das der Einführung in die Grundgedanken eines sich auf Rekursivität stützenden Modells sozialer Ordnung dient, soll diese Frage nach der Ordnungsbildung zunächst mit Hilfe des Modells der *order from noise* beantwortet werden, wonach soziale Systeme ausgehend von zufälligen Ereignissen Halt an ihren eigenen Erzeugnissen gewinnen. Im daran anschließenden Abschnitt werden der eben angekündigte Organisationsbegriff vorgestellt, der auf diesen Überlegungen aufbaut, sowie einige Konsequenzen für das Verständnis organisationaler Personalpraktiken ausgearbeitet. Organisationen entfalten die Tautologie der Rekursivität, indem Entscheidungen sich wechselseitig als Prämissen in Anspruch nehmen, d. h. indem Entscheidungen andere Entscheidungen als feststehende Tatsachen akzeptieren und auf das Hinterfragen ihres Zustandekommens verzichten (March/Simon 1958/ 1976a). Auf diese Weise absorbiert die Organisation Unsicherheit und gelangt zu einer organisationsrelativen Wirklichkeit. Die interne Entscheidungsdynamik kann weiter aufgeschlüsselt werden, indem das Verhältnis von Entscheidungen und Entscheidungsprämissen näher beleuchtet bzw. unterschiedliche Entscheidungsstile gegeneinander differenziert werden. Vor dem Hintergrund dieses Organisationsbegriffes können die dargestellten Paradigmen teilweise integriert werden, indem die von ihnen identifizierten Erklärungsfaktoren als unterschiedliche Ausschnitte der (gestalteten) Umwelt der Organisation gedeutet werden –

deren jeweilige Ansprüche miteinander konfligieren können und in diesem Falle innerhalb der Organisation austariert werden müssen.

Mit der Betonung organisationsinterner Entscheidungsprozesse wird also keineswegs die Bedeutung der Umwelt für diese Prozesse bestritten oder behauptet, die organisationale Wirklichkeitskonstruktion vollziehe sich in beliebiger Art und Weise. Die Organisation ist aber eben auch kein triviales System, das auf berechenbare Weise auf externe Einflüsse reagiert. Die Umwelt, in der die Organisation durch die rekursive Vernetzung ihrer Entscheidungen ihre Orientierung finden muss, ist eine von ihr selbst interpretierte und gestaltete Größe; die Organisation wird von Faktoren bestimmt, die sie selbst beeinflusst. Sie muss die Bedingungen, unter denen bestimmte Entscheidungen sich als effizient erweisen können, selbst miterzeugen, sie muss die Sicherheitsfiktionen und Angemessenheitsregeln, die begrenzt rationales Entscheiden ermöglichen, intern spezifizieren und die Machtquellen, die die Arena in Betrieb halten in eben diesem Betrieb freischalten – in Interaktion mit einer Umwelt, die dieser Selbstorganisation Widerstände bieten kann, sofern es im System Elemente gibt, die sich zu Sprechern dieser Widerstände machen.

In der abschließenden Fallstudie wird auf dieser theoretischen Grundlage schließlich eine empirische Analyse organisationaler Personalpolitik vorgestellt, in der die organisationalen Entscheidungsdynamiken, die zu einer bestimmten Personalpolitik führen, sichtbar gemacht werden sollen. Sie fokussiert die Frage, welche Rolle organisationale Identitätsvorstellungen im Prozess der Absorption von Unsicherheit spielen, genauer: ob sie als Entscheidungsprämissen im oben genannten Sinne fungieren. Die Identität der Organisation wird dabei als organisationale Selbstbeschreibung rekonstruiert. Die empirischen Daten belegen eine Pluralität von Selbstbeschreibungen, die in den personalpolitischen Entscheidungsprozessen als Prämissen in Anspruch genommen werden und sie erlauben Rückschlüsse auf die Techniken der Vermittlung zwischen diesen unterschiedlichen Selbstbeschreibungen. Sie legen damit die Schlussfolgerung nahe, dass die Identitäten der Organisation ihrerseits organisiert werden müssen, also zugleich Grundlage und Ergebnis von *sensemaking*-Prozessen sind. Die Fallstudie erhellt damit einerseits organisationale Sinnkonstitutionsprozesse und fügt der Diskussion um die Erklärung von Personalpolitiken eine weitere wichtige Variable hinzu. Sie liefert andererseits einen Beitrag zur Theorieentwicklung im Bereich der Forschung über organisationale Identität, insofern sie sichtbar macht, dass Identitäten kein „court of last resort" (Whetten/Mackey 2002: 396), sondern kontingente Strukturen und damit Teil der organisationalen Entscheidungsdynamik sind, d.h. in der Organisation geschaffen, gewählt, miteinander kombiniert oder gegeneinander ausgespielt werden müssen.

2.1 Sozialtheoretische Ausgangspositionen

Rekursivität ist kein Spezifikum von Beschäftigungsverhältnissen, sondern Merkmal der Etablierung und des Wandels jeder sinnhaften sozialen Ordnung. Diese These kann ausgehend vom Begriff des Sinns in der Systemtheorie plausibilisiert werden (Luhmann 1996). Sinn bestimmt sich selbstreferentiell oder zirkulär, nämlich durch Verweis auf anderen Sinn und nicht durch die Bezugnahme auf eine objektive Realität – Männer, Frauen, Kinder und Engel definieren sich durch die wechselseitige Abgrenzung voneinander. Jede Bedeutungseinheit ist eine Differenz (und damit paradox), insofern sie auf einen Kontext oder eine Unterscheidung angewiesen ist; sie verändert sich, wenn man den Kontext oder die andere Seite der Unterscheidung auswechselt. Eine solche Bestimmung ist prinzipiell unabschließbar, weil man weitere Kontexte benötigt, um den Kontext zu definieren. Sinn und Bedeutung sind demnach instabil und permanent im Fluss, ein Sein-an-Sich gibt es jedoch nicht. Eine solche Umstellung von Einheit auf Differenz ist Kern eines postontologischen Denkens, das nicht mehr nach dem Wesen, dem Ursprung oder den Eigenschaften von Dingen und Substanzen fragt, sondern nach den Beziehungen und Differenzen, die bestimmte Bedeutungen konstituieren. Aus dieser Überlegung lassen sich einige zentrale Koordinaten des hier in Frage stehenden Paradigmas ableiten. (1) Der Umstand, dass sich Sinn nur im Kontext bestimmen lässt, verweist auf einen Beobachter, der *diesen* Kontext wählt und keinen anderen und damit auf eine konstruktivistische Erkenntnistheorie (Glasersfeld 1997; Luhmann 1988b). Die sinnhafte Wirklichkeit ist danach immer die Konstruktion eines Beobachters bzw. Systems. (2) Die Betonung von Differenzen und Beziehungen begründet den tendenziell antiindividualistischen Gestus dieser Theorie. Die Konstitution von Bedeutung ist ein sozialer Prozess, der nicht durch das psychische Wünschen und Wollen, sondern durch die Verkettung von Handlungen geleistet wird, wobei eine Handlung eben nicht als Element verstanden werden darf, das durch den subjektiv gemeinten Sinn von Akteuren definiert wird, sondern als Moment eines Prozesses, in dem jedes Element seine Bestimmung durch die Relationierung mit anderen Elementen erfährt. (3) Schließlich ist die Instabilität des Sinngeschehens, das aus dessen kontingenter Relationierbarkeit resultiert, eine *selbsterzeugte* Instabilität. Die Welt ist, wie sie ist – die Komplexität der Perspektiven entsteht erst im Versuch, ihr eine Bedeutung zu geben.

Folgt man diesen Überlegungen dann liegt die Grundproblematik sozialer Ordnung in der Frage, wie Sinnstrukturen stabil gehalten werden können (Luhmann 1981b). Die Antwort lautet: mit Hilfe von Systemen. Systeme können als Projekte der Transformation dieser sinneigenen Zirkularität, Instabilität oder Komplexität in sich selbst tragende Bedeutungsnetzwerke verstanden werden.

Ausgehend von Zufällen kann die basale Zirkularität entfaltet und in einen Prozess sich rekursiv definierender Operationen überführt werden, der von seinen eigenen Strukturen abhängig wird. Diese basale Zirkularität kann im Falle sozialer Systeme an der Situation doppelter Kontingenz plausibilisiert werden (Luhmann 1996). Der Versuch von Alter und Ego, ihre Handlungen wechselseitig aneinander zu orientieren, führt in den Zirkel, dass Alter tut, was Ego will, wenn Ego tut, was Alter will. Die hieraus resultierende Unsicherheit ist genuines Produkt der sozialen Situation selbst. In dieser Situation können kontingente Ereignisse, die sich bewähren, zum Strukturaufbau führen, zur Etablierung von Erwartungserwartungen, die die weitere Informationsverarbeitung anleiten bzw. den Prozess des Aneinanderanschließens von Handlungen der Beliebigkeit entheben. Dieser Prozess ist operativ geschlossen, insofern sich jede Handlung rekursiv durch Vor- und Rückgriffe auf andere Handlungen bestimmt, aber nicht von außen eingespeist werden kann. Durch die Verkettung dieser selektiven Operationen entsteht eine Grenze bzw. eine Unterscheidung zwischen Innen und Außen, die die Identifikation weiterer Operationen erlaubt. Diese basale Selbstreferenz oder Rekursivität, d. h. die Ausdifferenzierung des Systems im Prozess der wechselseitigen Definition der Elemente als zum System gehörig bzw. der Prozess der Reproduktion der Elemente des Systems mit Hilfe der Elemente des Systems, wird mit dem Begriff der *Autopoiesis* bezeichnet.

Für den Aufbau einer Ordnung, die die selbsterzeugte Haltlosigkeit in selbstgeschaffene Sicherheiten transformiert, bedarf es also keines institutionellen Rahmens oder Wertekonsenses, es genügt ein „noise", eine erste, kontingente Unterscheidung, an die weitere Unterscheidungen anschließen können, um so zu einem sich selbst tragenden, an sich selbst Halt gewinnenden Bedeutungsuniversum zu kommen. Solche systemspezifischen Wirklichkeiten, die sich rekursiv einstellen, also der Berechnung der eigenen Berechnungen verdanken, werden im Anschluss an Foerster (1984) Eigenwerte genannt. Solche Eigenwerte entwickeln sich evolutionär und weniger aufgrund intentional-strategischen Handelns; um sie stabil zu halten, muss ein System Grenzen der Aufklärung akzeptieren (Luhmann 1970b). Es kann nicht alle blinden Flecken, die es vor der Einsicht in die Paradoxie der Zirkularität seiner Unterscheidungen (der Einheit ihrer konstitutiven Differenzen) schützen, zugleich hinterfragen. Es muss sich mit Hilfe von Externalisierungen, Identitätsbildung und der Konstruktion einer Vergangenheit (Kieserling 1999), kontrafaktisch einen festen Grund simulieren, um nicht alle Orientierung zu verlieren und weitere Anschlüsse zu ermöglichen – und all dies muss funktionieren in einer Umwelt. Rekursivität oder Selbstreferentialität bedeuten keinesfalls Unempfindlichkeit gegenüber der Umwelt, vielmehr vollzieht sich der Aufbau von systeminternen Strukturen immer in Interaktion oder in einem Verhältnis struktureller Kopplung mit der Umwelt.

Die Begründung sozialer Systeme in zirkulären oder tautologischen Verhältnissen wird demnach produktiv, wenn man diesen Ausgangspunkt als Bezugsproblem ansetzt und danach fragt, welche Lösungen soziale Systeme für dieses Bezugsproblem finden. Jedes System kann in diesem Sinne als Lösung einer selbstverschuldeten Problemlage interpretiert werden, als Form der Enttautologisierung oder Entparadoxierung ihrer basalen Zirkularität. In dieser „postmodernen" Perspektive startet jedes System in einer Art von Haltlosigkeit oder Unsicherheit, es beginnt ohne Rückversicherung in einem festen Grund, einer nicht-kontingenten Begründung oder einem Prinzip. Wenn man diesen Anfang oder Ausgangspunkt sucht, landet man in Paradoxien oder unauflöslichen Zirkeln. Es gibt dann zwei Möglichkeiten: Entweder man verharrt in diesem Zustand oder aber man blendet diese Paradoxien erst einmal ab, man verschiebt sie in seinen blinden Fleck, man verzichtet darauf sie zu reflektieren, um überhaupt anfangen zu können; man simuliert einen festen Grund, der es erlaubt, in der Haltlosigkeit der Sinnverhältnisse eine erste Schwelle einzuziehen, auf der man weitere Schwellen aufbauen kann, um dann im Weiteren zu einem sich selbst tragenden, an sich selbst Halt gewinnenden Gebilde zu kommen. Die erste Schwelle, der Anfang, die erste simulierte Sicherheit, bleibt die kontingente Entscheidung oder Konstruktion eines Beobachters, der sich für bestimmte Möglichkeiten und gegen andere entscheidet. Diese Unterscheidung bildet keine Realität ab und sie bezieht ihre Stabilität nicht aus einer unabhängig von ihr existierenden Wirklichkeit, sondern sie konstituiert Realität. Komplexität und Kontingenz lassen keine Orientierung zu – außer man schafft sie sich selbst, außer man konstruiert sie, außer man fixiert Sinn und Bedeutungen und hängt sich damit in selbstgeschaffene Bedeutungsgewebe. Die anfängliche Unsicherheit fungiert als eine Art Schaltstelle oder Bahnhof, von dem aus man verschiedene Ausfahrten nehmen kann, um zu selbstreferentiell begründeten Stabilitäten resp. Wirklichkeiten zu kommen. Unsicherheit und Komplexität sind dann jedoch nicht ein für allemal überwunden, sondern sie überdauern als Hintergrundrauschen, das immer wieder von Neuem zu Reduktionen, Vereinfachungen und Trivialisierungen zwingt. Um weitere Anschlussfähigkeit gewährleisten zu können, muss man darauf verzichten, diese Reduktionen alle auf einmal in Frage zu stellen, weil man sich anderenfalls in eine Situation der Unsicherheit oder Komplexität hinein manövrieren und selbst blockiert würde (Luhmann 1970b).

Innerhalb dieses theoretischen Bezugsrahmens müssen Vorstellungen von der Existenz eines *one best way*, sei er nun unter ökonomischen und herrschaftlichen Gesichtspunkten der beste, aufgegeben werden. Stattdessen vermutet man kontingente Ausgangspunkte, die sich rekursiv stabilisieren, indem durch *lock in*- oder Verriegelungseffekte Pfadabhängigkeiten erzeugt werden, die die Handlungsspielräume einengen (Arthur 1989, 1990; Schreyögg/Sydow 2003). Dadurch erscheint die selbstproduzierte Wirklichkeit, wenn nicht als objektiver Zwang, so doch zumindest als Strukturensemble, das Handlungsoptionen vorzeichnet. Strukturen determinieren nicht, aber geben Entscheidungskorridore vor, die sich rekursiv entwickeln. Ordnung entsteht danach nicht-linear als Folge von Zufallsereignissen, die positive Rückkopplungen auslösen. Die Entstehung einer solchen Ordnung ist nur als evolutionärer Prozess zu denken, der zwar durchsetzt ist von Plänen, Strategien und Steuerungsversuchen, insgesamt aber seine Richtung nicht den Absichten von Akteuren verdankt (Weick 1969/1998; Luhmann 1993a).

Ein berühmtes Beispiel für solch eine Entwicklungsgeschichte stellt die Buchstabenordnung auf den Tastaturen von Schreibmaschinen oder Computern dar (David 1985, 1986). Die in den USA gängige Anordnung – QWERTY, benannt nach den ersten sechs Buchstaben auf der obersten Tastenreihe – ist als eine unter mehreren möglichen entstanden. In den 1880er Jahren war die Ausgangssituation durch eine Vielzahl von miteinander konkurrierenden Anordnungen charakterisiert, von denen einige, wie etwa die Blickensderfer Schreibmaschine, die die unterste Tastenreihe mit den Buchstaben DHIATENSOR belegte, als mindestens gleichwertig wenn nicht sogar effizienter eingestuft werden müssen.

"There may be many eligible candidates for supremacy, and from an *ex ante* vantage point we cannot say with corresponding certainty which among the (...) rival keyboard arrangements will be the one to gain eventual dominance. That part of the story is likely to be governed by "historical accidents," which is to say, by the particular sequencing of choices made close to the beginning of the process. (...) Intuition suggests that if choices were made in a forward-looking way, rather than myopically on the basis of comparisons among the currently prevailing costs of different systems, the final out-come could be influenced strongly by expectations. A particular system could triumph over rivals merely because the purchasers of the software (and/or the hardware) expected that it would do so" (David 1985: 335).

Ausgehend von historischen Zufällen kann es in Systemen, die durch versunkene Kosten und die wechselseitige technologische Abhängigkeit ihrer Elemente charakterisiert sind, zu selbstverstärkenden Entwicklungen kommen, die zur Durchsetzung einer Technologie führen. In dem Maße wie professionelle Schreibkräfte auf der QWERTY-Tastatur trainieren, steigt die Attraktivität für die Nachfrager dieser „Software" – also potentielle Arbeitgeber, die Schreibkräfte benötigen – in die dazu passende „Hardware" zu investieren. Damit wird umgekehrt ein Anreiz für Ausbildungswillige geschaffen, sich für eine Ausbildung auf der QWERTY-Tastatur zu entscheiden. Weiterbildungsanbieter werden darauf wiederum reagieren, indem sie passende Kurse anbieten, wodurch die Ausbildungskosten sinken und die Anzahl qualifizierter Anwender steigt, von der der Wert der QWERTY-Tastatur für potentielle Hardware-Käufer abhängt…

> „Die Kosten eines QWERTY-Schreibsystems für alle Nutzer sinken im Maße seiner Verbreitung" (Ortmann 1995b: 258).

QWERTY wird effizient, weil es sich verbreitet und es stützt diesen Erfolg durch die *sunk costs*, die im Laufe seiner Entwicklung angefallen sind, also z. B. anderweitig nicht mehr verwendbare Qualifikationen oder Produktionsanlagen. Effizienz als unabhängiger Maßstab zur Erklärung organisationaler Strukturen oder Techniken wird hier also durch rekursive Stabilisierung ersetzt. So gilt eben nicht nur, dass sich bestimmte Praktiken verbreiten, weil sie effizient sind, sondern auch, dass sie effizient werden, weil sie sich verbreiten. Solche rekursiven Zusammenhänge lassen sich auch im Verhältnis von Produktivitätsprinzip und Produktionsformen, denen es eigentlich zugrunde liegen soll, beobachten (Ortmann 1995a). Erst im Umgang mit dem Mittel entwickeln sich neue Vorstellungen von den Zielen und Zwecken, die damit erreicht werden könnten. Computer, aber auch die Elektrizität, schaffen neue Zwecke, gemessen an denen sie dann produktiv werden, an die man bei ihrer Einführung jedoch gar nicht gedacht hatte.

> „Wenn auch Formen der Produktion sich nicht unbedingt durchsetzen, weil sie effizient sind, sondern als effizient gelten und an Effizienz gewinnen, weil sie sich durchsetzen, unter anderem weil sie es mit sich bringen, dass der Bereich der Ziele im Lichte ihrer Möglichkeiten neu definiert wird, dann entfällt die Möglichkeit, die Genesis und Stabilisierung solcher Formen mit ihrer Effizienz zu erklären. Was wir dann vor uns haben ist vielmehr eine rekursive Zirkularität, innerhalb derer Effizienzbestimmungen und mehr oder minder effiziente Formen der Produktion einander wechselseitig definieren und konstituieren" (Ortmann 1995b: 118).

Wenn Effizienz nicht mehr länger als unabhängige Variable angesetzt werden kann, muss bei der Erklärung der Veränderung und Entwicklung von Produktionsformen oder Organisationsstrukturen nach rekursiven Prozessen innerhalb von Systemen und zwischen Systemen und ihren jeweiligen Umwelten gesucht werden. Gleiches gilt für Erklärungen, die Macht- und Herrschaftsverhältnisse beleuchten. Eine bestimmte Machtkonstellation ist Produkt der Praktiken, die zu ihrer Stabilisierung dieser Machtkonstellation bedürfen. Die Festlegung von Emissionswerten kann z.B. die Anschaffung teurer Filteranlagen nach sich ziehen. Die Produktion wäre damit von Rentabilitätseinbußen oder sogar einem Produktionsstop bedroht. Um das zu verhindern und die Aufrechterhaltung einer effizienten Produktion zu gewährleisten, empfiehlt sich für ein solches Unternehmen die Einflussnahme auf die entsprechenden politischen Entscheider. Ob etwas produktiv *ist*, hängt also davon ab, ob man es produktiv *macht*. Dazu bedarf es nicht nur einer Marktnachfrage, sondern auch eines institutionellen Rahmens, der Produkte qua Legitimität zu Werten macht und der Externalisierungschancen bietet. Auf diesen Rahmen können mächtige Akteure Einfluss nehmen.

Allerdings verdankt sich diese Macht dem Erfolg, der erst durch bestimmte Praktiken erreicht werden kann. Erfolg verdankt sich der Macht, die sich dem Erfolg verdankt. Die rekursivitätstheoretische Perspektive negiert weder Macht- noch Effizienzgesichtspunkte, sie fragt aber, in welchen selbststabilisierenden Prozessen Macht, Effizienz und Legitimation erzeugt werden.

Das linear-kausale Erklärungsmuster, wonach Effizienzkalküle, Legitimationszwänge oder Machtkonstellationen zu Organisationsstrukturen führen, muss als „fungierende Ontologie" (Fuchs 1999: 71) betrachtet werden. Die Einzelunternehmung muss Zirkularitäten im Verhältnis von System und Umwelt ausblenden, weil sie sonst jegliche Orientierung verlieren würde. Sie erhält sich damit eine notwendige Latenz (Luhmann 1970b), insofern eine Reflexion auf den eigenen Beitrag am Zustandekommen der Umwelt, die für die Organisation konstitutive Unterscheidung zwischen System und Umwelt kollabieren ließe. Bei der Aufrechterhaltung dieses blinden Flecks hilft der Umstand, dass sich die institutionellen Voraussetzungen nur langsam wandeln und deshalb vorausgesetzt werden können, dass die Rekursivitätsketten sehr lang und komplex sind, so dass die Rückwirkungen des eigenen Tuns nur sehr vermittelt wirken und erkannt werden, und dass die Umwelt zu vielen Einflüssen unterliegt, um allein auf das Systemhandeln zugerechnet werden zu können.

2.2 Organisationen als rekursive Systeme

Diese Überlegungen lassen sich auf Organisationssysteme übertragen. Sowohl im Herrschafts- als auch im Legitimationsparadigma fehlt eine Bestimmung der Organisation, die diese als Sozialsystem eigener Typik ausweist und von anderen Sozialsystemen wie etwa der Familie, der Interaktion oder der Gesellschaft unterscheidbar macht (Luhmann 1975/1991). Erst ein solcher Organisationsbegriff ermöglicht es, der Eigendynamik von Organisationen und der Logik ihrer Entscheidungsprozesse Rechnung zu tragen. Umgekehrt führt das Fehlen eines solchen Organisationsbegriffs zur Überschätzung der Determination der Organisation durch die Umwelt, etwa durch institutionalisierte Normen oder Kapitalverwertungszwänge (Ortmann 1995b: 128; Tacke 2000).

Das Begriffsangebot im Effizienzparadigma weist Organisationen als zweckrationale Systeme aus, die auf die möglichst effiziente Erreichung bestimmter Ziele geeicht sind. Die Rationalität der Zielerreichung soll durch formale Regeln, durch Hierarchie und Arbeitsteilung sichergestellt werden. Die Systemtheorie lehnt ein solches instrumentelles Verständnis von Organisationen ab. Die Umwelt ist zu diffus, als dass man ihr Ziele (als politische Vorgabe, als Nachfrage am Markt) einfach entnehmen könnte. Die Definition von Zwecken ist ein organisationsinternes Geschehen (Luhmann 1968/1999). Organisationen müssen abstrakte Zwecke interpretieren, widersprüchliche Ziele vermitteln, sie müssen Zwecke oder bearbeitbare Probleme aber auch suchen oder aktiv erzeugen, wie etwa im Falle von Wirtschaftsunternehmen, die via Marketing versuchen, Bedürfnisse zu generieren, die es andernfalls nicht gäbe, oder Krankenhäuser, die neue Risiken definieren, um die Behandlung knapper Patienten verlängern zu können. Statt als programmierte Maschine wird die Organisation nun als „Organismus" begriffen, der sich im Prozess der Zweckerreichung, -suche oder -neudefinition, der Problemlösung und -reproduktion, selbst zu erhalten versucht. Wenn der Zweck als Bedingung zweckrationalen Entscheidens selbst Folge einer organisationalen Entscheidung ist, muss der Begriff der Rationalität umgebaut, nämlich von Handlungs- auf Systemrationalität umgestellt werden. *Systemrational* ist, was der Selbsterhaltung bzw. der Aufrechterhaltung der System/Umwelt-Differenz dient. Je nach Umweltkontext kann es rational sein, widersprüchliche Zwecke zu verfolgen, Ziele diffus oder spezifisch zu definieren oder Zwecke durch Konditionalprogramme zu ersetzen (Luhmann 1968/1999); Ziele aktiv zu suchen (March 1971/1990), schrittweise zu entwickeln (Lindblom 1959/1975) oder nachträglich hinzu zu erfinden (Weick 1969/1998); mit Hilfe einer Differenzierung von „talk" und „action" (Brunsson 2003) und lose gekoppelten Strukturen (Weick 1976; Meyer/Rowan 1977; Orton/Weick 1990) wertkomplexe und damit widersprüchliche Umwelterwartungen in Schach zu halten oder aus Motivationsgründen auf rationale Entscheidungskalküle zu verzichten (Brunsson 1982).

Zum kennzeichnenden Spezifikum von Organisationen wird statt der Zweckrationalität dann die entscheidungsmäßige Selbststeuerung (Geser 1982). Organisationale Strukturen wie Zwecke, Arbeitsteilung, Hierarchie, Formalisierung werden dagegen zu Variablen oder Entscheidungsprämissen, über deren unterschiedliche Ausprägung intern entschieden werden kann. Insofern in Organisationen anhand von Entscheidungsprämissen entschieden wird, über die organisationsintern entschieden wurde, können Organisationen als rekursive, autopoietisch geschlossene Systeme bezeichnet werden. Über die Institution der Mitgliedschaftsrolle, die Entscheidungen zugrunde liegt und selbst Folge organisationaler Entscheidungen ist, kann dieser rekursive Entscheidungszusammenhang aus einer Umwelt ausgegrenzt werden. Anstatt also die Einheit der Organisation durch einen Zweck und dessen rationale Verfolgung mit Hilfe von Hierarchie und formalen Regeln zu garantieren bzw. die Organisation durch die Aufzählung bestimmter struktureller Charakteristika zu definieren, gründet Luhmann (2000) den Begriff der Organisation in einer Tautologie: Eine Organisation ist ein Entscheidungsprozess, der die Elemente, aus denen er besteht, mit Hilfe der

Elemente, aus denen er besteht, generiert. Eine Organisation ist also etwas, was sich selbst als Organisation hervorbringt oder konstruiert.

Die Rede von „der Organisation" oder „dem System" ist insofern missverständlich, als es sich bei den Elementen der Organisation – Entscheidungen – um Ereignisse handelt. Systeme sind ein je gegenwärtig sich ereignendes Dauerfeuer von aneinander anschließenden Ereignissen, die sich rekursiv, durch wechselseitige Vor- und Rückgriffe bestimmen. Jedes Ereignis knüpft an Vorgängerereignisse an, die es als „systemeigene" Ereignisse definiert und es wird selbst durch Anschlussereignisse in seiner Bedeutung bestimmt. Das System ist nichts anderes als diese Verkettung sich gegenseitig definierender Operationen, die durch eben diese Verkettung einen Unterschied zwischen dem System und der Umwelt konstituieren, der zur Identifikation neuer eigener Operationen benutzt wird. Das System existiert fort, solange der Anschluss neuer Operationen gesichert ist. Eine Entscheidung kann also nicht als individuelle, rationale Wahl zwischen Alternativen begriffen werden, vielmehr handelt es sich um ein emergentes soziales Ereignis, dass sich durch die Verkettung mit anderen Entscheidungen in seiner Bedeutung bestimmt. So können bspw. auch Handlungen sozial als Entscheidungen gedeutet werden, die psychisch ganz anders gemeint waren. Es kann aufgrund dieser basalen Selbstreferenz keinen direkten Input in das System geben, weil jeder Input erst durch die Einbettung in den Kontext der systemeigenen Operationen seinen Informationswert gewinnt. Organisationen sind operativ geschlossen, weil nur durch die Verortung von Entscheidungen im Netzwerk eigener Entscheidungen bestimmt werden kann, was für sie als Entscheidung fungiert. Diese rekursive Verkettung von Entscheidungen garantiert die Ausdifferenzierung der Organisation aus einer Umwelt, die dann nicht mehr unmittelbar kontaktiert, sondern nur noch nach Maßgabe der internen Operationen behandelt werden kann. Alle Umweltbeobachtung ist die interne Konstruktion des Systems. Organisationen

> „differenzieren sich aus als ein rekursiv-geschlossenes, mit eigenen Entscheidungen auf eigene Entscheidungen bezugnehmendes System, das sich selbst durch ein Verfahren der Eigenzurechnung von Entscheidungen von der Umwelt unterscheiden kann und das deshalb auch von außen als ein System mit selbstgezogenen Grenzen beobachtet und behandelt werden kann" (Luhmann 1988a: 166).

Die Beschreibung der Organisation als ein sich von Entscheidung zu Entscheidung bewegendes Geschehen ist dabei als fiktionale Selbstbeschreibung der Organisation zu verstehen, insofern Entscheidungen *nicht als die Ursachen ihrer Wirkungen* angesehen werden können, vielmehr ist die Zurechnung bestimmter Wirkungen auf Entscheidungen eine höchst selektive Praktik.

„Der Fortgang der Operationen von Entscheidung zu Entscheidung ist mithin ein selbstge-
machtes Artefakt. Er beruht, ähnlich wie die Statistik, auf einer fiktionalen (und in nochmals
verengtem Sinne dann aktenkundigen) Realität. *Das Entscheidungsgeschehen ist, anders gesagt, die Art und Weise, in der die Organisation sich selbst unterscheidet und daran erkennt,
was sie tut"* (Luhmann 1993b: 287).

Mit der retrospektiven Zurechnung der komplexen Geschehnisse auf Entscheidungen müssen die Adressaten dieser Zurechnungen: „die Entscheider", allerdings umzugehen lernen. Sie müssen Vorsorge treffen im Hinblick auf die Möglichkeit, dass ihr Handeln als Entscheidung beobachtet und damit in besonderem
Maße rechenschaftspflichtig ist, wenn sich die Entscheidung als falsch heraus-
stellt (Luhmann 1981a).

Der Modus der entscheidungsmäßigen Selbststeuerung versetzt die Organisation in einen Zustand selbsterzeugter Unsicherheit. Jede Entscheidung ist kontingent, d. h. sie hätte auch anders getroffen werden können, und diese Kontingenz bleibt an ihr haften, auch nachdem sie getroffen wurde. In Organisationen
kann alles jederzeit zur Disposition stehen. Diese Unsicherheit kann nicht durch
„richtiges" Entscheiden reduziert werden. Gäbe es eine eindeutig überlegene
Alternative, bestünde überhaupt kein Entscheidungsdruck. Die Entscheidung ist
demnach ein paradoxes Ereignis, weil die Unentscheidbarkeit die Bedingung der
Entscheidbarkeit ist. Entscheidbare Situationen könnten berechnet und bräuchten
nicht entschieden zu werden (Foerster 1999). Diese selbsterzeugte Unsicherheit
kann als das Bezugsproblem der Organisation begriffen und ihre strukturelle
Gestalt als Absorption dieser Unsicherheit interpretiert werden. Unsicherheitsabsorption ist Wirklichkeitskonstruktion (Luhmann 1993b). Eine solche Unsicherheitsabsorption gelingt mit Hilfe der Unterscheidung von Entscheidungen und
Entscheidungsprämissen (March/Simon 1958/1976a). Danach benutzen Entscheidungen andere Entscheidungen als Prämissen, d. h. sie nehmen sie als gegeben hin und schließen an ihre Ergebnisse an, ohne deren Zustandekommen in
Frage zu stellen. Die Differenz von Unsicherheit und Unsicherheitsabsorption
ersetzt im Aufbau der systemtheoretischen Organisationstheorie die Unterscheidung von Zweck und Mittel bzw. das Modell rationaler Entscheidungen, die an
der Unternehmensspitze getroffen werden. Das Zweck/Mittel-Schema ist genauso wie Autorität nur eine Möglichkeit unter anderen, Unsicherheit zu reduzieren
– und Rationalität erscheint vor diesem Hintergrund als der Schleier, der die
Paradoxie des Entscheidens verdeckt (Luhmann 1993b).

Unsicherheit ist jedoch gleichzeitig die wichtigste Ressource, die aufrechterhalten werden muss, um weiteren Entscheidungsbedarf verfügbar zu halten.
Das System löst nicht nur das Problem der Unsicherheit, sondern es benutzt es
auch zur eigenen Reproduktion. Durch die Verkettung von Entscheidungen wird
Unsicherheit nicht nur reduziert, sondern auch als Hintergrundrauschen etabliert,

insofern die Beobachtung von Handlungen als Entscheidungen Kontingenz erzeugt, die weder durch Rationalität, noch durch das Treffen von Entscheidungen
geheilt werden kann – weil an der getroffenen Entscheidung die Kontingenz
haften bleibt, da man sich ja auch umentscheiden könnte.

> „Das System pumpt sich selbst dadurch, dass es Entscheidungen trifft, immer wieder mit Ent-
> scheidungsmöglichkeiten auf" (Luhmann 1988a: 172).

Organisationen müssen danach als Systeme begriffen werden, die versuchen,
sich im Prozess der Problemlösung, -verschiebung, und -neuentdeckung selbst zu
erhalten und weniger als instrumentelle Werkzeuge im Dienste einer effizienten
Problembeseitigung oder Zweckerfüllung. Es handelt sich

> „um die Botschaft, Probleme durch Nichtlösung zu lösen, das heißt: sie als Moment der Auto-
> poiesis des Systems durch laufende Zielsuche und durch ein Umdirigieren von Strukturen
> (Optimisten sagen: durch Lernen) zu erhalten. Je unlösbarer das Problem, desto größer sein
> Reproduktionswert" (Luhmann 1992: 209).

Soziale Systeme stehen mit ihrem Bezugsproblem also in einer rekursiv-
zirkulären Beziehung – sie reproduzieren das Problem, dessen Lösung sie sind;
sie erhalten sich im Prozess der Reproduktion und Reduktion von Komplexität.
Die Doppelnotwendigkeit, Unsicherheit gleichzeitig zu absorbieren und aufrechterhalten zu müssen, konstituiert eine paradoxe Situation, die eine konsistente
Rationalisierbarkeit des Systems ausschließt. In widersprüchlichen Situationen
wäre die rationalste Alternative zugleich die irrationalste. Inkonsistente Strukturen scheinen in derartigen Konstellationen evolutionäre Vorteile zu bieten.
     Die Konzeption der Organisation als eigendynamisches, autopoietisches
System impliziert eine scharfe Unterscheidung zwischen Organisation und gesellschaftlicher Umwelt und grenzt sich damit gegen alle Umweltdeterminismen
kontingenztheoretischer, marxistischer oder institutionalistischer Herkunft ab.
An die Stelle einer Determination durch die Umwelt tritt die selektive Verarbei-
tung von Irritationen durch das System. Nach welchen Strukturen dieser Verar-
beitungsprozess abläuft, entscheidet sich im Verlauf der Interaktionsgeschichte
mit der Umwelt. Diese historisch gewachsenen Strukturen stellen die Zustands-
funktion des Systems dar, die sich mit jeder Informationsverarbeitung verändert
und dadurch das System zu einer nicht-trivialen, unberechenbaren Maschine
macht (Foerster 1984). Nicht-triviale Systeme können eine unberechenbar große
Anzahl von Zuständen annehmen und sind deshalb weder von außen noch von
einem internen zentralen Punkt aus steuerbar (Foerster 1997). Diese Komplexität
kann nicht durch die Festlegung von Entscheidungsprämissen reduziert werden,
weil diese Prämissen Folgeentscheidungen nicht determinieren können, sondern
offen lassen müssen, ob und wie zukünftige Entscheidungen auf sie Bezug neh-

men. Steuerung setzt die Selbsttrivialisierung des Systems voraus, sie bleibt zwar möglich, aber empirisch unwahrscheinlich. Integriert wird die Organisation über Beobachtungen zweiter Ordnung, also über Beobachtung der Beobachtungen anderer Beteiligter. Was Planungs- und Steuerungsversuche erreichen, hängt von diesen Beobachtungen zweiter Ordnung ab, die durch sie ausgelöst werden. Das in diesen Beobachtungen anfallende implizite oder Milieuwissen

> „lässt sich nicht explizieren und nicht funktionalisieren, weil es sich sofort zurückzieht auf ein Wissen des Umgangs mit Explizierungsanforderungen und Funktionalisierungszumutungen" (Baecker 1999a: 77).

Aufgrund seiner Undurchschaubarkeit muss das System seine Zukunft der Evolution überlassen und kann weniger auf die strategischen Entscheidungen des Managements hoffen – auch wenn es einem Beobachter unbenommen bleibt, in diesen Entscheidungen die Ursachen zu sehen, auf die bestimmte Folgen zuzurechnen sind.

2.3 Anwendung auf personalpolitische Konfigurationen

2.3.1 Person und Mitglied

In einem nächsten Schritt möchte ich versuchen zu skizzieren, wie eine systemtheoretische Perspektive auf Personalpolitik aussehen könnte. Dieser Versuch kann sich auf einige wenige Vorarbeiten stützen (Luhmann 2000: 279ff; Lehmann 2003, 2002; Mayrhofer 1996, 2004). Einer der zentralen Bestandteile dieser Perspektive besteht darin, ähnlich wie in manchen Spielarten des Neo-Institutionalismus (Meyer/Jepperson 2005) oder bei Foucault (1977), Personen nicht als organisationsexterne, unabhängige Variable, sondern als kommunikative Artefakte zu begreifen, die im organisationalen Entscheidungsnetzwerk hervorgebracht werden. Die Personalarbeit hat also Teil an der Konstitution ihres Gegenstandes.

Wie oben dargestellt, wird Unsicherheit in sozialer Hinsicht generiert durch den Versuch der wechselseitigen Orientierung von Alter und Ego aneinander. Alter versucht seine Handlungsorientierung unter Bezugnahme auf Ego zu gewinnen und umgekehrt. Dabei entsteht ein Zirkel: ,Ich tue, was Du willst, wenn Du tust, was ich will.' Diese Unsicherheit entsteht erst in der sozialen Situation, keine der beiden beteiligten *black boxes* bringt diese bereits mit. Wie bereits beschrieben, wird die Entstehung sozialer Ordnung, die diesen Zirkel entfaltet und Stabilität generiert, als rekursiver Prozess aufgefasst, der ausgehend von Zufällen zum Aufbau von Erwartungen führt, an denen weitere Handlungen Halt gewinnen können. Teil dieser selbsterzeugten Sicherheit ist die Evolution von ‚Personen' bzw. Personenrollen. Person meint dabei die „individuell attribuierte Einschränkung von Verhaltensmöglichkeiten" (Luhmann 1995a: 148), also ein Bündel von Erwartungen, das den Adressaten dieser Erwartungen als spezifischen, individuellen Akteur ausweist.

> „Eine Person wird (...) konstituiert, um Verhaltenserwartungen ordnen zu können, die durch sie und nur durch sie eingelöst werden können" (Luhmann 1996: 429).

Die Konstruktion von Personen ist damit ein Sonderfall der Konstruktion von Akteuren. In beiden Fällen handelt es sich um genuin soziale Erzeugnisse, um Rollen oder Adressen innerhalb eines sozialen Systems (Fuchs 1997), die Erwartungssicherheiten stiften und damit das Problem der doppelten Kontingenz lösen, d. h. die Situation zirkulärer Unbestimmtheit entfalten. Personen werden also nicht als substantielle Einheiten verstanden, sondern als kommunikative Artefakte, die sich der Verkürzung von Kommunikation auf Handlungen, d. h. der Zurechnung einer Gemeinschaftsproduktion auf ein Einzelindividuum verdanken. Solche Rollen kompensieren das Unbekanntsein der psychischen Realität und stiften Sicherheit für den Fortgang der Kommunikation, sie sind ein Mechanismus der Reduktion von Unsicherheit. Die Vorteile dieser Konzeption liegen in der Möglichkeit, die Personalisierung von Erwartungen bzw. die Konstruktion von Personal als Variable begreifen zu können, die in unterschiedlichen soziohistorischen Kontexten unterschiedliche Ausprägungen erfahren kann. So ist etwa zu erwarten, dass sich Organisationen in der Art und Weise voneinander und von anderen sozialen Systemen unterscheiden, wie sie solche Personalrollen anfertigen.

Bei der Frage nach der organisationalen Fabrikation von Akteuren stößt man zunächst nicht auf Personen-, sondern auf Mitgliedschaftsrollen. Insofern über Mitgliedschaft organisationsintern entschieden wird, kann die Organisation als ein System mit selbstgezogenen Grenzen begriffen werden. Die Institution der Mitgliedschaftsrolle garantiert also die Ausdifferenzierung des Sozialsystems Organisation. Menschen werden als Mitglieder konstituiert, indem sie als Vertragspartner in Stellung gebracht und sich gegen Bezahlung zur Einhaltung bestimmter, arbeitsvertraglich fixierter Erwartungen verpflichten. Die Mitgliedschaftsrolle bündelt diese unhintergehbaren Erwartungen, deren Einhaltung die Bedingung der Fortsetzbarkeit von Mitgliedschaft also des Verbleibs im System ist (Luhmann 1964). Der Mensch erscheint damit als zweigeteilt: Als Mitglied ist er Träger einer als solcher ausgewiesenen Rolle, dessen Verhalten durch formale Erwartungen programmiert wird; darüber hinaus erscheint er als Person, deren sonstige Relevanzmaßstäbe, Motive oder Neigungen, zur Umwelt der Organisation gehören. Das Besondere an der organisationalen Konstruktion von Akteuren als Mitgliedern liegt in dieser Trennung von durch die Mitgliedschaftsrolle definiertem und durch Bezahlung motiviertem Verhalten und der psychischen Komplexität der Person. Diese selektive Inklusion qua Mitgliedschaft ist die Bedingung für die Rationalisierung der Zielerreichung, weil sie die Trennung persönlicher Motivationslagen von den Erwartungsstrukturen in Organisationen erlaubt (Luhmann 1968). Die Organisation kauft sich eine (Pauschal)Motivation ein, die sie systemintern spezifizieren kann – ohne dabei berücksichtigen zu müssen, ob sich das betreffende Mitglied mit der Aufgabe identifiziert.

Die Ausdifferenzierung der Organisation auf der Basis von Mitgliedschaftsrollen verdankt sich dem Ausschluss des Persönlichen. Allein die operative Herstellung der Organisation oder die Wirklichkeitsdefinition, die durch die Beobachtung von *Organisationen* etabliert wird, impliziert also bereits die Konstitution von Personen – als Umwelt der Organisation. Seit der *Human Relations*-Bewegung ist gleichwohl bekannt, dass ‚Persönliches‘ auch *in* der Organisation eine Rolle spielt. Mitglieder werden als Personen adressiert (z. B. in Mitarbeitergesprächen), Entscheidungsverhalten wird auf persönliche Stile zugerechnet, Fehler und Konflikte werden personalisiert, informelle Beziehungen stützen sich auf persönliche Kommunikation, an Personen bündeln sich Umweltkontakte (Kundenkontakt, Wählersympathien...). Die Unterscheidung von Mitgliedschaftsrolle und Person ist also eine dominante Struktur in Organisationen, die intern den Erwartungsaufbau dirigiert (Luhmann 1964). Während Mitglieder bzw. Mitgliedschaft jedoch zum Bereich dessen gehört, was sich per Entscheidung einführen oder abschaffen lässt, entzieht sich die Ebene personalisierter Erwartungsbildung der Formalisierbarkeit.

Die Funktion der Struktur „Person" kann mit Hilfe des systemtheoretischen Organisationsbegriffs weiter spezifiziert werden. Wie oben ausgeführt, sind Organisationen als sich autopoietisch reproduzierende Entscheidungszusammenhänge definiert und die „Person" müsste auf Probleme bezogen werden können, die dabei zu Tage treten. Dieses Problem besteht in der Paradoxie der Entscheidung, also dem Umstand, Unentscheidbarkeit als Voraussetzung der Entscheidbarkeit ansehen zu müssen. Dieses Problem wird invisibilisiert durch die Verkettung von aufeinander Bezug nehmenden Entscheidungen, bzw. das Entscheiden anhand von Entscheidungsprämissen. Neben den Zweck- und Konditionalprogrammen sowie den Kommunikationswegen scheint die „Person" eine weitere Entscheidungsprämisse zu sein, über die die Paradoxie der Entscheidung entfaltet werden kann (Luhmann 1988a). Personen werden als Mechanismus der Absorption von Unsicherheit in Anspruch genommen, indem Entscheidungen auf ‚Willkür‘, auf ‚Kompetenz‘, auf ‚Erfahrung‘ und ‚Menschenkenntnis‘ zugerechnet werden (‚Die Leute, die das Personal aussuchen, machen das seit 20 Jahren und die sehen, ob sie angelogen werden oder nicht.‘). Gerade im Angesicht von Fehlentwicklungen oder Unfällen ist die Personalisierung von Entscheidungen in Gestalt der Suche nach dem Schuldigen als beliebte Strategie von Organisationen identifiziert worden, Beschädigungen der eigenen Reputation abzuwenden und weitergehende Lernzumutungen abzuwehren (Perrow 1992; Sagan 1993).

2.3.2 Die selbstkonstituierte Unerreichbarkeit der Person

Mit der Unterscheidung von Mitgliedschaftsrolle und Person wird jedoch gleichzeitig eine Unsicherheit generiert, an der sich die Organisation bzw. die Personalpolitik im Besonderen abarbeiten kann. Insofern haben es beschäftigungspolitische Lösungen mit selbsterzeugten Problemen zu tun. Die spezifische Rahmung beobachtbaren Verhaltens in Organisationen als Rollenhandeln, bzw. die selektive Inklusion von Personen als Mitglieder, hat nämlich weitreichende Konsequenzen für Versuche, im Rahmen organisatorischer Kommunikation Personen zu thematisieren – aber auch für den Versuch, es nicht zu tun. Das Spezifikum von Organisationen ist die Unterscheidung von rollenkonformem Handeln und privaten Motiven, Organisationen unterstreichen und profilieren damit einen Täuschungsverdacht, der darin besteht, dass beides von einander abweichen könnte. Was in Organisationen getan wird, erscheint als angefertigt, um damit die an die eigene Person gestellten Erwartungen zu befriedigen, also um anderen zu gefallen, und man schürt damit den Argwohn, dass man eigentlich jemand anderes ist. Jedes Verhalten erscheint als ein Handeln, das man ausführt, weil man dafür bezahlt wird und wird eben deswegen immer begleitet von dem Verdacht, dass es möglicherweise andere Motive, strategische Kalküle, zweite Absichten gibt. Eben weil das, was Menschen in Organisationen machen, als „selektive Inklusion" gerahmt wird, d.h. als Rolle bzw. als ein Verhalten, das sich der Bezahlung und dem Versuch, formale Erwartungen zu befriedigen, verdankt, entsteht das Misstrauen, ob es eine darüber hinausgehende psychische Wirklichkeit der Person gibt – von der aber niemals festgestellt werden kann, wie sie tatsächlich aussieht, und die auch die Betroffenen nicht preisgeben können, selbst wenn sie es wollten.

Diesen Täuschungsverdacht setzt Kommunikation per se frei, insofern sie Mitteilungsverhalten von der Selbstreferenz Alters bzw. Egos unterscheidet und damit ebenfalls ein Divergieren als möglich erscheinen lässt (Luhmann 1996), die Organisation ist jedoch gewissermaßen seine institutionalisierte Form, weil sie Erwartungen formalisiert bzw. expliziert und ihre Erfüllung als Entscheidungen beobachtet. Dieser Täuschungsverdacht wird im Effizienzparadigma als Kontrollproblem, im Machtparadigma als Transformationsproblem (Hildebrandt/

Seltz 1987; Braverman 1977) thematisiert, d. h. als Kluft zwischen „promise and performance" (Townley 1993), als Problem, wie das Arbeits*vermögen* in tatsächliche Arbeits*leistung* umgesetzt werden könne. Die Kluft zwischen erwartungskonformer Selbstdarstellung und tatsächlicher psychischer Realität wird der Organisation als Verdacht eines eventuell zurückgehaltenen oder nicht voll ausgeschöpften Arbeitspotentials bewusst. Als Kommunikationssperre manifest wird dieser Täuschungsverdacht immer dann, wenn die in Frage stehende Differenz, d. h. die Person, zum Thema der Kommunikation wird.

Beispiele dafür sind die Kommunikation von Motivation oder das Rekrutierungsgespräch. So können Mitglieder nicht ihre Höchstleistung und -motivation zu beteuern versuchen, ohne damit nicht den beschriebenen Täuschungsverdacht zu erneuern. Motivation ist inkommunikabel – denn dass man nicht motiviert ist, schließt die Mitgliedschaft aus und die Betonung dessen, was ohnehin vorausgesetzt werden muss, erscheint als verdächtige Doppelung. Oder anders: In einem als „Entfremdung" definierten Kontext, muss die Kommunikation von „Nicht-Entfremdung" Skepsis auslösen. Diese von der Organisation *selbsterzeugte* Kluft kann sich niemals schließen. Es handelt sich um eine Kommunikationssperre, die die Emergenz organisatorischer Kommunikation, die fundamentale Andersheit der sozialen Anschlusspraktiken bezeugt. Ein weiteres Beispiel für diesen Zusammenhang sind Rekrutierungsgespräche. Werden hier extra-funktionale Kompetenzen abgefragt, Selbsteinschätzungen eruiert und den ‚persönlichen' Interessen und Erwartungen nachgespürt, baut sich in der Situation eine Kommunikationsbarriere auf, denn alles, was der Kandidat an Antworten präsentiert, ist möglicherweise einzig für solche Präsentationszwecke angefertigt worden. In seinem Verhalten würden sich dann mehr die antizipierten organisationalen Erwartungen widerspiegeln als eine psychische oder außerorganisationale Realität. Die Selbstdarstellung der Person wäre also kein Indikator für die Wirklichkeit der Person, sondern bloßer Spiegel der Organisation; die Organisation würde sich in dem wiederfinden, was sie ja gerade nicht ist: in der Person. Der Täuschungsverdacht klafft aber auch in Situationen unter Kollegen auf. Man kann in Organisationen nicht nicht mikropolitisch handeln, weil

> „die gesamte Interaktion auf einer Ebene der *Beobachtung zweiter Ordnung* abläuft, auf der ständig mitbedacht werden muss, wie indirekt die Interessen, Einstellungen und Handlungsbereitschaften sind, die Anwesende füreinander zum Ausdruck bringen oder aneinander zur Kenntnis nehmen" (Kieserling 1999: 362).

In der Unterstellung von verdeckten Motiven, Karriereabsichten oder materiellen Interessen, ganz gleich wie altruistisch oder sachorientiert die tatsächlichen psychischen Beweggründe sein mögen, kommt die Schließung organisationaler

Interaktionssysteme zum Ausdruck. Nur wer diese Perspektive beherrscht, findet sich in Organisationen zurecht.

> „Unter diesen Umständen würde auch, ja gerade die Haltung dessen, der all dies als bloßen Schein verwirft oder sich mit moralischer Entrüstung gegen die »Machtspiele« wendet, die Abwesende spielen, demselben Verdacht unterliegen" (Kieserling 1999: 363).

An solchen Beobachtungen kristallisieren Persönlichkeitsprofile, die als (informelle) Entscheidungsprämissen benutzt werden können. Der Täuschungsverdacht bewirkt zweierlei: Einerseits ist das Persönliche in Form verdeckter Motive dauerpräsent, andererseits unerreichbar. Die Wirklichkeit der Person verbirgt sich in dem Maße, wie man auf sie zuzugreifen versucht.

Mit der Unterscheidung von Mitgliedschaftsrolle und Person versorgt sich die Organisation mit einer selbsterzeugten Ungewissheit. Die Wirklichkeit der Person wird *durch diese Unterscheidungspraktik* für die Organisation unerreichbar – und man kann die Instrumente des Personalmanagements als Versuche lesen, sie dennoch unter organisationale Kontrolle zu bringen (Townley 1993). Die Vielfalt an Motivations- und Anreizpraktiken sowie die Techniken der Leistungsmessung und -bewertung zielen darauf ab, dieses Ziel zu erreichen bzw. Kompensationen für diese selbstgeschaffene Unsicherheit bereitzustellen. In dem Maße, wie man jedoch versucht, das Problem zu lösen, entsteht es von Neuem – genau darin besteht sein Reproduktionswert für die Personalpolitik. In dem Bestreben, die Person hinter der Rolle einzubinden, stolpern Organisationen über das Problem, dass sie selbst es sind, die diese Unterscheidung zwischen Rolle und Person laufend reproduzieren. Die Bedeutung dieses Problems wächst in dem Maße, wie Aufgaben zu komplex werden, um allein mit Hilfe der in der Mitgliedschaftsrolle gebündelten Erwartungen gesteuert werden zu können, also in dem Maße wie es unerlässlich wird, eben diese Einbindung der Person anzustreben.

2.3.3 Personalpolitik

Die dargestellten Überlegungen gelten für Organisationen unabhängig davon, ob es in einer konkreten Organisation eine ausdifferenzierte Personalabteilung gibt. Für die in einer Abteilung gebündelte Personalarbeit gilt, was für den Rest der organisationalen Kommunikation auch gilt, nämlich dass die Unterscheidung zwischen Personen und der Organisation die Konstruktion eines Beobachters ist. Das Personal ist eben keine objektiv gegebene Realität, an der sich personalpolitische Entscheidungen orientieren können. Die Unterscheidung zwischen Personal und Organisation, der sich die Personalabteilung verdankt, muss von ihr selbst gezogen werden (Lehmann 2003). Soziales Handeln findet immer in einem Kontext statt, muss also als Ausdruck einer Beziehung oder als Gemeinschaftsproduktion verstanden werden. Akteure oder Personen sind danach die Folge von Zuschreibungen, sie sind Adressen oder kommunikative Artefakte, die im Laufe eines Kommunikationsprozesses anfallen und diesen mit Erwartungssicherheit versorgen. Solche Akteursrollen sind das Produkt der rekursiven Vernetzung organisationsinterner (Entscheidungs-)Kommunikation, während die psychophysische Wirklichkeit zur Umwelt der Organisation gehört, die für diese unerreichbar bleibt. In Bezug auf das Personal ist die Organisation also auf selbstgeschaffene Sicherheiten, auf die Berechnung eigener Berechnungen angewiesen. Versucht man die psychische Wirklichkeit zu ergründen, läuft man auf Kommunikationssperren auf. Dass „individuelles" Handeln aus seinem organisatorischen Kontext heraus verstanden werden muss, also immer Widerspiegelung der systemischen Zusammenhänge ist, in die es sich einbindet, ist ein der Soziologie bekannter, auch empirisch gut belegter Befund (Merton 1947/1995; Goffman 1973).

Was kann dann aber unter Personalpolitik bzw. Personalarbeit verstanden werden? Personalpolitik hat es mit der Ausgestaltung von Mitgliedschafts- und Personenadressen (Fuchs 1997) zu tun, sie umfasst alle formalen, d. h. entscheidungsförmig eingeführten Praktiken, die die Inklusion psychischer Systeme führen bzw. Kompensationen für die Unerreichbarkeit der psychischen Realität schaffen. Personalpolitik kontrolliert den Zugang, den Wechsel sowie die Löschung solcher Adressen.

Ausdifferenzierte Personalpolitik muss abgesetzt werden gegen eher informelle Personal- oder Inklusionspraktiken. Der Umstand, dass regelmäßig Mitarbeitergespräche stattfinden, ist zu unterscheiden von Inklusionsmustern, die gleichsam selbstläufig anfallen (die Überbringer schlechter Nachrichten werden für ihren Mut belohnt; Frauen werden aus den Kaffeepausengesprächen ausgeschlossen...). Diese naturwüchsige Konstruktion von Adressen findet immer statt, sobald Kommunikation in Betrieb gesetzt wird. Es handelt sich also nicht um einen abgrenzbaren Teilbereich der Organisation, etwa im Unterschied zu Vertrieb oder Marketing, sondern vielmehr um die Organisation selbst bzw. um die Beobachtung der Organisation unter dem Aspekt ihrer Anpassung an die psychische Umwelt ihrer Mitglieder.

Das Verhältnis von ausdifferenzierter Personalpolitik und informellen Personalpraktiken ist ‚verwickelt'. Die Personalpolitik ist Teil der Organisation, die sie zu gestalten versucht. Sie nimmt absichtlich oder unabsichtlich Einfluss auf die Art und Weise, wie Personal inkludiert wird. Absichtlich, wenn sie Führungs- oder Managementseminare anbietet, die im Umgang mit dem Personal schulen; unabsichtlich, indem ihre Entscheidungen etwa über Versetzungen und

Beförderungen beobachtet werden (Luhmann 2000: 279ff). Aus solchen Beobachtungen speisen sich Geschichten und Mythen über die Organisation, die
sich in deren Kultur ablagern und weitere kommunikative Praktiken – und das
heißt: auch die Personalpolitik – mitbestimmen. Gerade weil Personalpolitik
Gegenstand aufmerksamer Beobachtung durch Dritte ist, müssen Steuerungsan-
sprüche eher skeptisch beurteilt werden. Nachdem entschieden wurde, ist die
Organisation nicht mehr diejenige, auf die sich die Entscheidung bezog.

Personalstrategien könnten dann schließlich als Selbstbeschreibungen der
Organisation begriffen werden, die die Grenze zur psychischen Umwelt in das
System wieder einführen. Sie integrieren personalwirtschaftliche Aufgaben-
bereiche im Hinblick auf ein dadurch zu erreichendes personalpolitisches Ziel.
Sie sind durch den Status ihrer Autoren gegen Widerspruch abgesichert und
fungieren in der Organisation, wenn sie konkret genug sind, als Entscheidungsprämissen. Diese Begriffsfassung hätte den Vorteil, neben den formalen und
informellen Personalpraktiken auch die Personalstrategie und die Verknüpfung
zwischen beidem als Variable auffassen zu können. Die Fragen, wie viele Strategien es gibt, ob die Personalstrategie mit der Geschäftsstrategie strikt oder lose
gekoppelt ist, ob es sich überhaupt um eine an Strategien orientierte Personalpolitik oder ,nur' um Personalverwaltung handelt, ob die Personalstrategie entkoppelte Prosa ist oder ob ihr „patterns in a stream of decisions" (Mintzberg 1978:
934) entsprechen..., können dann zur Beantwortung an die empirische Forschung überwiesen werden.

2.3.4 *Entscheidungsprämissen und Entscheidungsstile*

Aus den vorangegangenen Überlegungen zur Konstruktion von Personal folgt,
dass personalpolitische Entscheidungen unter Unsicherheit getroffen werden
müssen bzw. mit Mehrdeutigkeiten im Hinblick auf Ziele, Erfolg und Technologie konfrontiert sind (Cohen/March 1974). Ziele und Bezugsprobleme personalpolitischen Handelns sind mehrdeutig, insofern als sie die Zurechnung von Problemen oder (mangelnden) Leistungen auf Personen voraussetzen, die sozial umstritten sein können. Ob personalpolitische Ziele erreicht wurden, d. h. ob Erfol-
ge oder Misserfolge zu verbuchen sind, ist aus demselben Grund ebenfalls un-
gewiss – eine Personalselektionsentscheidung kann nicht eindeutig evaluiert
werden, wenn die Zurechnung auf Personen kontingent ist. Die Mehrdeutigkeit
des Erfolgs organisationaler Personalarbeit erklärt sich aus der Unerreichbarkeit
der psychischen Realität – Mitarbeiter einer Organisation können nicht ihre Motivation beteuern oder beschwören, dass sie den Führungsstil ihres Vorgesetzen
schätzen und bei der letzten Weiterbildung sehr viel gelernt haben, ohne den

Verdacht zu wecken, dabei versteckte Absichten zu hegen. Aus der Mehrdeutigkeit des Erfolgs bzw. der Unevaluierbarkeit von personalpolitischen Instrumenten folgt die Mehrdeutigkeit der Technologien, also des Wissens um Ursache-
Wirkungs-Relationen bzw. darum, welche Mittel zu welchen Zwecken führen.
Die Unsicherheit bereitet jedoch nicht nur Probleme, sondern bietet auch Vorteile, insofern sie stets den Bedarf nach weiteren Personalmaßnahmen erneuert.

Diese Unsicherheit personalpolitischer Entscheidungsprozesse ist prinzi-
pieller Natur und kann nicht durch bessere Informationssysteme geheilt werden.
Organisationale Personalarbeit muss ihre Entscheidungen von einer Umwelt
abhängig machen, die von ihren Entscheidungen abhängt. Die auch empirisch zu
beantwortende Frage lautet, wie unter diesen Bedingungen der Unsicherheit bzw.
der Unentscheidbarkeit, personalpolitische Ordnungen zustande kommen. Wie
wird mit der Unsicherheit bzgl. dessen, was eine richtige Entscheidung ist, umgegangen? Wie werden Sicherheit konstruiert und Entscheidungskriterien gefunden? Können unterschiedliche Typen der Unsicherheitsabsorption unterschieden
werden?

Im Zentrum der Techniken der Absorption von Unsicherheiten steht zunächst die Idee des Entscheidens anhand von Entscheidungsprämissen. Sie geht
zurück auf Einsichten der verhaltenswissenschaftlichen Entscheidungstheorie,
wonach Entscheidungen nur auf der Grundlage eines begrenzten oder verein-
fachten Modells der Wirklichkeit, der sogenannten „Definition der Situation"
(March/Simon 1958/1976b: 131), möglich sind, wobei die Elemente dieser Si-
tuationsdefinition nicht als gegeben unterstellt werden können. Entscheiden muss
deshalb als „*begrenzt* rational" begriffen werden, weil es einen Bezugsrahmen
voraussetzt, der im Moment des Entscheidens nicht vollständig mitreflektiert
werden kann. Zu den Elementen dieses Bezugsrahmens gehören die Präferenzen,
die Probleme, die Lösungsalternativen, die Konsequenzen dieser Alternativen,
die nicht als eine dem Entscheider gegebene Wirklichkeit betrachtet werden
können, die vielmehr konstruiert (entschieden!) oder ‚gesucht' werden müssen.
Mit einem Bezugsrahmen können sich Entscheidungen ausstatten, indem sie die
arbeitsteilige Differenzierung dahingehend ausnutzen, komplexe Probleme in
überschaubarere Teilprobleme kleinzuarbeiten oder indem sie Typisierungen
verwenden, die die Zuordnung von heterogenen Reizen zu Routineprogrammen
ermöglichen, d. h. indem sie Vorgängerentscheidungen als unhinterfragte Prämissen in Anspruch nehmen. Das Verhältnis von Prämissen zur Entscheidung ist
weder logisch noch kausal: Die Entscheidung kann aus der Prämisse weder deduziert, noch kausal durch sie erklärt werden (Luhmann 2000: 222 ff).

„Entscheidungsprämissen legen nur den Spielraum fest, innerhalb dessen frei entschieden werden kann. Sie nehmen den beteiligten Akteuren Freiraum und eröffnen ihnen damit Freiraum:
innerhalb der so gesteckten Grenzen autonom zu entscheiden" (Simon 2007: 70).

Diese Freiräume sind variabel, je nach dem, mit welchem Detaillierungsgrad und Konkretheitsniveau Prämissen bestimmte Sachverhalte regulieren. In seine Klassifikation unterschiedlicher Entscheidungsprämissen nimmt Luhmann (1988a; 2000: 222 ff) Programme, Kommunikationswege, Personen und Kultur auf. *Entscheidungsprogramme* definieren entweder über die Festlegung von Zwecken resp. erwünschten Outputgrößen oder die Kategorisierung von Inputs, wie richtiges bzw. legitimes Entscheiden auszusehen hat. Konditionalprogramme legen Bedingungen fest und ordnen diesen bestimmte Konsequenzen zu. Sie haben normativen Charakter, d. h. man hält an ihnen auch im Enttäuschungsfalle fest. Zweckprogramme unterscheiden zwischen Zielen und Mitteln. Durch die Festlegung von Zielen entsteht ein Rahmen, der es erlaubt, zwischen adäquaten Mitteln abzuwägen. Zweckprogramme, wie etwa Strategien, zeigen sich lernbereit und gehören damit in die Gruppe kognitiver Erwartungen (Hiller 2005: 41). Mit Hilfe ihrer Programme übersetzt die Organisation externe Unordnung in eigene Ordnung. Sie erringt die Kontrolle über die eigene Informationsverarbeitung und verschafft sich damit Autonomiegewinne gegenüber einer unkontrollierbaren Umwelt (Luhmann 1971). Durch Grenzziehung kann die eigene Ordnung relativ invariant gehalten werden. Konditionalprogramme erlauben eine solche relative Invarianz, indem sie gegenüber Zeitpunkten, d.h. dem zeitlichen Auftreten eines bestimmten Stimulus und konkreten Ereignisfolgen indifferent sind (es ist egal, wann ein Arbeitnehmer zur Flasche greift, aber wenn er es tut und dabei erwischt wird, greifen bestimmte sanktionierende Maßnahmen). Zweckprogramme können sich eine solche zeitliche Indifferenz nicht leisten. Um mehr zu sein als bloße Idee, müssen sie an bestimmte Termine gebunden werden. Ihre Flexibilität besteht dagegen darin, dass der Zweck mit unterschiedlichen Kommunikationen erfüllt werden kann. Programme können miteinander verschachtelt werden: Im Lichte eines Zwecks kann z.b. zwischen unterschiedlichen Routineprogrammen abgewogen werden.

Zu den Schwächen der Orientierung an Programmen gehört, dass Programme für einen längeren Zeitraum gedacht sind und auf der Grundlage von Annahmen über die Umwelt entschieden werden, die sich als falsch herausstellen können. Die Identifikation und Aufdeckung solcher Fehler stoßen jedoch organisationsintern auf erhebliche Schwierigkeiten. Die Wahrnehmung wird durch die Programme so voreingestellt, dass Neues entweder nicht oder aber als Störung oder Fehler auffällt; es fehlt die Zeit, um nach widersprechenden Informationen zu suchen und für diese Suche sind diejenigen, die die Programme ausführen auch gar nicht zuständig; schließlich versprechen einmal etablierte Programme Sicherheit und Konsens und entmutigen oder erschweren dadurch Änderungsambitionen.

Auch in Situationen, in denen es keine expliziten Regeln gibt, bietet die Organisation Orientierung, nämlich durch die Festlegung von *Kommunikationswegen*. Durch die Arbeitsteilung entsteht ein Geflecht von Zuständigkeiten oder Kompetenzen, innerhalb dessen festgelegt ist, wer in bestimmten Entscheidungssituationen weisungsbefugt ist oder hinzugezogen werden muss. Mit der Definition von zu beteiligenden Stellen kann für Entscheidungen ein bestimmter Rahmen festgelegt werden. Die Hierarchie ist die klassische Form dieses Kommunikationsweges. Hierarchie sichert der Organisation die Entscheidungsfähigkeit in Konfliktfällen und sie garantiert, dass Entscheidungen alle Stellen erreichen.

> „Damit können wir das Problem, das die Hierarchie einer Organisation zu lösen hat, ganz eng und pragmatisch fassen: Das Problem lautet, daß Mitglieder mit ihren Entscheidungen andere Mitglieder erreichen können müssen und daß sie wissen können müssen, welche Entscheidung im Konfliktfall zu Rate zu ziehen sind, um weitere Entscheidungen sicherzustellen. Trivial ist diese Formulierung nur deswegen nicht, weil die Lösung dieses Problems identisch ist mit der Grenzziehung der Organisation gegenüber der Umwelt" (Baecker 1999b: 210).

Aufgrund ihrer kaum zu überschätzenden Bedeutung für die organisationale Unsicherheitsabsorption ist die Hierarchie nur schwer zu ersetzen. Versuche, Hierarchien durch dezentral organisierte, sich selbststeuernde Teamstrukturen zu ersetzen, führen nur zu einer Verlagerung der Hierarchie auf die dahinter liegende Ebene der Zielvereinbarungen oder der Budgetzuweisung.

Wie weiter oben bereits ausgeführt wurde, kann Unsicherheitsabsorption ferner durch *Personen* geleistet werden, die, sofern man sie kennt, organisationsintern ein hohes Maß an Erwartungssicherheit garantieren. Gerade die Auswahl von Personen für Führungspositionen ist deswegen immer auch eine programmatische Entscheidung. Personen entstehen als kommunikative Artefakte durch die Zurechnung von Kommunikation auf Einzelindividuen. Personen werden zu Prämissen, wenn man etwa die Präferenzen oder Entscheidungsgewohnheiten des Vorgesetzten antizipiert und diese im eigenen Handeln als Leitlinien berücksichtigt; Vorschläge können unterbleiben, weil man den Widerstand bestimmter Personen fürchtet; je nach dem, mit wem man zu tun hat, berichtet man von Fehlentscheidungen oder verschweigt sie. Gerade in unvorhersehbaren Situationen kann die mangelnde Flexibilität von Programmen durch das Vertrauen in Personen ersetzt werden. Die gesteigerte Aufmerksamkeit für die Person, die vom *human factor* zur Humanressource avanciert, ergibt sich aus dem Anwachsen solcher Situationen, aus der zunehmenden Komplexität von Aufgaben, die mehr Raum für das Einbringen der Person, den persönlichen Stil bieten, und die den Personen Qualitäten abverlangen, die weniger im Bereich rationalen Entscheidens als im Ergreifen von Gelegenheiten oder dem Aktivieren von Kreativitäts- und Innovationspotentialen liegen. In dem Maße wie das Bewusstsein für die gesteigerte Aufgabenunsicherheit und die Kontingenz des organisationalen Entscheidens steigt, wächst das Interesse an Personen. Personen dienen „als *greifbare Symbole für das Unbekanntsein der Zukunft*" (Luhmann 2000: 284), sie bergen gleichermaßen Orientierungs- und Überraschungspotential, insofern man sich nicht sicher sein kann, wie sie handeln werden.

Zu Programmen, Kommunikationswegen und Personen kommt schließlich noch „als Komplex der unentscheidbaren Entscheidungsprämissen" die *Organisationskultur* (Luhmann 2000: 241). Unter Kultur werden häufig historisch gewachsene Glaubenssätze oder gemeinsam geteilte Werte, „tieferliegende Grundanschauungen und Überzeugungen" (Schein 1991: 24) verstanden, die das Bild definieren, das eine Organisation von sich und seiner Umwelt hat (zur Differenzierung unterschiedlicher Begriffsverständnisse siehe Smircich 1983a). Ihre Funktion besteht darin,

> „das Zusammengehörigkeitsbewusstsein und seine moralischen Anforderungen zum Ausdruck zu bringen, ohne dies direkt zum Thema der Kommunikation zu machen und es damit der Annahme oder Ablehnung auszusetzen" (Luhmann 2000: 243).

Wer dazugehören will, muss sich diese Regeln zu Eigen machen. Zu unterstreichen an der Definition „Komplex der unentscheidbaren Entscheidungsprämissen" ist der Plural. Zum einen wird damit offengelassen, ob es *eine* Kultur oder *mehrere* gibt und welches Maß an Konsistenz diesen Kulturen inne wohnt. Zum anderen wird damit angezeigt, dass ‚Kultur' ein Sammelbegriff für mehrere Prämissen ist. So unterscheidet etwa Luhmann (2000: 244f) „Werte" und „Kausalattributionen" als zwei Komponenten von Kultur. Hiller (2005) schließt an dieses Verständnis an, spezifiziert den Kulturbegriff dann aber kognitionstheoretisch als Set von Schemata, die die Informationsverarbeitung der Organisation steuern und damit als Mechanismen der Konstruktion von Wirklichkeit fungieren. Schemata erlauben es, aufgrund minimaler Inputs oder „cues" (Weick 1995: 49 ff) komplexe Situationsdeutungen zu entwerfen, indem sie Kausalannahmen generalisieren, d. h. aus ihren spezifischen Kontextbedingungen herauslösen und auf ‚ähnliche' Situationen anwendbar machen. Sinnerzeugung mit Hilfe von Schemata bedient sich solcher Ähnlichkeitskonstruktionen oder Analogiebildungen, man nimmt das Neue im Lichte des Bekannten wahr.

Mit dieser Fassung von kulturellen Schemata oder Prämissen als nicht formalisierten Mechanismen der Konstruktion von Wirklichkeit wird ein instrumentelles Verständnis von Kultur ebenso abgelehnt, wie die Variante, Kultur auf das Gesellschaftssystem zu beziehen. Dafür wird andererseits eine große Nähe hergestellt zu Konzepten wie Organisationsidentität (Albert/Whetten 1985/2004), Ideologien (Brunsson 1982; Starbuck 1982), Symbolen (Czarniawska-Joerges 1997), implizitem Wissen (Nonaka 1991), Karten (Weick 1969/1998), Wahrnehmungsfiltern (Starbuck/Milliken 1988) oder den „rules of appropriateness" (March 1999). In all diesen Fällen geht es um evolutionär sich stabilisierende Unterscheidungen, mit deren Hilfe ein System eine simplifizierende Interpretation anfertigt, auf deren Grundlage es entscheidet und ordnend in seine Umwelt eingreift – um unter Umständen die Umwelt nach Maßgabe seiner Perspektive zu gestalten.

Entscheidungen müssen ihre Sicherheiten im Netzwerk eigener Entscheidungen finden, nämlich durch die Inanspruchnahme anderer Entscheidungen als Prämissen. Innerhalb dieses Modells rekursiver Ordnungsbildung gibt es jedoch erhebliche Spielräume, sowohl was das Verhältnis von Entscheidungen und Entscheidungsprämissen, d. h. die tatsächlichen Entscheidungsstile, angeht, als auch was das Verhältnis der Entscheidungsprämissen zueinander betrifft. Beide Fragen werden zur empirischen Beantwortung an das Feld zurückgespielt. Entscheidungsprämissen bestehen typischerweise nebeneinander, sodass auf der Ebene der Einzelentscheidung ein Bedarf erwächst, unterschiedliche Entscheidungsprämissen gegeneinander abzuwägen oder im Falle widersprüchlicher Konstellationen zwischen ihnen zu vermitteln. Den Zweckprogrammen kommt nicht automatisch eine Vorrangstellung zu, ebenso können hierarchische Weisungen, Angemessenheitsvorstellungen oder Personen die Führung innerhalb des Unsicherheitsabsorptionsprozesses übernehmen. Als typische Merkmale bürokratischer Organisationssysteme scheinen Konditionalprogramme und Hierarchien vor allem in sicheren Umwelten erfolgreich Anwendung zu finden. Wo Informationen jedoch nur begrenzt verfügbar und mehrdeutig sind, wo Konsequenzen aufgrund der Komplexität und Wandelbarkeit der Situation nur schwer abgeschätzt und vieldeutige Ziele nicht in eine konsistente Ordnung gebracht werden können, gewinnen die Prämissen „Kultur" und „Person" unter Umständen eine größere Bedeutung.

> „Die drei Arten von Entscheidungsprämissen können sich wechselseitig ersetzen. Wenn eine Organisation weniger Wert auf qualifiziertes Personal legt, werden voraussichtlich die Anforderungen an die Qualität der Entscheidungsprogramme und an die Organisation der Kommunikationswege steigen. Wenn Hierarchien abgebaut werden, dann entsteht der Druck, dass das Personal besser qualifiziert ist oder die Programme treffsicherer gestaltet werden" (Kühl 2001: 216).

Eine Fallstudie zum Erfolg von Gruppenarbeit liefert den Befund, dass in solchen dezentralen, ganzheitlich orientierten Arbeitsorganisationsformen nicht nur hierarchische Kommunikationswege und Konditionalprogramme, die in tayloristischen Produktionssettings dominieren, abgebaut und durch Zweckprogramme ersetzt werden (Kühl 2001). Darüber hinaus gewinnt im Zuge dieser Reorganisation die Prämisse „Personal" erhebliche Bedeutung – mit destabilisierenden

Folgen für die Organisation. Das Funktionieren von Gruppenarbeit ist zum einen hoch sensibel gegenüber der Mitwirkung oder eben Nicht-Mitwirkung Einzelner. Wenn die Gruppenarbeit von Meistern oder Führungskräften unterlaufen wird, verkommt sie schnell zur bloßen Fassade. Zum anderen verursachen Fluktuationen im Personalbestand große Probleme bei der Gruppenarbeit. Sowohl die Integration neuer Mitarbeiter in bestehende Verpflichtungsnetzwerke als auch das Wegbrechen von bekannten Personen führen zu massiven Reibungen, Enttäuschungen und innerer Kündigung. Zur Aufrechterhaltung eines funktionierenden Gruppenarbeitssystems bedarf es schließlich permanenter Investitionen in die Personalentwicklung. Die Prämisse „Personal" erweist sich also als äußerst fragil und instabil.

Folgt man der institutionalisierten Vorstellung von Organisationen würde man erwarten, dass das Entscheiden einerseits und das Entscheiden über Entscheidungsprämissen andererseits auf unterschiedliche Hierarchieebenen verteilt sind. „Oben" könnten dann Prämissen festgelegt werden, die nur noch wenig Unsicherheit übrig lassen und auf unteren Ebenen begrenzt rationales Entscheiden ermöglichen. Die Willkür der Zwecksetzung und damit das Gros an Unsicherheit würde dann an der Spitze konzentriert. In Situationen hoher Unsicherheit ist es für die höheren Hierarchieebenen jedoch nicht möglich, mit Hilfe von Prämissen einen stabilen Rahmen für die untergeordneten Bereiche zu schaffen und damit ein begrenzt rationales Entscheiden zu ermöglichen. Entscheidungsprämissen bergen in diesem Falle selbst ein hohes Maß an Unsicherheit und müssen in den sich auf sie beziehenden Entscheidungen interpretiert, konkretisiert oder erst entwickelt werden. Wird die Unsicherheit in dieser Weise an die Entscheider weitergegeben und damit die Anforderungen an deren Absorption von Unsicherheit gesteigert, wird man erwartbar auf Entscheidungsstile stoßen, die vom Modell des begrenzt rationalen Entscheidens mehr oder weniger stark abweichen. Begrenzt rationales, „konsequenzenlogisches" Entscheiden (March 1999), d. h. die Wahl derjenigen Alternative, die im Lichte einer konsistenten Präferenzordnung den höchsten Nutzen verspricht, steht in dem Ruf, nur in Situationen von vergleichsweise geringer Komplexität möglich zu sein (Lindblom 1959/1975).

Wenn Präferenzen zeitlich instabil, sachlich mehrdeutig und sozial umstritten sind, ferner Informationen über die zur Entscheidung stehenden Alternativen, nur begrenzt zur Verfügung stehen und auf unterschiedliche Art und Weise interpretiert werden können, wird man mit Entscheidungstechniken rechnen müssen, wie sie von der rationalitätskritischen empirischen Entscheidungsforschung beschrieben werden, etwa dass über Entscheidungsprämissen und Entscheidungen gleichzeitig disponiert wird und dass sich beide in Bezug aufeinander im Laufe des Entscheidungsprozesses entwickeln und konkretisieren (Lindblom 1959/1975: „muddling through"); dass Probleme nur vage formuliert und stattdessen mit präferierten, als angemessen geltenden Handlungen begonnen wird, um die Problemdefinitionen hinterher zu spezifizieren (Starbuck 1982: „action generating mode"); dass Anspruchsniveaus entsprechend den Handlungsresultaten korrigiert und angepasst werden (March 1999); dass Entscheidungsprämissen und Lösungen eher zufällig zueinander finden (Cohen et al. 1972/1990: „garbage can model"); dass Handlungen erst nachträglich im Lichte von Entscheidungsprämissen interpretiert werden, um sie sich verständlich zu machen und zu legitimieren (Weick 1969/1998). Im Falle der Widersprüchlichkeit von Entscheidungsprämissen werden Entscheidungen, Prämissen und vollzogene Handlungen entkoppelt (Brunsson 1982: „hypocrisy"). Solche Inkonsistenzen zwischen Handlungen und Zielen müssen als normal (March 1999), angesichts vielfältiger Umwelterwartungen sogar als funktional angesehen werden (Brunsson 2003).

Aus diesen Befunden lässt sich ein alternatives Entscheidungsverständnis destillieren. In im Hinblick auf Präferenzen und Informationen unsicheren und mehrdeutigen Situationen sind Entscheider weniger mit dem Abwägen von Konsequenzen („logic of consequences"), als mit der Anfertigung von Interpretationen und Geschichten beschäftigt, innerhalb derer sich die Entscheidung entwickeln und als konsistent und angemessen darstellen und damit rechtfertigen lässt („logic of appropriateness"). Was als angemessen erscheint, richtet sich dabei nach den „rules of appropriateness", die aus personalen, beruflichen oder organisationalen Identitäten oder Rollenerwartungen erwachsen (March 1999). Informationen und Präferenzen sind dem Entscheidungsprozess nicht vorgängig, sie müssen vielmehr im Verlauf des Entscheidungsprozesses konstruiert oder interpretiert werden – und dieser Deutungs- oder Interpretationsprozess orientiert sich an Angemessenheitsregeln, die aus Identitäten erwachsen. Zwischen Entscheidungen und Entscheidungsprämissen besteht dann insofern ein rekursives oder ko-evolutives Verhältnis, als Präferenzen und Ziele aber auch Informationen zu den Outputs solcher Entscheidungsprozesse gehören (March 1999). Intransitiv ist aber auch das Verhältnis von Identität und Entscheidungsprozess, weil Identitätskonzeptionen solchen Entscheidungen zugleich zugrunde liegen und durch sie bestätigt werden (Weick 1995). Angemessenheitsregeln können nicht als gegebene „Institutionen" vorausgesetzt werden (Beckert 1996), sie müssen in den Entscheidungsprozessen auch gesucht, aufgebaut oder – bei multiplen Identitäten – miteinander in Einklang gebracht werden.

Folgt man diesen Überlegungen, dann kommt bei diesen Entscheidungsstilen organisationalen Identitätskonstruktionen erwartbar eine erhebliche Bedeutung zu. Wenn davon auszugehen ist, dass im Bereich der Personalarbeit mit hoher Unsicherheit umgegangen werden muss und deshalb Entscheidungsstile zu finden sind, wie sie hier beschrieben wurden, dann liegt die Vermutung nahe, dass organisationale Selbstverständnisse einen starken Einfluss auf die Personalpolitik ausüben. In der abschließend vorgestellten Fallstudie möchte ich dieser These nachgehen. Der Darstellung der Fallstudie möchte ich eine Klärung des Begriffs der organisationalen Identität vorausschicken und dessen Verhältnis zur Kulturprämisse weiter klären. Zuvor soll jedoch noch der Versuch unternommen werden, vor dem Hintergrund des erarbeiteten Organisationsbegriffs einzelne Aspekte der oben referierten Paradigmen zu integrieren.

2.4 Personalpolitik in einer differenzierten Umwelt – ein Integrationsversuch

Ausgangspunkt meiner Argumentation war die Beobachtung, dass in den einschlägigen theoretischen Versuchen, sich einen Reim auf organisationale Personalpolitiken zu machen, der Eigendynamik von Organisationen zu wenig Beachtung geschenkt wurde. Personalpolitische Entscheidungen können nicht aus Unternehmenszielen, Marktzwängen, aus Eigentumsverhältnissen oder institutionellen Vorgaben abgeleitet werden, vielmehr sind sie auf interpretatorische Vorleistungen angewiesen, die sie selbst erbringen müssen. In diesem Sinne finden organisationale Entscheidungen Orientierung an anderen organisationalen Entscheidungen. Mit dem dargestellten systemtheoretischen Organisationsbegriff erhält man die Möglichkeit, solche rekursiven Ordnungsbildungsprozesse zu modellieren. Danach sind Organisationen Systeme, die im Prozess der Produktion von Entscheidungen mit Hilfe von Entscheidungen, eine Grenze zwischen sich und ihrer Umwelt etablieren, die sie der Selektion weiterer Entscheidungen zugrunde legen. Die Einheit der Organisation wird durch die fortdauernde Verkettung von Operationen verbürgt. Gesteuert wird diese Verkettung durch die Bezugnahme von Entscheidungen auf Entscheidungsprämissen, über die im System entschieden wurde. Dieses Modell lässt zunächst einmal Raum, den Aufbau von Entscheidungsprämissen bzw. Strukturen als kontingente Leistung des Systems aufzufassen. Strukturen müssen im System selbst generiert, sie können verändert und ausgetauscht werden. Das Modell, das die Systemtheorie anbietet, ist darüber hinaus variabel sowohl hinsichtlich der Frage nach dem Verhältnis der Entscheidungsprämissen zueinander, als auch im Hinblick auf die Frage nach den Entscheidungsstilen, also dem Verhältnis von Entscheidungsprämissen zu Entscheidungen. Das rekursive Verhältnis zwischen Entscheidungen und Entscheidungsprämissen kann etwa einerseits hierarchisch, andererseits aber auch prozesshaft-inkrementell entfaltet werden. Das Organisationsverständnis ist nach dieser Konzeption also kompatibel mit unterschiedlichen Entscheidungsstilen aber auch mit unterschiedlichen strukturellen Designs. Systeme sind in der Lage, mit widersprüchlichen oder inkonsistenten Strukturarrangements zu operieren, etwa indem sie die fraglichen Strukturen nacheinander oder parallel in verschiedenen Subsystemen zum Einsatz bringen. Sie können zwischen verschiedenen Strukturkonstellationen hin und her schalten. Der Strukturaufbau vollzieht sich im Selbstkontakt zugleich jedoch in Wechselbeziehung mit der Systemumwelt. Rekursiv gebaute Organisationssysteme gewinnen ihre Form durch die Bezugnahme auf eine Umwelt, die sie nach Maßgabe ihrer internen Ordnung interpretieren und gestalten. Aus diesen Interaktionsprozessen erwachsen unterschiedliche Anforderungen, die als Entscheidungsprämissen in die Organisation Eingang finden können. Die Vielfalt der Entscheidungsprämissen ergibt sich aus der Notwendigkeit für die Organisation, mit verschiedenen Umwelten ihr Auskommen finden zu müssen.

Dieses Modell bildet die theoretische Grundlage, Effizienzkriterien oder Legitimitätsstandards als Produkte der Organisation zu verstehen, die in internen Kommunikationsprozessen hervorgebracht werden. Im Rahmen der rekursiven organisationalen Entscheidungsprozesse wird diejenige Unsicherheitsabsorption geleistet, die zu beurteilen erlaubt, was als effizient und legitim betrachtet werden kann und welche Positionen und welches Wissen dem jeweiligen Kontrolleur Machtgewinne versprechen. Allgemeiner formuliert: Diejenigen Einflussfaktoren, die in den oben dargestellten theoretischen Erklärungen organisationaler Personalpolitiken als unabhängige Variablen angesetzt werden, können auf der Ebene der Entscheidungsprämissen, über die organisationsintern entschieden wird, wieder eingeführt werden. Der im Neo-Institutionalismus hervorgehobene Einfluss gesetzlicher Vorgaben etwa kann als Orientierung an Konditionalprogrammen rekonstruiert werden, mit denen sich die Organisation an ihre rechtliche Umwelt anpasst. Die im strategischen Human Resource Management unterstrichene Bedeutung der Unternehmensstrategie würde als Orientierung an Zweckprämissen gefasst. Der Relevanz der Hierarchie, die in machttheoretischen Ansätzen betont wird, kann durch die Beobachtung von Kommunikationswegen Rechnung getragen werden.

Die Integration der Paradigmen auf dieser Ebene setzt einen „Trick" voraus, nämlich die Reduktion derselben auf ihre Operationalisierungen, also auf diejenigen Einflussgrößen, die in den jeweiligen empirischen Untersuchungen beobachtet werden. Die Paradigmen werden also auf ganz konkrete Faktorensets verkürzt, die sich dann als Entscheidungsprämissen bzw. spezifische Umweltausschnitte deuten und in die Theorie autopoietischer Systeme einbinden lassen. Damit erspart man sich den unfruchtbaren Streit, ob etwa die neo-institutionalistische Beobachtung, dass die US-amerikanische Politik aufgrund der Knappheit der Arbeitskräfte während des 2. Weltkrieges zu staatsinterventionistischen Methoden greift und damit die Entstehung von Personalabteilungen anstößt, eine effizienztheoretische Perspektive auf Organisationen und ihre Personalpolitiken tatsächlich widerlegt. Weiterführender ist die Alternative, Recht und Politik als relevante Umwelten neben der Wirtschaft einzuführen und dann zu untersuchen, wie diese Umwelten in der Organisation beobachtet und in Entscheidungsregeln umgesetzt werden.

In ähnlicher Weise verfahren Tolbert/Zucker (1983). Die Integration effizienztheoretischer und neo-institutionalistischer Ansätze wird hier dadurch geleistet, dass zu unterschiedlichen Zeiten unterschiedliche Einflussfaktoren dominant werden. In den Anfangsphasen der Diffusion neuer personalpolitischer Praktiken komme strategischen oder problembezogenen Faktoren mehr Erklärungskraft zu als institutionellen, in späteren Phasen ist es genau umgekehrt. Diejenigen Organisationen, die als Erste neue Praktiken implementieren, tun dies in dem Bestreben, manifeste organisationale Probleme zu lösen. Sind diese Praktiken jedoch einmal etabliert, greifen Nachahmungs- und Imitationsprozesse die legitimitäts- und nicht problemgetrieben sind. Ein anderes Beispiel, wenngleich mit weniger direktem Bezug zur Personalpolitik, liefert Antonio (1979). Die Einführung eines rationalisierten Verwaltungsapparates im Römischen Imperium hat zunächst die Steigerung der Effizienz des Verwaltungshandels zum Ziel. Die Bürokratie gerät dann aber zunehmend zu einem Instrument, das allein die Herrschaftsinteressen seiner Kontrolleure bedient. Das geht auf Kosten der Bereitstellung sozial nützlicher Dienstleistungen und beraubt die Verwaltungsorganisation schließlich der Grundlagen ihrer eigenen Existenz.

Die Systemtheorie liefert den Organisationsbegriff, auf dessen Grundlage man solche Strukturwechsel konzipieren kann. Welche Strukturen wann und in welchen Mischungsverhältnissen verfolgt werden, inwieweit sich der Strukturaufbau an institutionellen Umwelten, an Eigentümerstrukturen oder an Zielen und betrieblichen Problemen orientiert, muss dann empirisch beantwortet werden. Vermuten könnte man z.B., dass Organisationen ohne spezifisches, evaluierbares Produkt einem erhöhten Legitimationsdruck im Hinblick auf die Herstellungsprozesse unterliegen (Brunsson 2003). Wenn man sich darauf konzentriert, welche Variablen in den verschiedenen Erklärungsprogrammen in den Blick genommen werden und diese dann als Entscheidungsprämissen resp. Umweltsegmente in den hier vorgestellten Theorieapparat integriert, bietet das also den großen Vorteil, die Frage danach, welche dieser Variablen den größten Einfluss hat, an die empirische Forschung verweisen zu können. Beantwortet wird diese Frage im Feld selbst, d. h. in den jeweiligen rekursiven Auseinandersetzungsprozessen von Organisationen mit ihren Kontexten. Vor dem Hintergrund eines systemtheoretischen Organisationsmodells ist es durchaus möglich, dass unterschiedliche Entscheidungsprämissen in unterschiedlichen Situationen die

Führung übernehmen und dass Organisationen zwischen verschiedenen Orientierungen oszillieren, dass sich die Erklärungskraft unterschiedlicher Faktoren also situativ verändern kann. Eine solche Konstellation erscheint naheliegend, wenn man unterstellt, dass Organisationen in differenzierten Umwelten überleben müssen. In solchen differenzierten Umwelten muss Personalpolitik unterschiedliche Orientierungen gleichzeitig verfolgen, die in einem potentiell konfligierenden Verhältnis zueinander stehen können und dann miteinander vermittelt werden müssen. Organisationen müssen nicht nur den gestalteten Erwartungen ihrer Beschäftigten, deren Status- und Karriereinteressen Rechnung tragen, d. h. sich an psychische Umwelten anpassen, sie müssen zugleich die Eigentümerstruktur, rechtlich-politische, wissenschaftlich-professionelle, technologische, markt- und produktbezogene sowie kulturelle Faktoren berücksichtigen. Personaler müssen im Blick behalten, was ihre Vorgesetzten denken, was vergleichbare Unternehmen tun und was die öffentliche Meinung gerade goutiert. Neben der paradoxen Konstituierung der Organisation selbst, die widersprüchliche Verhaltensweisen erforderlich macht, ist es vor allem die Differenzierung der Umwelt, die dafür sorgt, dass die Personalpolitik durch unterschiedliche Logiken geprägt ist und es deshalb erwartbar mit Widersprüchen zu tun bekommt (Neuberger/Wimmer 1998; Neuberger 2006: 170 ff). Die Personalpolitik muss Legitimations- und Effizienzerfordernisse gegeneinander austarieren, d. h. das Personal sowohl instrumentalisieren als auch als Selbstwert behandeln. Marktschwankungen können es für Organisationen erforderlich machen, den Personalbestand kurzfristig zu reduzieren. Diese Flexibilität wirft jedoch Anpassungsprobleme in der psychischen Umwelt der Organisation auf. Sie untergräbt das *commitment* der Beschäftigten, das die Voraussetzung für die flexible Zuweisung von Personal zu Aufgaben ist (Tsui et al. 1995). Oder: Die Programmierung von Entscheidungen sichert die Erhaltung der Grenze der Organisation in einer unkontrollierbaren Umwelt. Dieser Mechanismus kann jedoch in Konflikt geraten mit den Selbstdarstellungsinteressen der Mitglieder (Luhmann 1971: 134 ff). Der Mensch verschwindet hinter dem Programm. Die Personalpolitik einer Organisation muss dann Kompensationsmöglichkeiten anbieten, etwa im Bereich des informellen Kontakts mit Kollegen oder der Karrieremöglichkeiten oder durch eine stärkere Gewichtung der Entscheidungsprämisse Person.

Dabei darf nun umgekehrt nicht der Eindruck entstehen, Organisationen könnten beliebig ihre Entscheidungsprogrammierungen austauschen oder nach Gutdünken die Grundlagen ihrer Orientierung wechseln. Die Veränderung einmal etablierter Programme ist schwierig, und im Verlauf der Interaktionsgeschichte einer Organisation mit ihrer Umwelt bilden sich Pfadabhängigkeiten, die organisationalen Entscheidungen „harte" Widerstände bieten können. Eine Verwaltung kann sich nicht dagegen entscheiden, rechtskonform zu handeln, also die Programmierung ihrer Entscheidungen am Rechtssystem zu orientieren. Die „Multireferentialität" von Organisationen (Bora 1997) zeichnet sich aber eben dadurch aus, dass diese Verwaltungen auch politisch beobachten, auf wissenschaftliche Expertise zugreifen oder die Partizipation betroffener Leistungsempfänger zulassen. Dieser plurale Referenzrahmen bietet nicht nur Orientierung, sondern auch Unsicherheiten. Innerhalb dieses polykontexturalen Settings kann die Organisation Prioritäten setzen, die von einem externen Beobachter als „Politisierung", „Verwissenschaftlichung" oder „Verrechtlichung" gedeutet werden können und sie muss Mechanismen erfinden, wie zwischen den widersprüchlichen Bezugsrahmen ein Ausgleich arrangiert werden kann.

Auf einer systemtheoretischen Grundlage gelangt die Reflexion über organisationale Personalpolitiken schließlich über eine bloße Aufzählung von möglichen Einflussfaktoren hinaus. Solche Sammellisten bieten etwa Tsui et al. (1995) oder Jackson/Schuler (1995). Von weiterer empirischer Forschung zur Wirkungsweise einzelner dieser Variablen ist nur ein eingeschränkter Erkenntnisgewinn zu erwarten, solange sie sich nicht in einen theoretischen Bezugsrahmen verorten können, der diese Wirkungsweise zu spezifizieren erlaubt. Die Theorie selbstorganisierter Systeme erlaubt genau dies. Sie macht verständlich, warum unterschiedliche Organisationen von unterschiedlichen Faktoren beeinflusst werden. Über die Benennung empirischer Zusammenhänge hinaus ergründet sie deren Zustandekommen. Sie erklärt nicht nur die immense Menge an Einflussfaktoren, sondern auch die typische Widersprüchlichkeit der Befunde, etwa die wechselnde Stärke der Einflussvariablen. Es liegt eben an der spezifischen Art und Weise der Selbstorganisationen, für welche Umwelten Organisationen Sensibilitäten ausprägen und was in der Organisation Strukturwert gewinnt. In welchem Maße sich Organisationen an Gewerkschaften, an staatlichen Kontrollen, an anderen Organisationen derselben Branche oder an Management-Moden orientieren und welche Folgen die Lage auf den Arbeitsmärkten, technologische Entwicklungen sowie Unternehmensgrößen, -strukturen und -strategien entfalten, hängt eben vom Eigensinn der einzelnen Organisationen in ihren jeweiligen disziplinierenden und disziplinierten Umwelten ab. Aufgrund der Nicht-Trivialität von Organisationen ist es nicht möglich, dazu generelle Vorhersagen zu machen. Stattdessen wird es der empirischen Forschung nicht erspart bleiben, sich konkreten Einzelfällen zu widmen.

3 Fallstudie – Organisationale Identität und Personalpolitik

Folgt man den Überlegungen aus dem vorangegangenen Kapitel, dann sind Personalpolitiken als das Ergebnis der rekursiven Verkettung organisationaler Entscheidungen zu begreifen. Durch die Verbindung der systemtheoretischen Organisationstheorie mit Beobachtungen der verhaltenswissenschaftlichen Entscheidungstheorie gelangt man zu einem Modell organisationsinterner Entscheidungsdynamiken und kann damit eine Lücke schließen, die in Erklärungsangeboten klafft, die unter den Überschriften *Effizienz, Macht* und *Legitimation* im vorderen Teil der Arbeit kritisch gewürdigt wurden. Die Fruchtbarkeit dieser Perspektive soll im Folgenden an einem empirischen Fall geprüft werden. Am Beispiel eines deutschen Stahlunternehmens soll die Konstruktion von Personalpraktiken im Netzwerk organisationaler Entscheidungen nachvollzogen werden. Der Fokus liegt dabei auf einer Entscheidungsprämisse, die in den vergangenen Jahren verstärkt Aufmerksamkeit auf sich gezogen hat: die „organisationale Identität". Sie geht empirisch der oben formulierten Vermutung nach, dass von den Identitätskonstruktionen einer Organisation ein erheblicher Einfluss auf deren Personalpolitik ausgeht.

In einem ersten Schritt möchte ich den Diskurs über organisationale Selbstbilder nachzeichnen und den aktuellen Forschungsstand aufarbeiten. Daran anschließend soll das Verhältnis der organisationalen Identität zu den oben erläuterten Entscheidungsprämissen diskutiert werden. Durch die Einbettung des Identitätsdiskurses in einen systemtheoretischen Rahmen können begriffliche Unklarheiten beseitigt und vermeintlich widersprüchliche bisherige Befunde integriert werden. Auf der Grundlage der empirischen Daten aus der Fallstudie kann gezeigt werden, dass die Identität der Organisation keine Letztinstanz, kein Stabilität und Kontinuität verbürgendes Fundament ist. Vielmehr kann eine Organisation über mehr als eine Identität verfügen. Dadurch entsteht die Notwendigkeit, die Identitäten der Organisation ihrerseits zu organisieren. Identitäten liegen Entscheidungsprozessen nicht nur zugrunde, sie müssen in diesen Entscheidungsprozessen auch gewählt, kombiniert und miteinander vermittelt werden. Begreift man die Identität als Struktur, dann kann vor dem Hintergrund des systemtheoretischen Organisationsmodells plausibel verständlich gemacht werden, dass Organisationen in der Lage sind, zwischen verschiedenen Identitäten (= Strukturen) hin und her zu springen. Mit dieser Idee lässt sich der in der Identitätsforschung üblicherweise gesehene Gegensatz zwischen homogenen und multiplen Identitäten auflösen. Stattdessen muss die Möglichkeit in Betracht gezogen werden, dass Organisationen zwischen diesen Extrempolen oszillieren, also einheitlich und fragmentiert zugleich sein können.

3.1 Organisationale Identität

Der Diskurs über die organisationale Identität wurde vor allem im angloamerikanischen Sprachraum geführt (Hatch/Schultz 2004), mittlerweile gibt es jedoch auch einige deutschsprachige Beiträge zu diesem Forschungsstrang (Angerhausen 2003; Hiller 2005; Paetow 2005; Rometsch 2008; Scheidemann 2009). In der wachsenden Fülle an Publikationen werden zum Teil divergierende Auffassungen vertreten, wie organisationale Identität begriffen werden muss (Corley et al. 2006). Als Konsens scheint sich jedoch abzuzeichnen, dass Identität nicht als unveränderlicher Seinskern, als das wahre Selbst oder Seele der Organisation zu verstehen ist, sondern als kommunikative Konstruktion (Czarniawska-Joerges 1994), die sowohl zeitlicher Dynamik unterliegt (Gioia et al. 2000; Hatch/ Schultz 2002) als auch in sozialer Hinsicht multiple Gestalten annehmen kann. Identitäten werden in Interaktion mit signifikanten Anderen entdeckt und erfunden: Man wird wissen, wer man ist, wenn man sieht, was man gesagt hat; retrospektiv erkennt man an den Reaktionen der Anderen die eigene Besonderheit (Weick 1969/1998). So schildern Porac et al. (1989) den Fall, in dem schottische Strickwarenfabrikanten die eigene traditionelle Handarbeit erst dann als Qualitätsstrategie und als sie kennzeichnendes Charakteristikum deuten, als sie beobachten, wie andere Produzenten mit Hilfe modernerer Technologie größere Mengen zu niedrigeren Preisen produzieren können. Identität kann nicht als zeit- und situationsbeständige Größe verdinglicht werden, die als natürliche Eigenschaft von Handlungskollektiven objektiv gegeben ist, vielmehr ist sie das Resultat kontingenter Beobachtungen, wobei Beobachtung Handeln und Erleben umgreift.

Ich möchte mich mit gewissen Abweichungen anlehnen an einen Definitionsvorschlag von Seidl (2005), der organisationale Identität innerhalb eines systemtheoretischen Bezugsrahmens zu konzipieren versucht. Organisationale Identität wird dabei als eine *Selbstbeschreibung* der Organisation gefasst. Selbstbeschreibungen sind strukturelle Anhaltspunkte für Selbstbeobachtungen, d. h. für Operationen des Systems, die auf das System als Ganzes Bezug nehmen.

„Sobald ein Bedarf aufkommt, Selbstbeobachtung durch strukturelle Vorgaben zu steuern und sie nicht ganz der jeweiligen Situation zu überlassen, wollen wir von Selbstbeschreibungen sprechen. Die Beschreibung fixiert eine Struktur, einen ‚Text' für mögliche Beobachtungen, die dadurch geführt und besser erinnert, besser tradiert, besser aneinander angeschlossen werden können" (Luhmann 1987: 161).

Seidl (2005: 80) unterscheidet diese integrative Funktion – Selbstbeschreibungen erleichtern das gegenseitige Auffinden organisationaler Operationen – von der operativen Funktion von Selbstbeschreibungen – sie dienen als Entscheidungsprämisse und regulieren, welche Entscheidungen getroffen werden. Selbstbeschreibungen werden im System angefertigt, sie müssen kommuniziert, d. h. verstanden werden und sich im Zusammenspiel unterschiedlicher Kommunikationspartner bewähren. Sie können also nicht als Produkte von Individuen konzipiert werden. Sie gehen aus ad hoc anfallenden Selbstbeobachtungen hervor, geben diesen jedoch eine meist schriftliche und damit zeitbeständigere Form. Sie werden in Form von Selbstbeobachtungen aktualisiert oder angewandt, wobei „Anwendung" einen Interpretationsprozess beinhaltet, also sowohl Reproduktion als auch Abweichung beinhalten kann (Ortmann 2003). Unter organisationalen Selbstbeschreibungen könnte man etwa „Leitbilder" oder vergleichbare offizielle Dokumente über Vision und Selbstverständnis eines Unternehmens verstehen. Spontane Selbstbeobachtungen bleiben möglich, unterliegen dann jedoch größeren Legitimationspflichten. Ferner mag es durchaus stabile Selbstbeobachtungen geben, die nicht auf eine strukturelle Führung durch Texte zurückgreifen, die nur mündlich tradiert werden und deshalb auch nicht denselben Konsistenzzwängen unterliegen wie ein schriftlicher Text.

In diese begriffliche Bestimmung lässt sich die klassische und am häufigsten benutzte Definition organisationaler Identität von Albert/Whetten (1985), als die Summe derjenigen Eigenschaften einer Organisation, die von den Mitgliedern als *zentral, stabil* und *charakteristisch* bzw. *unterscheidend* wahrgenommen werden, problemlos einbetten, denn auch hier wird die Identität einer Organisation als Bild oder Beschreibung der Organisation verstanden. Anders als in der Definition von Albert/Whetten (1985) kann mit einem systemtheoretischen Ausgangspunkt aber erst einmal offen gelassen werden, ob Selbstbeschreibungen inhaltlich auf Eigenschaften des Systems Bezug nehmen, die als besonders *zentral, stabil* und *charakteristisch* wahrgenommen werden – es ist durchaus denkbar, dass Organisationen keine zeitstabilen Eigenschaften an sich wahrnehmen, dass sie die Ähnlichkeiten zu anderen Organisationen unterstreichen und sich z.B. aufgrund etwa eines hohen Maßes an Differenzierung weigern, ihre Eigenschaften nach Maßgabe ihrer Zentralität zu gewichten.

Bei Selbstbeschreibungen handelt es sich um selektive oder simplifizierende Beobachtungen der Einheit des Systems. Selbstbeschreibungen sind keine erschöpfenden Repräsentationen des Systems, auf das sie sich beziehen, sondern die Konstruktionen eines Beobachters, der die Komplexität des Gegenstandes stark reduziert. Selbstbeschreibungen können niemals vollständig sein, weil sie im System angefertigt werden, also dem System, das sie beschreiben, etwas hinzufügen, das sie eigentlich mitbeschreiben müssten (aber nicht können). Die Einheit des Systems wird durch dessen Autopoiesis verbürgt, d. h. sie verdankt sich der kontinuierlichen Reproduktion der System-Umwelt-Differenz durch die Verkettung der sich wechselseitig als zum System gehörig definierenden Operationen. Im Gegensatz zu denjenigen Selbstbeobachtungen oder -beschreibungen, die auf das System als Ganzes Bezug nehmen, bezeichnet Luhmann (1981c: 104) diese wechselseitige Bezugnahme der Operationen aufeinander als *basale* Selbstreferenz bzw. *basale* Selbstbeobachtung. Diese mitlaufende Selbstbeobachtung ist gleichsam ständig aktiviert und Bedingung der Existenz des Systems. In der Verkettung der Operationen des Systems kondensieren Strukturen, die die weitere Verkettung prägen, d. h. die Geschichte des Systems beeinflusst die weitere Informationsverarbeitung. Jedes System erhält so im Laufe seiner Geschichte ein je einzigartiges Gepräge. Seidl (2005: 76) bezeichnet diese Ebene als die „Individualität" des Systems, im Anschluss an Hahn (1988: 92) könnte man von einem impliziten Selbst sprechen. Das implizite Selbst ist der Inbegriff aller im Laufe eines Lebens erworbenen Dispositionen und Gewohnheiten, das Habitusensemble. Es wird im Falle von Einzelpersonen etwa in der Handschrift sichtbar. Selbstbeschreibungen dagegen können auch als explizites Selbst bezeichnet werden, das auf Portraits, in Tagebüchern oder Biographien präsentiert wird. Solche Selbstthematisierungen unterliegen sozialen Konditionierungen. Sie spiegeln wachsende Handlungsspielräume wider, die dazu führen, dass man aus der jeweiligen Gegenwart nicht mehr ohne Weiteres Schlüsse ziehen kann auf die Vergangenheit, die zu ihr geführt hat oder auf die Zukunft, die sie erwartbar scheinen lässt. Die Erschütterung sozialstruktureller und weltanschaulicher Gewissheiten befördert die Verzeitlichung von Selbstbeschreibungen und die Verbreitung von institutionellen Biographiegeneratoren, wie etwa der Beichte oder dem Geständnis, mit denen der gesteigerte Kontrollbedarf durch eine stärkere Gewichtung der Selbstbeobachtung aufgefangen werden kann (Hahn 1988). Anders als das explizite Selbst, meint das implizite Selbst keine einzelne, spezifische Struktur, sondern die Gesamtheit der strukturierten Verkettung von Operationen. Im Beispiel der Handschrift etwa symbolisiert das Schreiben die Fortsetzung der autopoietischen Reproduktion. Diese kann sich unterschiedlicher Strukturen bedienen – man kann schön oder krakelig schreiben. Explizite Selbstbilder oder Beschreibungen des Schreibenden gehören nicht zwangsläufig zu diesen Strukturen, vielmehr ist es eine empirische Frage, ob Selbstbildern ein solcher Strukturwert zukommt. Natürlich muss das System auch auf einer operativen Ebene die System/Umwelt-Unterscheidung handhaben, sich also selbst beobachten können, das bedeutet aber nur, dass es unterscheiden können muss, was zu ihm gehört und was nicht. Differenzierte Organisationssysteme leisten dies mit Hilfe der Mitgliedschaftsrolle (Luhmann 1988a), die die Identifizierung systemeigener Operationen und damit die Einheit des Systems sicherstellt. Soziale Systeme können sich also auch ohne explizite Selbstbilder reproduzieren. Ob solche Selbstbilder tatsächlich als Entscheidungsprämisse benutzt werden und damit in die Verkettung von Operationen eingreifen, ist die Forschungsfrage, der in der Fallstudie nachgegangen wird.

Mit der systemtheoretischen Fassung von organisationaler Identität als Selbstbeschreibung eines Systems kann der Konflikt zwischen essentialistischen und konstruktivistischen Perspektiven auf organisationale Identität, den etwa Corley et al. (2006: 90) identifizieren, vermittelt werden. Dabei dreht es sich um die Frage,

> „whether or not organizational identity exists as a social reality (or essence) apart from how individuals, collectives, top managers, or others represent (and perhaps create) the organization's identity through symbols and language."

Stellt also die organisationale Identität eine vom Wünschen, Wollen und Wahrnehmen der Beteiligten unabhängige Realität dar, die untersucht, beurteilt und gemanagt werden kann oder ist sie das Resultat sozialer Konstruktionsprozesse, also abhängig vom Reden und Handeln der Akteure? Um sozial wirksam zu werden, müssen organisationale Selbstbeschreibungen kommuniziert, mitgeteilt, verstanden und bestätigt werden. Selbstbeschreibungen existieren also nicht allein im Kopf eines Organisationsmitglieds, es handelt sich um einen Ausschnitt der *sozialen* Wirklichkeit, die gemeinschaftlich produziert und keinem Individuum alleine zugerechnet werden kann. Vor einem systemtheoretischen Hintergrund ist die Identität *der Organisation* also nicht bloß eine, eigentlich unzulässige, Metapher, mit der ein Begriff, der auf der Individualebene Sinn macht, auf einen völlig anders gearteten Gegenstand übertragen und dieser damit reifiziert wird (Cornelissen 2002); vielmehr ist die Identität emergentes Resultat des Zusammenspiels einer Vielzahl von Beteiligter und insofern genuines Produkt der Organisation und nicht einfach nur die Summe der Gedanken, die sich Mitglieder über die Organisation machen. In dieser Sichtweise ist die organisationale Identität einerseits eine kommunikative Konstruktion, ein soziales Artefakt, das nur solange existiert wie es kommunikativ in Betrieb gehalten wird. Zugleich ist sie als soziale oder kommunikative Wirklichkeit jedoch eine gegenüber den involvierten Bewusstseinssystemen relativ unabhängige Realität, zu der individuelle Mitglieder Distanz haben können oder die gegenüber abweichenden Beschreibungen von einzelnen Mitgliedern ein gewisses Beharrungsvermögen besitzt. Wann solche Ablehnungen eine kritische Masse erreichen, um eine Umschrift von Selbstbeschreibungen zu erzwingen, ist eine empirische Frage. Ohne sie als objektive Eigenschaft des Systems zu verdinglichen, kann damit die organisationale Identität als kommunikatives Konstrukt von der psychischen Wirklichkeit stärker abgekoppelt und erst einmal offen gelassen werden, in welchem Maße Einzelmenschen bei sich selbst an diese organisationalen Selbstbeschreibungen tatsächlich glauben.

Eine Vielzahl an empirischen Befunden scheint die These zu bestätigen, dass Selbstbeschreibungen den organisationalen Handlungen und Entscheidungen Orientierung bieten, d.h. Einfluss nehmen auf die Verknüpfung der Operationen des Systems. Das systemtheoretische Design erlaubt, diese Frage nach dem Einfluss von Selbstbeschreibungen als Variable zu behandeln, während in anderen, in der Literatur verfügbaren Definitionen ein solcher Einfluss bereits in die begriffliche Bestimmung der organisationalen Identität gezogen wird.

> „By organizational identities we refer to engaging and influential conceptualizations of the organization, which are relatively shared by members and/or upheld by its leaders" (Lerpold et al. 2007: 2).

Wenn man die organisationale Identität auf diese Art und Weise definiert, macht die Untersuchung der Frage, ob organisationale Selbstbeschreibungen als Prämissen in Anspruch genommen werden, wenig Sinn und der Varianz der empirischen Befunde kann nur eingeschränkt Rechnung getragen werden. Empirisch zeigen sich unterschiedliche Formen der Verstrickung von Selbstbeschreibungen und der operativ hergestellten Einheit des Systems. Der Fall, den Porac et al. (1989) schildern, kommt einer selbsterfüllenden Prophezeiung sehr nahe. Sie beschreiben das Verhältnis von Selbstbeschreibung und operativer Ebene als einen „loosely coupled ‚enactment‘ process" (Ebd.: 400). Kognitive Karten werden durch das Handeln der Akteure objektiviert und treten dann den Akteuren als gestaltete äußere Umwelt gegenüber, der Informationen abgewonnen werden können, die diese Karten bestätigen. Das Selbstverständnis als Produzent von handgefertigten, hochwertigen Strickwaren für die Oberschicht beeinflusst die bereits zitierten schottischen Textilunternehmen in ihrer Wahl der Produktionstechnik und der Vertriebswege und lenkt den Blick auf bestimmte Unternehmen, die vor dieser Selbstbestimmung als relevante Wettbewerber erscheinen. Durch diese Mechanismen wird der Informationsfluss, der zu der fraglichen Unternehmung zurückfließt, formatiert. „Lose gekoppelt" ist dieser Prozess der Gestaltung des Territoriums nach Maßgabe einer Karte, die sich auf dieses Territorium bezieht, insofern, als sowohl das Territorium als auch die Karten weiteren Einflüssen unterliegen und insofern nicht vollständig miteinander zur Deckung kommen.

Umgekehrt ist jedoch eine Entkopplung existierender Selbstbeschreibungen
ebenso denkbar. Aus einer neo-institutionalistischen Perspektive etwa erscheint
die Vorstellung eines konsistenten „enactments" (Weick 1995) organisationaler
Selbstbeschreibungen als erwartbar selten. Die in offiziellen Selbstbeschreibungen häufig behauptete Einheit des Systems steht dort unter dem Verdacht,
eine Anpassungsbemühung an institutionelle Umwelten zu sein, die die Inkonsistenz organisationaler Strukturen verdeckt (Brunsson 1995, 2003). Selbstbeschreibungen können unter diesen Vorzeichen von der operativen Ebene dauer-
haft entkoppelt werden, so wie auch kulturelle Semantiken der strukturellen
Entwicklung einer Gesellschaft hinterher hinken können (Luhmann 1987: 161).
Die strukturellen Voraussetzungen, die eine solche Entkopplung begünstigen,
sind bislang wenig erforscht. Dazu gehören könnte möglicherweise das Vorhandensein von Abteilungen, die sich „professionell", d. h. in rationalisierter Weise
mit dem Anfertigen von Selbstbeschreibungen beschäftigten, aber auch die Inhalte der Identität müssten in dieser Hinsicht berücksichtigt werden: Identitäten,
die sich auf das Produkt beziehen (Porac et al. 1989; Dutton/Dukerich 1991),
sind möglicherweise folgenreicher für die operative Ebene als schwer operatio-
nalisierbare Verhaltensnormen für den Umgang mit dem Personal, wie etwa
„Respektieren der Persönlichkeit" (Wittel 1997: 115). Ein Abschieben in die
völlige Bedeutungslosigkeit ist empirisch vermutlich ein Sonderfall. Entschieden
wird über diese Frage nach der Wirkung von Selbstbeschreibungen jedoch innerhalb der Organisation und nicht nach Maßgabe bestimmter objektiver Variablen. Folgt man diesen Überlegungen, dann muss man den Vorschlag von Luhmann (1987), bei Selbstbeschreibungen handele es sich um strukturelle Vorgaben zum Zwecke der Steuerung von Selbstbeobachtungen, als Spezialfall betrachten.

Selbstbeschreibungen, deren Einfluss auf das operative Geschehen einer
Organisation zu vernachlässigen ist, können gleichwohl wichtige, weil ressour-
censichernde Funktionen in der Außendarstellung der Organisation übernehmen.
Dafür steht im Identitätsdiskurs ein eigener Begriff zur Verfügung. Solche Bemühungen, die Identität der Organisation nach außen zu präsentieren, können
unter dem Label *corporate identity* subsumiert werden (Seidl 2005: 68). Danach
ist die *corporate identity* als ein Marketinginstrument zu begreifen, das Teil des
organisationalen *impression managements* (Goffman 1959/1996) ist. Durch
eigene Selbstdarstellungsbemühungen kann die Organisation den Ruf oder die
Reputation (Seidl 2005: 86) mitzugestalten versuchen, die sie in denjenigen
sozialen Systemen erwirbt, in die sie sich durch die Interaktion mit Umweltsys-
temen verstrickt. Nichtsdestotrotz bleibt dieser Ruf – man könnte auch von einer
Adresse (Fuchs 1997) oder dem Selbst-als-Rolle (Goffman 1959/1996) sprechen

– eine Gemeinschaftsproduktion, eine Erzählung oder ein Text, an dem verschiedene Autoren mitschreiben (Czarniawska-Joerges 1994). Der Auseinandersetzung mit der Reputation bzw. der Perspektive signifikanter Anderer wird bei der Bildung einer Identität eine große Bedeutung zugeschrieben (Dutton/Dukerich 1991). Die Entstehung eines Selbstbildes oder - bewusstseins ist an die Fähigkeit gebunden, sich selbst zu beobachten bzw. sich selbst zum Objekt zu werden. Dies lernen Einzelmenschen in der Interaktion mit anderen; durch die Reaktion des Anderen wird ihnen ihr Verhalten als Handlung zurückgespiegelt und die Bedeutung dieses Handelns für sie erfahrbar gemacht. Wenn Individuen in der Lage sind, die Reaktion des Anderen zu antizipieren oder die Perspektive des Anderen zu internalisieren, entwickeln sie Selbstbewusstsein (Mead 1934/1995). Dabei ist die Perspektive der anderen bzw. die Reputation für die Organisation nicht unmittelbar verfügbar, sie bedarf der Interpretation, ist also von der Beobachtung der Organisation abhängig. Für die systeminterne Deutung der Reputation resp. die wahrgenommene Fremdwahrnehmung steht der Begriff des *Images* zur Verfügung. Durch die Ausbalancierung dieser (erwarteten) Fremderwartungen, des Images, mit den Selbsterwartungen bilden sich organisationale Selbstverständnisse (Hiller 2005: 31). Die Frage, was genau ‚Ausbalancierung‘ heißen soll bzw. inwiefern das Image Bedeutung erlangt, bleibt allerdings offen – und wird zur Beantwortung an die Empirie verwiesen. Der empirischen Forschung ist zu entnehmen, dass das Verhältnis von Identität und Image als variabel betrachtet werden muss. Die von Dutton/Dukerich (1991) beschriebene Hafenbehörde versucht, ihr schlechtes Image zu korrigieren, d.h. ihrem positiven Selbstbild anzunähern. Selbstwahrnehmung und wahrgenommene Fremdwahrnehmung sollen zur Deckung gebracht werden. Bei Hillers (2005: 69 ff) „distanzierender Verwaltung" scheint gerade die Differenz zwischen schlechtem Image und positiv aufgeladenem Selbstverständnis identitätsstiftend zu wirken, deswegen bemüht sie sich auch nicht systematisch darum, ihr Image auf Vordermann zu bringen; und bei Gioia/Thomas (1996) führt der Wunsch, das Image zu ändern, zu einer Veränderung der Identität.

Sehr unterschiedlich fallen schließlich die bisherigen Antworten auf die Frage aus, wie homogen man sich die organisationale Identität vorzustellen hat. Dabei zeigen sich innerhalb des Diskurses über die organisationale Identität ähnliche Frontverläufe wie in der Organisationskulturforschung (Meyerson/Martin 1987), in der sich eine Integrationsperspektive – die Organisation ist *eine* Kultur (Smircich 1983b) – und eine Differenzierungsperspektive – die Organisation ist differenziert in unterschiedliche Kulturen (Sackmann 1992) – unterscheiden lassen. Für eine gesteigerte Sensibilität für die Existenz multipler Identitäten spricht dabei zunächst die Überlegung, dass Organisationen in einer differenzierten Umwelt bestehen müssen. Wenn Identität als Resultat der Balancierung von

Fremd- und Selbsterwartungen verstanden wird, müsste im Falle multipler
Fremderwartungen von multiplen Identitäten ausgegangen werden (Wiesenthal
1990). Darüber hinaus ist die Organisation selbst ebenfalls differenziert. *Dieselbe* Organisation wird erwartbar aus der Perspektive unterschiedlicher Abteilungen, Professionen oder Niederlassungen in unterschiedlichen nationalen Kontexten eine *andere* sein. Wenn man Identität als Resultat kontingenter Beschreibungen und Interpretationen konzipiert, muss mit unterschiedlichen Antworten auf
die Frage nach der Identität gerechnet werden. Neben einer *organisationalen,*
etwa von Seiten der Führungseliten favorisierten Identität müssten einerseits
weitere *lokale,* von Abteilungen oder einzelnen Beschäftigtengruppen getragene
Identitäten, andererseits aber auch *überorganisationale,* etwa professions- oder
branchenbezogene Selbstverständnisse erwartet werden. Solche Selbstbeschreibungen beziehen sich vordergründig nicht auf die Organisation als Ganzes, sondern auf andere Referenzeinheiten, sie sind jedoch ebenfalls als *organisationale*
Identitäten zu begreifen, denn wenn z.B. professionsbezogene Selbstverständnisse in organisationalen Kontexten als Argumentationshilfe benutzt werden, treten
diese mit dem Anspruch auf, dass es sich bei der fraglichen Organisation um ein
System handelt, in dem „professionell" gearbeitet werde bzw. dessen Identität
mit der Professionsidentität zur Deckung komme (Barbulescu/Weeks 2007;
Glynn 2000). Gleiches gilt für branchen- oder funktionssystembezogene Identitäten. Wenn eine Gruppe von Wissenschaftlern in einem universitären Forschungsprojekt die von der Unileitung geforderten Anwendungsbezüge eher stiefmütter-
lich behandelt, dann ist das wissenschaftliche Selbstverständnis insofern eine
organisationale Selbstbeschreibung, als die Universität als eine wissenschaftliche
Institution in Stellung gebracht wird (Baumeler 2009).

Empirische Studien liefern ein uneinheitliches Bild. Hiller (2005) etwa kritisiert zwar den Identitätsbegriff der empirischen *sensemaking*-Forschung hinsichtlich seiner Homogenitätsunterstellung, findet aber in ihren Fallstudien wider
Erwarten ein hohes Maß an Homogenität. Dasselbe widerfährt Dutton/Dukerich
(1991), die ebenfalls ins Feld gehen mit der Erwartung, differenzierte Identitäten
zu finden, dann aber ein hohes Maß an Übereinstimmung bei den Befragten
beobachten. Multiple Identitäten sind jedoch ebenfalls empirisch belegt (West-
ley/Vredenburg 1996; Angerhausen 2003), wobei es verschiedene, sich nur teilweise überlagernde Vorschläge gibt bezüglich der Frage, entlang welcher Grenzen sich die Identität differenziert, etwa entlang der Hierarchie (Corley 2004),
entlang professioneller (Golden-Biddle/Rao 1997; Glynn 2000; Barbulescu/
Weeks 2007), funktionaler oder abteilungsbezogener Grenzen (Gregory 1983;
Pratt/Rafaeli 1997).

Ein systemtheoretisches Design erlaubt es, und darauf soll in der Fallstudie
das Hauptaugenmerk liegen, die Gegenüberstellung von einheitlicher und frag-

mentierter Identität zu überwinden. Die Einheit der Organisation ist durch die autopoietische Verkettung ihrer Operationen garantiert. Auf der Grundlage seiner operationalen Schließung ist das System immer Einheit, ein Mehr oder Weniger ist hier ausgeschlossen. Die Frage nach der Identität, verstanden als Selbstbeschreibung eines Systems, bezieht sich dagegen auf die Strukturen dieser Verkettung. Es ist durchaus möglich, dass dieselbe Organisation zu unterschiedlichen Zeiten oder auch in unterschiedlichen Bereichen unterschiedliche strukturelle Arrangements in Gebrauch hat, die operativ hergestellte Einheit des Systems kann also mit einer Pluralität an Strukturen kombiniert werden. Während die Idee, dass Systeme mit mehreren Identitäten zugleich hantieren, gut etabliert ist, eröffnet das skizzierte theoretische Design darüber hinaus die Möglichkeit, den Gegensatz zwischen homogenen und fragmentierten Identitäten aufzulösen. Organisationen sind vielmehr in der Lage, sich situationsabhängig mal als fragmentiert und mal als einheitlich zu betrachten (und zu verhalten), das heißt, zwischen diesen beiden Extrempolen zu oszillieren. Der empirische Fall, der im nächsten Kapitel vorgestellt wird, veranschaulicht diese Möglichkeit. Identitäten können in Organisationen gewechselt, ausgetauscht oder miteinander kombiniert, ineinander geblendet und gegeneinander kontrastiert werden. Die Identitäten der Organisation müssen also ihrerseits organisiert werden. Sie sind Input und Output, Produkt und Voraussetzung von *sensemaking*-Prozessen. Identitäten werden in Kommunikationsprozessen ausgehandelt, bestätigt oder verworfen und müssen in konkreten Situationen interpretiert, erfunden und angepasst werden. Die Identität wird in den Entscheidungsprozessen hervorgebracht, in denen sie in Anspruch genommen wird. Sie ist deswegen nicht vergleichbar mit einem Kontinuität und Stabilität verbürgenden Anker oder einem „court of last resort" (Whetten/Mackey 2002: 396).

Die der folgenden Fallstudie zugrunde liegende Forschungsfrage, ob organisationale Selbstbeschreibungen als Entscheidungsprämissen in Anspruch genommen, d.h. handlungswirksam werden bzw. Entscheidungen dirigieren, liegt eine Vereinfachung zugrunde. Sie trennt die Beschreibung vom Beschriebenen und fragt nach dem Einfluss von Ersterem auf Letzteres. Seidl (2005: 71) benutzt die Metapher von Karte und Territorium um dieses Verhältnis von Selbstbeschreibung und operativ hergestellter Einheit des Systems zu plausibilisieren, wobei er die Karte einer „höheren logischen Ebene" zuordnet. Eine Vereinfachung ist diese Metaphorik oder Ebenentrennung insofern, als die Beschreibung zugleich Beschriebenes ist und das Beschriebene immer nur als Beschreibung verfügbar wird, ohne je mit diesem identisch zu sein. Die Selbstbeschreibung ist Teil des Gegenstandes, den sie beschreibt, sie fügt ihm etwas hinzu, sie treibt ihn voran. Damit kommt es zu einer Verwicklung von Subjekt und Objekt, von Beschreibung und Beschriebenem, die die Unterscheidung kollabieren lässt: Die

Beschreibung ist Teil dessen, wovon sie sich abgrenzt. Wenn etwa in Deutschland über die Frage debattiert wird, was eigentlich ‚deutsch' sei, wird häufig
bemerkt, dass gerade diese Frage und die durch sie angeregte Diskussion ‚sehr
deutsch' seien. Diese Bemerkung verweist auf die Zirkularität im Verhältnis von
Beschreibung und Beschriebenem. Die Debatte *über* die Eigenschaft ‚deutsch'
verändert und formt zugleich diese Eigenschaft. Das Beschriebene stellt keine
der Beschreibung vorgängige, objektiv existierende Realität dar, sondern eine
soziale Konstruktion, die nur solange existiert, wie sie kommunikativ in Betrieb
gehalten wird und die Selbstbeschreibung ist Teil dieses Betriebs. Die Wirklichkeit steht dem Reden über sie nicht gegenüber, sie verdankt sich diesem Reden.
Wie Hahn (1988) am Beispiel der Unterscheidung von Lebenslauf und Biographie darstellt, kann sich der erzählende Nachvollzug eines Lebenslaufs in Form
einer Biographie zwar immer nur selektiv auf diesen beziehen; zugleich ist der
empirisch-ereignishafte Lebenslauf jedoch immer nur als Erzählung, als Text
oder Bericht verfügbar, als Konstruktion eines Beobachters, es gibt ihn nicht als
objektive Wirklichkeit. Es ist nicht möglich, auch ohne Karte durch das Territorium zu wandern. Das Territorium existiert nur als Karte ohne je mit diesem
identisch zu sein. In der Systemtheorie hat es sich eingebürgert, diese Verhältnisse auf einen paradoxen Nenner zu bringen: Dasselbe ist etwas Verschiedenes
(Luhmann 1994). Selbstbeschreibungen können als Wiedereintritt der Sys-
tem/Umwelt-Unterscheidung in sich selbst begriffen werden und einem solchen
re-entry liegt die Paradoxie zugrunde, dass die eintretende Unterscheidung dieselbe und eine andere ist, „depending on the observing system that identifies or
distinguishes the two levels of the re-entry" (Ebd.: 4) – nur ein Fremdbeobachter
kann ein Auseinanderklaffen von Beschreibung und Beschriebenem diagnosti-
zieren.

Zirkuläre Verstrickungen dieser Art lassen es als schwierig erscheinen, nach
dem Einfluss von Selbstbeschreibungen auf die autopoietische Reproduktion
eines Systems, des expliziten auf das implizite Selbst zu fragen, denn insofern
als eine Selbstbeschreibung allein dadurch, dass sie stattfindet, den Gegenstand
reproduziert, den sie beschreibt, kann man einen solchen ‚Einfluss' schlecht
leugnen. Sinnvoll wird diese Fragestellung erst, wenn man mitsieht, dass die
Selbstbeschreibung des Systems nur eine singuläre Operation unter anderen ist
und insofern vom ‚Rest' des operativen Geschehens unterschieden werden kann.
Diese Unterscheidung erlaubt die Frage danach, ob organisationale Entscheidungsprozesse die Selbstbeschreibung der Organisation als Prämisse in Anspruch nehmen oder nicht.

3.1.1 Organisationale Identität als Entscheidungsprämisse

Organisationale Identität wurde als Komplex von in Organisationen institutionalisierten Selbstbeschreibungen und durch diese angeleiteten Selbstbeobachtungen definiert. Die Frage, der in der Fallstudie nachgegangen wird, lautet, ob solche Selbstbeschreibungen als Entscheidungsprämissen genutzt werden und damit die Verkettung organisationaler Kommunikation orientieren. Selbstbeschreibungen müssen durch Operationen des Systems aktualisiert werden, sie sind höchst selektiv und simplifizieren das Selbst, das sie beschreiben. Operationen, die sich auf das Ganze des Systems beziehen, sind unterscheidbar von anderen Operationen des Systems und können innerhalb des Systems beobachtet werden. Die Unterscheidung zwischen Selbstbeschreibung und Autopoiesis des Systems wurde oben anhand der Unterscheidung von implizitem und explizitem Selbst (Hahn 1988) veranschaulicht.

Beleuchtet man die organisationale Identität vor dem Hintergrund der oben eingeführten Typologie von Entscheidungsprämissen wird die bislang ungeklärte Komplikation aufgeworfen, ob die organisationale Identität als entscheidbare oder unentscheidbare Entscheidungsprämisse zu behandeln ist. Diese Unterscheidung ist nicht identisch mit der Differenz zwischen implizitem und explizitem Selbst. Der Begriff des impliziten Selbst bezieht sich nicht auf eine bestimmte Struktur, sondern auf die operativ hergestellte Einheit des Systems, während die Unterscheidung von entscheidbaren und unentscheidbaren Prämissen die Frage betrifft, ob die Einführung von Strukturen auf Entscheidungen (und nicht bloß auf die Systemevolution) zugerechnet werden kann.

Hiller (2005) begreift Identitäten als Schemata, die den Kern der Organisationskultur bilden und damit als unentscheidbare Entscheidungsprämissen. Kulturelle Schemata definierten, wer man ist, war und sein wird oder sein sollte. Sie organisieren damit die Aufmerksamkeit und die Themenselektion (man übersieht, was nicht ins positive Selbstbild passt), Bedeutungszuschreibungen (man deutet die Umwelt so, dass man selbst in positivem Licht glänzt), Kausalattributionen (Ursachen für Ereignisse, die das Selbstbild bedrohen, werden in der Umwelt gesucht) und helfen dabei, angemessene Handlungen zu selegieren (man wehrt sich gegen Änderungszumutungen, die quer zum eigenen Selbstverständnis stehen).

In anderen Fallstudien dagegen wird organisationale Identität zum einen durchaus auch als entscheidbare Entscheidungsprämisse gedacht. Wenn es um strategische Ausrichtungen oder Produktpaletten geht, können Identitätsfragen durchaus Gegenstand von Diskussionen und Entscheidungen werden (Lerpold et al. 2007, S. 13ff). Zum anderen wird die Identität stärker in die Nähe von Zweckprogrammen gerückt, etwa wenn sich Strickwarenfabrikanten als Herstel-

ler „klassisch eleganter" Qualitätsprodukte verstehen und Vertrieb und Produktion an dieser Definition orientieren (Porac et al. 1989). Eine solche Annäherung
von Identität und Strategie findet man auch bei Eccles/Nohria (1992), die Strategie als Sprachspiel oder Rhetorik definieren, mit Hilfe derer sich die Beteiligten
verständlich machen, wer sie sind und was sie tun (müssen). Strategie wird als
ein inkrementeller Prozess des Auffindens kohärenter Bedeutungen, der Definition und Umdefinition der eigenen Identität unter der Bedingung von Unsicherheit verstanden.

> „Perhaps most important, looking at strategy as a special kind of rhetoric gives us important in-
> sights into the role strategy really plays in the manager's world. Visions, mission statements,
> objectives, goals, and strategic plans are all examples of how rhetoric is used to impart mean-
> ing to past and present actions and to create purposeful energy for future ones. The rhetoric of
> strategy provides a common language used by people at all levels of an organization in order to
> determine, justify, and give meaning to the constant stream of action that the organization
> comprises" (Eccles et al. 1992: 88).

Bei der Identitätsformation spielen Konkurrenten, Zulieferer und Öffentlichkeit
eine wichtige Rolle. In diesem Strategie- bzw. Identitätsverständnis fließen entscheidbare und unentscheidbare Momente ineinander.

> „After all, strategy is not merely something that is *devised;* it is also something that *happens* –
> it emerges constantly in a firm as different people respond to and reinterpret their sense of the
> organization's identity and purpose" (Eccles et al. 1992: 87).

Der Begriff der organisationalen Identität steht also quer zu der Sortierung der
Entscheidungsprämissen von Luhmann (1988a). Die Identitätsprämisse nimmt
sowohl entscheidbare als auch unentscheidbare Komponenten in sich auf. Organisationale Selbstverständnisse können sowohl historisch gewachsen und latent
als auch explizite Folge und bewusste Grundlage von Entscheidungen sein (so
sehen es auch Pratt/Foreman 2000).

Schaut man sich in der Literatur um, dann fällt auf, dass es eine Vielzahl
von Begriffen gibt, die sich nicht umstandslos in die systemtheoretische Klassifikation von Entscheidungsprämissen einfügen, gleichwohl aber zur Beschreibung von Unsicherheitsabsorptionsprozessen in Organisationen äußerst hilfreich
sind. Man denke etwa an Begriffe wie „Orientierungsrahmen" (Vogd 2005,
2004), „rules of appropriateness" (March/Olsen 1984; March 1999), „ideologies"
(Starbuck 1982; Brunsson 1982; Tacke/Hiller 1993) oder „Karten" (Weick
1969/1998). Diese Begriffe gehen nicht umstandslos in den vier Luhmannschen
Entscheidungsprämissen auf, können aber auch nicht so ohne Weiteres als ei-
genständige Prämissen hinzuaddiert werden. Genau wie das Konstrukt der „organisationalen Identität" scheinen sie aus den bereits existierenden Prämissen
zusammengesetzt bzw. verschiedene Prämissen unter einem besonderen Ge-

sichtspunkt zusammenzuziehen. Es wäre sicherlich übertrieben, wollte man behaupten, dass diese empirischen Hilfskonstruktionen die Theorie sprengten; ihre Hinzunahme wirft keine gravierenden Probleme auf, es steht aber eben bislang auch kein Begriffsapparat bereit, der die unterschiedlichen Prämissen überschneidungsfrei zu sortieren vermöchte. Das Konzept der organisationalen Identität scheint mir jedoch aufgrund seiner präzisen inhaltlichen Bestimmbarkeit ein erfolgversprechender Kandidat für solch ein Sortierungsvorhaben zu sein.

Die hier vorgeschlagene Fassung organisationaler Identität verhält sich schließlich skeptisch gegenüber dem Versuch, der Identitätsprämisse eine Vorrangstellung vor anderen Prämissen einzuräumen etwa im Sinne einer Metaprämisse, die den Einsatz und die relative Bedeutung von Entscheidungsprämissen bestimmt. Es kann zur Linie des Hauses gehören, an bestimmten Routinen festzuhalten oder sich einen stark an Personen oder der Hierarchie orientierten Kommunikation- resp. Entscheidungsstil zu leisten oder aber ganz auf visionäre Zielsetzungen oder Strategien zu fokussieren. Solche Beispiele könnten benutzt werden, um für ein Verständnis von organisationaler Identität als Metaprämisse zu werben. Der organisationalen Identität würde also im Hinblick auf die anderen Entscheidungsprämissen eine Art Kontrollfunktion zukommen; ihr obläge eine koordinierende Rolle im Prozess des Schreibens einer legitimen Geschichte, innerhalb dessen sich Entscheidungen entwickeln können. Auch eine solche Metaprämisse wäre jedoch nur eine kontingente Entscheidungsprämisse, über die im Rahmen von Programm- resp. Prämissenverschachtelungen entschieden wird. Man kann erwarten, dass sich der Seniorchef vom Juniorchef darin unterscheidet, wie stark die Identitätsprämisse gewichtet wird. Identität ist also kein Sicherheitsnetz oder haltgebendes Fundament, keine Kontinuität und Konsistenz garantierender „zentraler Referenzpunkt" (Scheidemann 2009: 89); die organisationale Identität ist eingebettet in den Prozess der Selbstorganisation des Systems, genau wie andere Entscheidungsprämissen auch. Die im Folgenden präsentierten empirischen Ergebnisse scheinen dieses Verständnis zu stützen.

3.2 Das Beispiel der SWR

Bei den Stahlwerken Ruhr (SWR; der Name des Unternehmens sowie alle Eigennamen von Personen oder Programmen wurden geändert) handelt es sich um ein Unternehmen der Stahlbranche, das inklusive Auszubildender und Leiharbeitnehmer ungefähr 3300 Menschen beschäftigt (Stand: Januar 2009). Es produziert Vormaterial, das ausschließlich an die drei Gesellschafterunternehmen geliefert und dort zu Fertigprodukten weiterverarbeitet wird. Die drei Gesellschafterunternehmen halten jeweils 50, 30 und 20% der Unternehmensanteile.

SWR wird als Cost Center geführt, ist also rechtlich selbstständig und kostenver-
antwortlich und hat seinen Sitz im Ruhrgebiet. Die Leitungsebene setzt sich aus
den drei Geschäftsführern zusammen, die jeweils einem der drei Großbereiche –
Technik, Controlling und Personal – vorstehen. Der Personalbereich ist wiederum untergliedert in die Abteilungen „Personalführung und Arbeitswirtschaft",
„Berufsbildung", „Gesundheitsschutz und Arbeitssicherheit" sowie „Immobi-
lienwirtschaft und Werkschutz". Von den fünf Experten, die während des fast
zweijährigen Untersuchungszeitraums (12.2007-12.2009) interviewt wurden,
stammen vier aus der Abteilung „Personalführung und Arbeitswirtschaft" und
einer aus dem Bereich „Berufsbildung". Ein Interviewpartner gehörte zur Gruppe
der „leitenden außertariflichen Angestellten", die unterhalb des Arbeitsdirektors
angesiedelt ist, alle anderen stammen von der Ebene unmittelbar darunter und
werden als „nicht-leitende ATs" bezeichnet. Ausgewählt wurden diese Gesprächspartner unter dem Gesichtspunkt der Kompetenz für bestimmte personalpolitische Bereiche, wobei angestrebt wurde, einen Überblick über zentrale Auf-
gabenfelder (Entlohnung, Rekrutierung, Weiterbildung, Personalentwicklung,
Mitbestimmung, Work-Life-Balance) zu gewinnen. Es wurden zwei von insgesamt 23 freigestellten Betriebsräten befragt sowie ein Mitglied des Aufsichtsra-
tes. Unser längstes Interview dauerte vier Stunden und war auf drei Tage verteilt,
das kürzeste war nach 45 Minuten vorbei. Zusammengezählt stützt sich die nach-
folgende Beschreibung auf etwa 19 Stunden Audiomaterial, hinzu kommen Pro-
tokolle, die im Rahmen der Betriebsbesichtigung und des halbtägigen *kick off*-
Meetings angefertigt wurden sowie die Mitschrift eines Interviews, bei dem
unser Gegenüber keine Tonbandaufzeichnung wünschte. Die Interviews wurden
in der Regel von zwei Interviewern geführt.

Diese leitfadengestützten Experteninterviews (Meuser/Nagel 1991) bilden
den Kern des empirischen Datenmaterials. Wie man an der Auswahl der Gesprächspartner ablesen kann, wurden nur Mitglieder der Personalabteilung sowie
die an Personalentscheidungen maßgeblich beteiligten Betriebsräte befragt. Dahinter steht die Überlegung, dass für die Frage nach der Wirkung organisationaler Selbstbilder auf die Personalpolitik eines Unternehmens nur die organisationalen Selbstbilder derjenigen betrieblichen Akteure von Interesse sind, die auch
tatsächlich Entscheidungskompetenz im Personalbereich besitzen. Anders aus-
gedrückt: Ich habe nicht versucht heraus zu finden, welche organisationalen
Selbstbeschreibungen in der gesamten Organisation den stärksten Rückhalt ge-
nießen, sondern mich auf die Frage beschränkt, was in der Personalabteilung als
charakteristisch für das Unternehmen angesehen wird und inwiefern solche An-
schauungen personalpolitische Entscheidungen formen – da sich solche An-
schauungen jedoch in Interaktion mit dem breiteren organisationalen Kontext
bilden, ist davon auszugehen, dass diese bis zu einem gewissen Maße auch in

anderen Bereichen geteilt werden. Ob es neben diesen in der Personalabteilung kursierenden Unternehmensbeschreibungen noch andere Organisationsidentitäten (etwa in den von Ingenieuren geprägten technischen Abteilungen oder im Betriebsarztzentrum) gibt und in welchem Verhältnis diese miteinander stehen, kann in dieser Arbeit nicht beantwortet werden.

Das Unternehmen hat uns eine Reihe von Dokumenten (Organigramm, Leitbild, Führungsgrundsätze, Präsentationen) zur Verfügung gestellt, die ebenso in die Auswertung miteinbezogen wurden wie die Homepage und die über das Internet frei zugängliche Mitarbeiterzeitschrift. Eine Zeitungsrecherche sollte Aufschluss geben über die auf SWR bezogene Berichterstattung in der lokalen und überregionalen Presse.

Die bei SWR durchgeführte Fallstudie war eingebettet in ein größeres von der DFG finanziertes Forschungsprojekt („BEATA – Beschäftigungsverhältnisse als sozialer Tausch"). Alle an diesem Projekt teilnehmenden Unternehmen wurden im Vorfeld der eigentlichen Interviewphase gebeten, einen standardisierten Fragebogen auszufüllen, der mit anderen Unternehmen vergleichbare Daten zur Personalpolitik liefern sollte und der im Rahmen eines ausführlichen Auswertungsgesprächs nachbesprochen wurde. In die Konstruktion dieses Instruments flossen Elemente aus existierenden Fragebögen ein, etwa demjenigen, der innerhalb des Cranfield-Projektes benutzt wird (Kabst/Giardini 2006). Andere Inspirationsquellen waren Ackermann/Wührer (1983) und das IAB Betriebspanel (2005). Fragen zu Kultur und personalpolitischen Basisorientierungen wurden hinzugefügt. Die aus diesem Fragebogen stammenden Daten wurden keiner elaborierten statistischen Analyse unterworfen. Sie wurden benutzt, um den Erhebungsaufwand in den Interviews zu reduzieren und die Konstruktion der Leitfäden fokussieren zu können. Auf der Grundlage dieser ‚harten Fakten' wurden erste Hypothesen über die Spezifika des jeweiligen Human Resource Managements entworfen und in der Literatur unterstellte Zusammenhänge, etwa die Existenz bestimmter strategischer Typen (Miles/Snow 1984; Tsui et al. 1995; Brose et al. 2004), überprüft. Die erhaltenen Informationen wurden trianguliert mit den Einsichten aus den Interviews mit den Personalern und Betriebsräten.

Der Forschungsprozess orientierte sich insofern an den Arbeiten von Glaser/Strauss (1998) und Eisenhardt (1989), als er durch ein schrittweises Vorgehen gekennzeichnet war, bei dem Datenerhebung und -analyse überlappten. Durch die multiplen Datenerhebungsmethoden können sich die emergierten Konstrukte auf ein breites empirisches Fundament stützen. Um diese Konstrukte zu identifizieren, wurde ein sequenzanalytisches Vorgehen gewählt, das im Kontext der objektiven Hermeneutik entwickelt wurde (Oevermann et al. 1979), aber auch unter anderen methodologischen Vorzeichen im Rahmen einer sozialwissenschaftlichen Hermeneutik benutzt wird (Kurt 2004; eine detaillierte Beschrei-

bung dieser Methode findet sich bei Przyborski/Wohlrab-Sahr 2008: 246-265).
Die hier gewählte systemtheoretisch informierte Herangehensweise verortet sich
jenseits von subjektivistischen und objektivistischen Ansätzen (Nassehi/Saake
2002). Anders als in der sozialwissenschaftlichen Hermeneutik geht es im Folgenden nicht um den Nachvollzug subjektiv gemeinten Sinns, sondern vielmehr
darum, die Selektivität von Kommunikationsprozessen und die ihnen zugrunde
liegenden Unterscheidungen heraus zu arbeiten. Motive und Akteure werden
dagegen als die Konstruktionen des Textes aufgefasst. In Abgrenzung zur objektiven Hermeneutik wird dabei versucht, die Entstehung von Ordnung bzw. die
Genese von Strukturen im Kommunikationsprozess selbst nachzuvollziehen.
Diese Strukturgenese ist dem Text nicht vorgelagert, sondern sie vollzieht sich
im Text auf prinzipiell kontingente Weise.

> „Entscheidend (...) ist, dass das, was in der objektiven Hermeneutik als bereits vorhandener
> Regelkanon sozialer Kontexte vorausgesetzt wird, hier selbst zum Gegenstand der sozialen
> Dynamik wird. Die Theorie autopoietischer Systeme vermittelt damit eine Sensibilität dafür,
> wie in sozialen Prozessen Selbstbindungen und -strukturierungen des Geschehens *im Hinblick
> auf soziale Kontexte*, aber nicht von diesen *algorithmisch vorberechnet*, entstehen. Eine sys-
> temtheoretisch informierte Hermeneutik sucht also nicht nach den gewissermaßen außerhalb
> des Geschehens verankerten Regeln des Geschehens, sondern beobachtet kommunikative
> Verläufe gemäß ihren internen Regulierungsroutinen und prozessierenden Strukturen und
> strukturierten Prozessen" (Nassehi 1997: 149).

Es ist also die Entstehung von Ordnung in der selektiven Verknüpfung von
Kommunikationsereignissen, i.e. die Genese von Strukturen im Verlauf kommunikativer Prozesse, die im Aufmerksamkeitsfokus der systemtheoretischen Hermeneutik steht. Die Vorstellung einer Determination der sozialen Realität durch
objektive soziale Regeln gilt Nassehi/Saake (2002) dagegen als ein Versuch
unter vielen in der qualitativen Sozialforschung, Kontingenz zu domestizieren
und die Eindeutigkeit der Ergebnisse zu verbürgen. Die Beobachtung der Daten
wird jedoch nicht durch die Daten selbst erzwungen, vielmehr sind die Interpre-
tationsergebnisse von den gewählten Unterscheidungen abhängig und damit
prinzipiell kontingent. Diese Überlegungen schließen die Möglichkeit aus, mit
Hilfe einer methodischen Kontrolle sicherzustellen, dass es tatsächlich die Realität oder der wahre Sinngehalt eines Textes ist, den man als Interpret beobachtet.
Man kann aber versuchen, den Beobachtungsprozess so transparent und reflexiv
wie möglich zu gestalten, um erkennbar zu machen, welchen Unterscheidungen
sich die Ergebnisse verdanken.

   In der vorliegenden Arbeit wurde die Rekonstruktion organisationaler
Selbstbeschreibungen begonnen mit der Interpretation der Homepage, deren
Ergebnisse in die Konstruktion der Interviewleitfäden einflossen. Aus den Inter-
views wurden sowohl Passagen ausgewählt, in denen vordergründig über spezi-

fische, personalpolitische Themen, etwa dem Entlohnungssystem von SWR, gesprochen wurde, als auch Antworten auf Fragen, die direkt auf Identitätsaspekte abzielten, näher untersucht. Zu diesen Fragen gehörten etwa: „Was würden Sie als die charakteristischen Eigenschaften von SWR bezeichnen? Mit welchen personalpolitischen Entscheidungen könnte man die Beschäftigten von SWR schocken? Können Sie sich an einen Vorfall erinnern, von dem Sie sagen würden: ‚Typisch SWR‘?“. Nach Maßgabe der Lesarten, die an solchen für die Fragestellung zentralen Passagen aus den Interviews entwickelt wurden, wurde der Rest des Datenmaterials kodiert. Dabei wurde dem Umstand, dass die zitierten Aussagen von verschiedenen Interviewpartnern stammen keine Aufmerksamkeit geschenkt. Sie wurden alle als „organisationale" Kommunikation gedeutet. Dieses Vorgehen stützt sich auf die These, dass die in einem als Experteninterview gerahmten Kontext getroffenen Aussagen von den Befragten in den organisationalen Sinnhorizont eingeordnet werden, d. h. in der Organisation anschlussfähig sind und insofern als sozial konstruierte Organisationswirklichkeit interpretiert werden können.

Die Rekonstruktion liefert den Befund einer Pluralität von Rahmen (Goffman 1974/1996; Vogd 2008), die bei der Selbstbeschreibung benutzt werden. Unter einem Rahmen soll dabei ein zusammenhängender Komplex von beobachtungsleitenden Unterscheidungen verstanden werden. Aus der Beobachtung mit Hilfe dieser Rahmen resultieren je unterschiedliche Selbstverständnisse oder Identitäten. Die Antwort auf die Frage, wer SWR *ist*, richtet sich also nach dem jeweiligen Rahmen, durch den die Beobachtung gesteuert wird. Das *Wesen* von SWR verändert sich kontextabhängig. Ich wähle den Begriff des *Rahmens* deshalb, weil dieselben Identitätsmerkmale in unterschiedlichen Kontexten mit unterschiedlichen Bedeutungen aufgeladen werden, z. B. Größe oder Stahlarbeit. Eine Addition dieser Merkmale ist deswegen ausgeschlossen.

In Anlehnung an einen Vorschlag von Brunsson/Sahlin-Andersson (2000) werde ich diese Rahmen als *Agent, Arena* und *Akteur* bezeichnen. Diese Typologie wurde ohne direkten Bezug auf die Identitätsforschung entwickelt und bislang nicht in diesem Kontext fruchtbar zu machen versucht. Sie lag der Analyse keineswegs von Anfang an zugrunde, vielmehr stellte sich erst im Laufe des Interpretationsprozesses heraus, dass sich die mehrdeutigen Ergebnisse mit dieser Typologie in einer konsistenten Weise deuten lassen. Die Autoren entwickeln diese Typologie aus der Beobachtung der Reformprozesse im öffentlichen Sektor in Schweden zwischen 1980 und 2000, die sie unter die Überschrift „constructing organizations" stellen. Damit wird der Versuch bezeichnet, die betreffenden Organisationen *organisationsähnlicher* zu machen, d. h. dem institutionalisierten Idealbild einer Organisation anzugleichen. Dazu unterscheiden die Autoren drei Grade der Organisationsförmigkeit. Die vollwertige *Akteur*-Organisation zeichnet sich durch folgende Charakteristika aus: Sie ist autonom, unabhängig und souverän in ihren Entscheidungen, sie verfolgt selbstgesetzte, eigennützige Ziele in einer rationalen Weise, sie bildet eine Einheit und hat klare Grenzen; sie ist hierarchisch gesteuert und verfügt über Ressourcen, die ihr gegenüber wechselnden Mitgliedern eine gewisse Autonomie verleihen. Organisationen bemühen sich um eine Annäherung an diese Vorstellung eines autonomen *Akteurs* aus Gründen gesellschaftlicher Legitimation und weniger, um Probleme der Kapitalverwertung zu lösen (Bechtle 1980). Verglichen mit dieser *Akteur*-Organisation gibt es zwei defizitäre Proto-Organisationsformen, den *Agenten* und die *Arena*.

Im Unterschied zum Prinzipal ist der *Agent* ein Instrument, eine ausführende Kraft, die Regeln vollzieht, die andernorts festgelegt wurden und die nicht autonom über die Verwendung von Ressourcen entscheidet, widersprüchliche Ziele verfolgt und nicht voll verantwortlich ist für das, was sie tut. Dabei kann es sich um Tochtergesellschaften oder nachgeordnete Behörden handeln. Solche Einrichtungen sind wenig individuell, weil ihre Handlungsspielräume einheitlich geregelt werden. Dem Agent kann nur eine eingeschränkte Rationalität bescheinigt werden, sei es weil er widersprüchliche Ziele verfolgt, sei es weil Resultate schwierig zu messen sind, weil der *Agent* nur einen Beitrag zu einem größeren Projekt leistet oder die Beziehung zwischen Zielen und Mitteln unklar ist. Effizienz kann unter diesen Umständen nicht gemessen werden. Die *Arena* schließlich ist sehr stark durch externe Gruppen bestimmt, z. B. Parteien im Falle des Parlaments oder Professionen im Falle von Krankenhäusern und Universitäten. Professionen steuern den Zugang zur *Arena* und die Ziele, die dort verfolgt werden, nicht die *Arena* selbst. Die *Arena* ist keine klar abgegrenzte Einheit, sie ist nicht autonom und kann mehr als eine Hierarchie haben.

Mit der vorgestellten Begriffstrias werden unterschiedliche Perspektiven auf Organisationen, eben: Rahmen, bezeichnet, die sich gleichwohl in bestimmten Strukturen niederschlagen können. Ein Abrücken von der Idee operativ geschlossener Organisationssysteme ist deshalb jedoch nicht erforderlich. Auch *Agent*- und *Arena*-Organisationen verdanken sich der autopoietischen Verknüpfung ihrer Entscheidungen, bedienen sich dabei jedoch anderer Strukturen und anderer Umweltkopplungen. Gerade die Idee einer durch die rekursive Verkettung von Entscheidungen hergestellten Einheit der Organisation eröffnet die Möglichkeit, sich nicht nur unterschiedliche Selbstbeschreibungen, sondern auch unterschiedliche strukturelle Arrangements in ein und derselben Organisation vorstellen zu können. Bei SWR scheint genau dies der Fall zu sein. Anders als in den von Brunsson und Sahlin-Andersson (2000) beobachteten Fällen lässt sich bei SWR keine Entwicklung beobachten, die darauf abzielen würde, *Agent*- und *Arena*-Eigenschaften beiseite zu reformieren. Im Selbstverständnis von SWR scheint sich kein Wandel von einem *alten* zu einem *neuen* SWR abzuzeichnen.

Für diese Beobachtung spricht etwa die zentrale Stellung von Attributen wie „traditionell", die mehrmals zur Beschreibung der charakteristischen Eigenschaften des Unternehmens benutzt werden. Ich verfolge stattdessen die These, dass in der Selbstbeschreibung von SWR alle drei genannten Rahmen parallel Anwendung finden. SWR erlebt und formiert sich als *Agent*, als *Akteur* und als *Arena*.

In den im Text zitierten Interviewpassagen werden kurze Pausen durch [*] angezeigt, deutliche Betonungen sind kursiv gedruckt. Klammern wurden im Fall einer Kürzung der Interviewpassage durch den Verfasser benutzt und Satzunterbrechungen durch einen Schrägstrich markiert.

3.2.1 SWR als Agent

Die Selbstwahrnehmung als *Agent* verdankt sich der Einordnung von SWR in den Kontext seiner Gesellschafterunternehmen. SWR ist Teil eines Großkonzernverbundes und vergleicht sich aus dieser Position heraus mit seinen Anteilseignern. SWR beschreibt und erlebt sich in dieser Perspektive als ein kleines Unternehmen. Die Organisationsgröße stellt ein Schema dar, das bei der Identitätsbestimmung in vielen Interviews benutzt wird. Während im Kontext der *Akteur*-Identität, wie später erläutert wird, die Kleinheit assoziiert ist mit höherer Flexibilität, zielgenauem Handeln und größerer Transparenz, lädt sich im Kontrast zu den beträchtlich größeren Müttern die wahrgenommene geringere Organisationsgröße mit ganz anderen Bedeutungsgehalten auf. SWR scheint dann als Unternehmen gleichsam in der zweiten Reihe bzw. im Schatten der Großen („zwischen den Sonnen" [S1-PM7], i.e. den Gesellschafterunternehmen) zu stehen und dies mit einem geringen Bekanntheitsgrad bezahlen zu müssen. Diese Einschätzung eines sozusagen fehlenden, allenfalls regionalen Images findet sich in mehreren Gesprächen. Ausnahmen von dieser Regel werden deswegen auch eigens betont: So erzählt uns ein Interviewpartner nicht ohne Stolz, dass im Kontext der Gleichstellung von Leiharbeitnehmern sogar in der Wochenzeitung ‚Die ZEIT' über SWR berichtet worden sei.

Die *Agent*-Semantik entsteht in einem strukturellen Setting, an dem sich Züge eingeschränkter Autonomie beobachten lassen. So besetzen die Gesellschafter zwei der drei Geschäftsführerposten und treffen die maßgeblichen Investitionsentscheidungen. Umgekehrt greift diese Semantik aber auch in den Prozess der Verkettung organisationaler Operationen ein – die *Agent*-Identität existiert nicht nur auf der *talk*-Ebene (Brunsson 2003), sondern steuert ebenfalls Handlungen und Entscheidungen. Auf diese Weise wird die *Agent*-Identität „enacted" (Weick 1995). Indem sie als Entscheidungsprämisse genutzt wird, bringt sie die Realität hervor, die sie beschreibt – das Territorium wird nach

Maßgabe der Karte gestaltet. Beispiele für diesen Prozess lassen sich in den Bereichen Entlohnung oder Führungskräfteentwicklung finden, wo sich SWR stark an den Gesellschafterunternehmen orientiert. Zwei weitere Konsequenzen, die das Selbstverständnis als *Agent* für die Personalpolitik hat, betreffen die Öffentlichkeitsarbeit und die Rekrutierungsgewohnheiten. Sie sollen im Folgenden näher beschrieben werden.

Die Selbstwahrnehmung als *Agent*, der einem breiteren Publikum weitgehend unbekannt ist, schlägt sich in einer bestimmten Öffentlichkeits- oder Imagearbeit nieder und wird zugleich durch diese reproduziert. Aus dem Umstand, im Schatten der großen Mütter und abseits des medialen Aufmerksamkeitsfokus zu stehen, wird geschlussfolgert, man unterliege nur geringen Inszenierungspflichten. *Window dressing* passe zu den Gesellschafterunternehmen, nicht aber zu SWR. Auf aktive Außendarstellung und -präsentation wird deshalb häufig (demonstrativ) verzichtet. Dies lässt sich bereits an der Homepage nachweisen. Der Internetauftritt ist von zweifelhaftem Professionalitätsgrad, ein *corporate design* ist nicht erkennbar, es unterlaufen regelmäßig eine Reihe von Rechtschreibfehlern, der Auftritt ist nicht an jede Bildschirmgröße angepasst. Auch auf der inhaltlichen Ebene finden sich Belege für diesen Inszenierungsverzicht. So ist etwa auf dem Titelfoto ein Heer von Stahlarbeitern zu sehen, das in die Kamera blickt, im Blaumann und mit Helm auf dem Kopf – direkt von der Arbeit kommend, ungeschminkt und authentisch. Während es zu den Auffälligkeiten in den Gesellschafterunternehmen gehört, bei einer Vielzahl von Berufsbezeichnungen die englische Variante zu benutzen, übersetzt man bei SWR selbst Programmnamen wie „Six Sigma" ins Deutsche („Sechs Sigma" [S1-PM5]). Der Inszenierungsverzicht kommt auch in einer Interviewpassage zum Ausdruck, in der versucht wird darzulegen, was Beschäftigte von SWR in Kauf nehmen müssen:

„Man sitzt nicht in nem/ man sitzt nicht in nem Glas/ * modernen High-Tech-Glas-äh-Wolkenkratzer, mit nem Porsche als Dienstwagen, sowas gibt es ja. Sondern man sitzt hier in althergebrachten Backsteingebäuden. Ist gut, hervorragend ausgestattet, aber, ähm, wenn ich jetzt hier irgendjemandem ein Foto von dem Gebäude zeige, in dem ich arbeite, kann ich damit jetzt keinen/ keinen/ keine leuchtende Augen bei dem/ Vorstellungen klassischer Karrieren oder sowas hervorrufen. Arbeit in der Stahlindustrie hat jetzt dann an der Stelle, äh, nicht mehr so wie es mal war, äh, da war das Image wahrscheinlich schon etwas sehr altbacken, äh, da muss man schon, ähm, ne gewisse Tradiertheit mitbringen. Um das wertschätzen zu können. Weil et halt nicht/ es ist jetzt nicht, äh/ ja Siemens, o.k., mittlerweile so als Image, äh/ kann man sehen/ also es ist, ähm/ ich denke, wir werden sukzessive an Image gewinnen, durch die Stabilität einfach. Hier ist kein schnelles Geschäft oder wie auch immer, sondern hier geht's echt um ne, weiß ich nicht, gemeinsam zu bewerkstelligende Herausforderung. (...) Die Kröten, die man schlucken muss, ham Sie gefragt, ja, * also dieses/ dieses offensichtliche Glanz und Gloria. Dieses Schickeria, Jet-Set, hastenichtgesehen, das ist nicht das, was man hier hat. Da liegt hier allerdings, denk ich mal, dann auch keiner Wert drauf. Die Leute werden sich bei uns, glaube ich, kaum bewerben oder nicht viele (...)" (S1-PM6).

Die zitierte Passage ist einem Interviewteil entnommen, in dem es um die Vor-
und Nachteile eines Beschäftigungsverhältnisses bei SWR geht. Das Image der
Stahlbranche werde verglichen mit Unternehmen wie Siemens traditionell als
eher „altbacken" wahrgenommen, bessere sich aber in dem Maße wie die Stabilität der Stahlindustrie sichtbar werde und umgekehrt das öffentliche Bild von
Siemens (angesichts der zu dieser Zeit in der Presse stark präsenten Korruptions-
affären) Kratzer bekomme. Auf die Frage, welche Kröten es für die Beschäftigten zu schlucken gebe, antwortet der Befragte, die Beschäftigten müssen auf
„Glanz und Gloria" verzichten, sie haben keinen Zugriff aus Geschäftswagen
von Porsche, können nicht in großen Flugzeugen rund um die Welt fliegen oder
mit Bildern ihrer Arbeitsstätte Eindruck bei Dritten schinden. Weder die Bau-
lichkeiten, noch die Ausstattung der Mitarbeiter sind also dazu angetan, die
Sichtbarkeit des Unternehmens zu erhöhen oder die Darstellungschancen der
Angestellten zu verbessern.

Die Arbeit an der eigenen Fassade und die gezielte Selbstpräsentation werden dort, wo sie gepflegt werden, eher despektierlich behandelt. Im Gegensatz
zur Personalbeschaffung im Tariflohnbereich, die auf Netzwerke, Arbeitsagentur
und Transfergesellschaften setzt und auf ein aktives Personalmarketing weitgehend verzichtet, wird im außertariflichen Bereich eine Vielzahl an Werbetechni-
ken benutzt, um qualifiziertes Personal ins Unternehmen zu holen. Diesen Techniken wird jedoch eher respektlos begegnet:

> „Hochschulmarketinggedöns (…) auch hier mit Messestand und SWR ist toll und so" (S1-
> PM3).

In der Beschreibung einer solchen Karrieremesse tritt das Unbehagen an dieser
Art von Selbstpräsentation deutlich hervor:

> „Ich weiß nicht, ob Sie so etwas schon mal gesehen haben. Das ist ja quasi so * tja, schwalben-
> nestartig stehen dann die Unternehmen Box für Box nebeneinander. (…) Jeder mit demselben
> Display, nur ein anderes Logo. Jeder hat einen Beamer laufen" (S1-PM7).

Mehr als der gute Auftritt zählt dagegen die Bearbeitungsdauer eingehender
Bewerbungen, die als „unbedingte Visitenkarte" für ein Unternehmen beschrieben wird. Den Vorrang der Nutzenlogik vor dem Darstellungskalkül kann man
auch im Ausbildungsbereich beobachten. Die Azubis bauen keine „vorgefertig-
ten künstlichen Dinge" (S1-PM5), sondern engagieren sich in gemeinnützigen
Projekten. Im Rahmen eines *social sponsering* werden etwa regelmäßig Arbeiten
im ortsansässigen Zoo durchgeführt, bei denen nur die Materialkosten abgerech-
net werden. Diese regionale Orientierung ist typisch für die Öffentlichkeitsarbeit

von SWR, wie in der folgenden Passage deutlich wird, in der der Interviewpartner gebeten wird, das Image zu beurteilen, das SWR bei Schülern hat.

„Also das ist/ Ja, was haben wir für ein Image? Das ist schwer einzuschätzen, kann ich so nicht sagen, weil/ äh, ich denke, in dem Moment, wo die [die potentiellen Azubis; HH] mit uns Kontakt hatten, wo die mit uns mal reden können, haben wir ein ganz gutes Image. Wir versuchen da viele Dinge zu machen, wo wir sagen, das ist Spaß/ Wir sind auch so in der Presse regelmäßig vertreten, dass wir eben die Dinge, die wir hier, sagen wir mal im Rahmen der Sozialprojekte machen, auch entsprechend verkaufen, dass wir sagen: «Hier guckt mal, SWR-Azubis machen was da.» Die sind dann auch alle zu Recht stolz, so, dann mal in der Zeitung zu stehen oder, kann man auch Oma mal zeigen, bei den Nachbarn oder so, das ist schon was/ das ist nett für die. Dass wir da, glaub ich, auch ein ganz gutes Image haben. (...) Nur, es ist unglaublich schwer zu sagen, was haben wir für ein Image. Weil wir machen keine Befragung. SWR ist nicht sehr bekannt in der Öffentlichkeit. Wird durch den Tag der offenen Tür, den wir alle zwei Jahre machen, und der *unglaublich* gut besucht ist/ haben wir natürlich ein gewisses Image hier in der Gegend. An so einem Samstag hier waren beim letzten Mal/ da waren, glaub ich, fast sechstausend Leute hier. Das war/ ist schon viel/das ist wirklich schon beeindruckend. Und insofern hab ich da kein, glaub ich, kein Gefühl für. Aber ich bilde mir ein, dass es/ es geht so. [lacht leicht] Auch wenn wir da nicht noch besser/ können eigentlich immer nur besser werden. (S1-PM5) "

Der Interviewpartner tut sich schwer, eine eindeutige Aussage zu treffen, wie es um das Image von SWR bei Schülern bestellt sei, weil „keine Befragung" durchgeführt werde und SWR „nicht sehr bekannt in der Öffentlichkeit sei. Er vermutet jedoch, dass das Image ganz gut sei („es geht so"). Dies wird unter anderem auf die Sozialprojekte zugerechnet, die nicht nur Spaß machen sollen, sondern die man sich auch auf dem Wege regionaler Presseberichterstattung zu „verkaufen" bemühe.

Die Beschränkung auf regionale Marketingstrategien korreliert mit der Selbstwahrnehmung als kleinere Tochter und von der Öffentlichkeit unbeachtetem Unternehmen: *social sponsering* und Tage der offenen Tür sind für ein ortsansässiges Publikum bestimmt. Folgerichtig kommt auch die überwältigende Mehrheit der Azubis aus der Region. Dabei kommt ein selbstverstärkender Zirkel zum Tragen: Weil SWR ein kleines Unternehmen im Schatten der Riesen ist, lohnt es sich nicht, am eigenen Image zu arbeiten und weil man das unterlässt, kennt niemand SWR. Die Umwelt, die SWR nicht kennt, hat man selbst (durch Handlungsverweigerung) hervor gebracht – weil man nur regionales Marketing betreibt, kennt einen allenfalls die Region, deswegen lohnt sich nur regionales Marketing. Damit stabilisiert sich ein Attribut, das dann auch Eingang in organisationale Selbstbeschreibungen finden kann. So beschreibt einer der Mitarbeiter der Personalabteilung gegenüber einem Kollegen SWR als „in der Region verwurzeltes, traditionelles Unternehmen."

Der Nutzen öffentlichkeitswirksamer Aktivitäten wird eher in der Motivation der Beschäftigten gesehen („das ist nett für die"), während der Imagegewinn für das Unternehmen eher in den Hintergrund tritt, wenn nicht sogar lächerlich gemacht wird („kann man auch Oma mal zeigen"). Die Frage danach, welches Image das Unternehmen hat, verblüfft den Interviewpartner. Darin kommt eine gewisse Ungeübtheit oder Insensibilität gegenüber Präsentationsfragen zum Ausdruck, für die es an verschiedenen Stellen Belege gibt. Auf Fragen nach dem Image wird häufig nur mit der Unterscheidung zwischen „gut" und „schlecht" reagiert. Der Blick auf das Image ist wenig institutionalisiert, eine elaborierte Public Relations-Sprache ist nicht verfügbar, es gibt weder eine Marketingabteilung, noch eine PR-Stelle. Das Unbehagen oder die Scheu gegenüber Inszenierungsversuchen lassen sich auch aus dem Umstand herauslesen, dass man schriftliche Selbstdarstellung durch Gelegenheiten zur teilnehmenden Beobachtung ersetzt („in dem Moment, wo die mit uns Kontakt hatten"; „Tag der offenen Tür").

In auffälligem Kontrast dazu stehen die Leitbildbroschüre (s.u.) sowie einige der neueren Ausgaben der Mitarbeiterzeitschrift, deren Professionalisierungsgrad deutlich höher liegt, in denen etwa die Produktionsanlagen in bunter Beleuchtung bei Nacht in Szene gesetzt wurden. Auf Nachfrage erhalten wir die Information, man verdanke diese Hochglanzfotomontagen dem Umstand, dass ein Mitarbeiter zufälligerweise die dazu erforderlichen besonderen Kenntnisse im Bereich der Fotografie besitze. Angesprochen auf diesen Bruch in der Außendarstellung belehrt uns unser Interviewpartner, dass wir uns mit unseren Nachfragen im Bereich der „proktologischen Untersuchung" einer „Fliege" bewegten (S1-PM2). Beide Behauptungen – spezialisiertes Personal würde weder vorgehalten noch gesucht und hinter dem Make-up organisationaler Artefakte stünden keine vertieften Grübeleien – lassen den Versuch erkennen, dem Eindruck entgegen zu wirken, man messe Präsentationsfragen eine große Bedeutung bei oder habe sogar strategische Darstellungsabsichten.

Die zweite Folge der *Agent*-Identität, die ausführlicher geschildert werden soll, liegt im Bereich der Rekrutierung. Aus der Unternehmensidentität wird eine Solidarität mit den Zweitbesten abgeleitet. Alle Interviewpartner sprechen mit hoher Anerkennung von der Belegschaft, räumen jedoch ein, dass die Beschäftigten von SWR nicht aus der ersten Liga des Arbeitsmarktes stammten oder gar aufgrund ihrer hervorragenden Leistungen oder Qualifikationen den Rang des Außergewöhnlichen für sich in Anspruch nehmen könnten. Zwei Zitate benennen die Vorteile, die man diesem Umstand abzugewinnen vermag. Das erste bezieht sich auf den tariflichen, das zweite auf den außertariflichen Bereich:

„Wie gesagt, wir sind sehr interessiert an Hauptschülern, guten Hauptschüler, die häufig verkannt werden. Das sind wirklich gute Jungs und Mädels bei, die aber ein grottenschlechtes Image haben von der Schule her, die sind mir lieber als irgend so ein Gymnasiast, der sagt: «Ok, mach mal ne Ausbildung, dann geh ich sowieso studieren.» (...) Was wir brauchen, sind

Leute, die hier Spaß dran haben, die nächsten vierzig Jahre auf Schicht zu gehen, zu sagen, ich bin da Elektriker oder ich bin da Schlosser oder Dreher oder was weiß ich, und hab da Spaß dran, in dem System mitzuarbeiten" (S1-PM5).

„Bei Maschinenbau, bei Elektrotechnik gilt der Kampf um Talente. * Da kriegen wir * Oberkante B würde ich mal so sagen. Die A-Leute/ ändert sich vielleicht gerade, merken wir auch. E-Technik war Siemens. Ganz klar. Automobil, so. Das waren die A-Leute. Die Top-Absolventen. Schnell, eloquent, gut. Und bei uns? Ja, auch gut. Aber nicht die Spitze. (…) Aber vielleicht sind uns diese Leute auch ganz lieb. So, weil die dann doch etwas/ etwas stärkere Bindungsbereitschaft mitbringen. (…) Und ein bisschen/ etwas weniger heißdüsig sind" (S1-PM7).

Auch hier ergibt sich wiederum ein zirkulärer Zusammenhang: Weil man nur Mitarbeiter der „Kategorie B" bekommt, gelangt man zu der Schlussfolgerung, ein Unternehmen aus der zweiten Reihe zu sein. Zu der These, dass der Fokus der Personalauswahl ausgedehnt ist auf Gruppen, denen der Ruf anhaftet, nicht zu den High-Potentials zu gehören, passt die Praktik, in hohem Umfang Kinder von Mitarbeitern einzustellen. Auch hier wiegen Stabilitäts- und Loyalitätsgesichtspunkte schwerer als Erwartungen an ein überdurchschnittliches Leistungsvermögen. Die Lösung innerbetrieblicher praktischer Probleme bekommt den Vorzug gegenüber der Konformität mit institutionalisierten Erwartungen. Ein weiterer Beleg ist das Engagement von SWR in einem Projekt, das sich „Neue Chance" nennt. Hier werden Azubianwärter, die durch die Aufnahmeprüfung gefallen sind, in einem neunmonatigen Trainingsprogramm auf einen zweiten Versuch vorbereitet. Wenn sie diesen bestehen, bekommen sie einen Ausbildungsplatz. Das Projekt arbeitet nach Angaben des Interviewpartners mit einer über neunzigprozentigen Erfolgsquote und wird aktuell von dreizehn Personen durchlaufen. Im Vergleich mit den 70 Auszubildenden, die 2008 mit ihrer Lehre angefangen haben (2007 waren es noch 40), ist das eine erstaunlich hohe Zahl. Gegen die Überlegung, es handele sich um eine Reaktion auf den drohenden Fachkräftemangel spricht das frühe Entstehungsdatum (2002) dieses ursprünglich von der Agentur für Arbeit angestoßenen Programms. Aus Interviews in einem der Gesellschafterunternehmen wissen wie überdies, dass dort weit über Bedarf ausgebildet wurde. Eine objektive Mangellage als Grund für dieses Programm scheint es also nicht zu geben.

Gerade in Abgrenzung zu den Gesellschaftern, die als hochgradig verschachtelte Unternehmenskomplexe erlebt werden, die sich über eine Vielzahl an Standorten erstrecken und sich historisch bedingt aus einer Fülle unterschiedlicher Unternehmenskulturen zusammensetzen, nimmt sich SWR schließlich stärker als Einheit wahr. Die erlebte geringe Organisationsgröße und die Konzentration auf einen Standort erleichtern diese Wahrnehmung. Diese Einheit habe ihre Voraussetzungen in einem gesteigerten Zusammengehörigkeitsgefühl, das vor allem auf die Merkmale des Produkts zugerechnet wird. SWR sei weder „Gummibärchen"- noch „Nudelfabrik". Die Arbeit in einem Stahlwerk setze in besonderer Weise die Fähigkeit voraus, Verantwortung für die Kollegen mit zu übernehmen, weil Fehler tödlich sein können. Die Gefährlichkeit schweiße zusammen.

> „Man arbeitet hier einfach auch nicht mit irgendwelchen, wat weiß ich, Nudeln und sonst irgendwas, sondern wir beschäftigen uns hier mit flüssigem Stahl, das führt schon auch irgendwo da dazu, dat man so als Team irgendwie vielleicht ein bisschen näher zusammen steht" (S1-PM6).

Dieses Einheitserleben schlägt sich in der beschriebenen Rekrutierungspolitik nieder, die Bindungsbereitschaft stärker gewichtet als akademische Exzellenz. Mit der Rekrutierung der „etwas Schwächeren", die dafür „dankbar" sind, soll ein stärkeres Zusammengehörigkeitsgefühl befördert werden. Aus der *Agent*-Identität folgt also die Wahrnehmung des Unternehmens als Einheit, die eine Personalpolitik anstößt, die Loyalität und Bindung zu steigern und damit diese Einheit hervor zu bringen versucht.

3.2.2 SWR als Akteur

Obwohl SWR nicht „im direkten Wettbewerb unterwegs" ist, sondern im Rahmen seiner Gesellschafterstruktur ausschließlich seine Mütter mit Vormaterial beliefert, begreift sich SWR als *Akteur* im Sinne von Brunsson/Sahlin-Andersson (2000), d. h. es versteht sich als Unternehmen, das selbstgesetzte Ziele rational verfolgt, hierarchisch gesteuert wird, eine Identität oder ein spezifisches Profil sowie scharfgezogene Grenzen zur Umwelt besitzt und sich im Wettbewerb behaupten muss. Diese Identität verdankt sich nicht so sehr dem Kontrast zu den Gesellschaftern, sondern der Einordnung von SWR in den Vergleichshorizont anderer Wirtschaftsunternehmen. Diese Selbstbeschreibung kommt sehr deutlich im Unternehmensleitbild zum Ausdruck, das sich stark am institutionalisierten Ideal einer rationalen und autonomen Organisation orientiert. Der Versuch, sich als kompetenten Akteur zu inszenieren, springt ins Auge: Man kann es „sehen" an dem gegenüber der Homepage deutlich ästhetisierten Layout, am grafischen Design und der sprachlichen Aufbereitung. An die Stelle realer Produktionsarbeiter treten nun Kunstfiguren, wie etwa muskulöse Athleten im Ruderboot, und die stark um Verständlichkeit bemühte, ‚volksnah' anmutende Sprache der Homepage und der Mitarbeiterzeitschrift wird eingetauscht gegen einen glatten und phrasenhaften Marketingslang.

Während in den Perspektiven *Agent* und *Arena* die Prägung der Organisation durch externe Gruppen hervor tritt, werden im *Akteur*-Rahmen Außengrenzen unterstrichen und damit Selbstständigkeit betont. Derartige Abgrenzungsbemühungen lassen sich etwa in dem Bemühen erkennen, die Umwelt als „Markt" und die Gesellschafter als „Kunden" umzudeuten. Anders als auf der Homepage wird SWR im Leitbild nicht mehr als Personenverband in Stellung gebracht, stattdessen unterscheidet der Text stärker zwischen den Mitarbeitern und den kollektiven Ressourcen des Systems, die in den „Anlagen", den „Prozessen" und „Abläufen" verortet werden. „Das Unternehmen" wird als Realität sui generis ausgewiesen, als ein Ganzes, das mehr ist als die Summe seiner Mitglieder und auch dann noch fortbesteht, wenn diese Mitglieder ausgetauscht werden.

Im Kontext der Selbstbeschreibung als *Akteur* müssen nicht nur Zielvorstellungen expliziert werden, die die Organisation als rationales System sichtbar machen, es bedarf darüber hinaus einer Identität, die dieses System in seinen Grenzen definiert und ihm ein individuelles Gepräge oder besonderes Kolorit verleiht (Brunsson/Sahlin-Andersson 2000). Diese Thesen erlauben eine hoch plausible Deutung des empirischen Materials. Gleich im ersten Satz nach der Präambel wird unter der Überschrift „Erfolgreich sind nur die Besten" SWR als strategiefähiger Akteur in Stellung gebracht, dessen Profil oder spezifische Kompetenzen in der Verknüpfung von Qualitäts- mit Kostenaspekten liegen. Ganz im Gegensatz zum Vokabular, das in der Selbstbeschreibung als *Agent* benutzt wird, ist das Leitbild geprägt von einer Höchstleistungs- und Elitensemantik („[mit unserem Können; HH] messen wir uns mit den Besten der Welt"). Auf der symbolischen Ebene werden die genannten thematischen Motive – Zielorientierung; abgeschlossene Einheit, die im direkten Wettbewerb zu anderen Einheiten steht; Individualität und Heroentum – durch die Hintergrundbilder unterstrichen: Gezeigt werden u.a. ein Bergkamm, ein Stürmer beim Torschuss, ein den Gipfel erklimmendes Kletterduo, zwei über Stromschnellen hüpfende Individualtouristen.

Parallel zur Einführung des Leitbildes wurde bei SWR eine Identitätsoffensive gestartet, die in dem Slogan „Wir bei *SWR*" ihren Ausdruck gefunden hat. Diese tautologische Identitätsbehauptung wird mit einer Vielzahl an Plakaten auf dem Betriebsgelände sichtbar gemacht, aber auch durch Aktionen unterstützt: Mitarbeiter können aus einer am Kran befestigten Gondel das Unternehmen aus der Vogelperspektive betrachten. Während die Selbstbeschreibung auf der Homepage geprägt ist von technischen Details, d. h. eher auf eine von Ingenieuren geprägte Identität rückschließen lässt, finden sich im Leitbild kaum Erläuterungen zur technischen Funktionsweise. Die Orientierung an produktionsbezogenen, sachlich-technischen Kriterien tritt hinter die Orientierung an wirtschaftlichen und unternehmensbezogenen Kriterien zurück („dauerhafte Stärkung der eigenen Wettbewerbsfähigkeit"). Professionsbezogene, d. h. über die Organisationsgrenzen hinausreichende Identitätsbezüge, werden also gekappt und durch eine eigennützige Selbstorientierung ersetzt.

Im institutionalisierten Modell der Organisation wird schließlich die Notwendigkeit der Koordination durch ein leitendes Zentrum bzw. die Hierarchie betont. Das Zentrum benötigt Handlungsspielräume, damit ihm Verantwortung für die Gestaltung der Organisation zugeschrieben werden kann – solche „Handlungsfreiheiten" und „Freiräume", die Organisation zu gestalten, werden im Leitbild gleich mehrfach betont. Das Leitbild beginnt mit einer von der Geschäftsführung unterschriebenen „Präambel", wird also im Namen der Hierarchie geschrieben. Der Umstand, dass überhaupt ein Leitbild, in dem Ziele und Strategien expliziert werden, formuliert werden muss, bestätigt die Handlungsfähigkeit einer Leitungsebene, die nicht nur externe Vorgaben vollzieht. Eine Stärkung der Hierarchie im Sinne einer Verschiebung von Kompetenzen ist auf der operativen Ebene nicht ersichtlich, wohl aber wird das Thema Führung in hohem Umfang aufgegriffen und in der Form einer „Führungsmatrix" zu einer Reihe von Führungsleitsätzen verdichtet, nach Maßgabe derer die Führungskräfte von ihren jeweiligen Vorgesetzten entgeltwirksam beurteilt werden.

An zwei Beispielen möchte ich vorführen, wie sich Aspekte der Identität der Organisation in Abhängigkeit von den jeweiligen, der Beobachtung zugrunde gelegten Rahmen wandeln. Wie weiter oben dargestellt spielt für die Selbstwahrnehmung als Tochterunternehmen im *Agent*-Rahmen das Merkmal der Organisationsgröße eine wichtige Rolle. Im Kontext der Selbstbeschreibung als *Akteur* stellt sich nun „dasselbe" Merkmal ganz anders dar. An die Selbstbeschreibung als „klein" werden andere, positiv besetzte Merkmale wie etwa Flexibilität angedockt. SWR sieht sich selbst als Unternehmen, das aufgrund seiner Kleinheit leichter steuerbar, schneller auskunftsfähig und effizienter ist, weil man z. B. individuell zugeschnittene Weiterbildungsmaßnahmen auflegen könne. Die wahrgenommene Kleinheit wird im *Akteur*-Rahmen also zum Aufbau einer positiven Identität benutzt.

Am Identitätsmerkmal „Stahlarbeit" kann man dasselbe beobachten, wie bei dem Merkmal „Größe": Je nach benutzter Kontextur lädt sich das Merkmal mit unterschiedlichen Bedeutungsgehalten auf. In der Wahrnehmung des Produkts bzw. der Arbeit an diesem spiegeln sich beide Selbstverständnisse, das wahrgenommene Schattendasein mit Authentizitätsbonus ebenso wie die Identität als modernes Unternehmen. Im Kontext der *Agent*-Identität ist Stahlarbeit konnotiert mit dreckiger, mühevoller Arbeit, die eher unattraktiv ist und sich nicht für Darstellungszwecke eignet. Die Identifikation mit dieser Arbeit sei schwierig, weil man ihr Endprodukt (z. B. „Brillenschräubchen" [S1-PM9]) nie zu Gesicht bekomme und deshalb auch nicht als *brand* ins öffentliche Bewusstsein dringe. Mehrere Interviewpartner räumen ein, dass die Arbeitsrealität bei SWR auch schwere körperliche Anstrengung und kräftezehrenden Schichtbetrieb beinhalten kann:

> „Das ist keine Gummibärchenfabrik hier, das ist knochenharte Arbeit manchmal, das muss man einfach dann auch dem [dem Bewerber; HH] klar machen, sonst bringt das nichts" (S1-PM5).

Die angesprochene Rekrutierungspraktik wird durch diese Auffassung der eigenen Arbeit legitimiert, man ist durchaus zufrieden mit etwas schwächeren Kandidaten, die dafür aber treu bleiben und Spaß haben an ihrer Tätigkeit. Innerhalb des *Akteur*-Rahmens steht die Arbeit bei SWR dagegen für Qualitätsproduktion in der Spitzenliga. In der Herstellung gewisser hochwertiger Stahlgüten liegt ein Alleinstellungsmerkmal von SWR. Als „Apotheke des Stahls" (S1-PM2; S1-BR3) kann sich die Hütte selbstbewusst zeigen und stolz sein auf ihre Produkte und ihre „attraktiven Arbeitsplätze" (Leitbild).

Die Selbstbeschreibung als *Akteur* ist keineswegs nur Fassade oder Oberflächenphänomen. Sie nimmt Gestalt an im Leitbild, ist aber nicht auf dieses beschränkt, sondern hat darüber hinaus weitreichende Konsequenzen für die Personalpolitik. SWR hat im Personalbereich in den vergangenen fünf Jahren einen erheblichen Veränderungsprozess durchlaufen, der als operative Folge der *Akteur*-Identität gedeutet werden kann. Die Personalabteilung versteht sich nicht mehr länger als klassische Personalverwaltung oder reaktiver Dienstleister, wie man im Kontext der *Agent*-Identität erwarten würde. Vielmehr lässt sich in den verschiedenen Professionalisierungsbemühungen der Versuch erkennen, die Personalabteilung als aktiven Gestaltungsmotor in Stellung zu bringen und ein strategisches Human Resource Management aufzubauen, mit dessen Hilfe die *Akteur*-Qualitäten von SWR unterstrichen werden können.

Vor allem die Themen demografischer Wandel und drohender Fachkräftemangel scheinen dazu zu dienen, eine Reihe von zukunftsgerichteten Programmen zu lancieren und zu integrieren, mit denen sich eine autonome Strategiefähigkeit symbolisieren lässt. Dazu gehört neben der „Bestenförderung" und der „Nachwuchssicherungsfunktion" auch der Bereich der innerbetrieblichen Weiterbildung. Im Rahmen der „Bestenförderung" werden tarifliche Mitarbeiter stipendienfinanziert zu Meistern oder sogar Ingenieuren weitergebildet; die „Nachwuchssicherungsfunktion" beinhaltet den Aufbau einer „Speckschicht" (S1-PM6) von Ingenieuren, die über Bedarf auf Planstellen eingestellt, um im Falle von Vakanzen und Engpässen in die eigentlichen Prozessabläufe integriert zu werden. Darüber hinaus kam es unter der Überschrift „Lebenslanges Lernen" (S1-PM5) zu einer umfangreichen Ausdehnung der Weiterbildungsaktivität.

Der Rationalisierungsprozess, der sich in der Personalabteilung vollzieht und der sich als Folge der *Akteur*-Identität interpretieren lässt, kann durch weitere Maßnahmen belegt werden. Organisationale Rationalität ist verknüpft mit der intentionalen Verfolgung von Zielen. Um diese Rationalität zu signalisieren, müssen Ziele herausgestellt und gegenüber Regeln in den Vordergrund gerückt werden. So wurde etwa die Entgeltsystematik der außertariflich Beschäftigten verändert und in erheblichem Umfange durch variable Komponenten, die an die Erreichung von Zielen gebunden sind, ergänzt. Ziele werden in Mitarbeitergesprächen mit dem Vorgesetzten vereinbart und evaluiert. Solche Zielvereinbarungen und darauf bezogene variable Entgeltbestandteile gibt es nicht nur im außertariflichen, sondern auch im tariflichen Bereich, auch wenn deren Umfang in der Wahrnehmung der Beteiligten eher zu vernachlässigen ist. Immerhin wurde aber in den Interviews mehrfach betont, dass SWR mit diesen Zielvereinbarungen auf Schichtebene ein Alleinstellungsmerkmal innerhalb der Stahlbranche besitze. Ziele werden darüber hinaus auch in anderen Bereichen exponiert: Führungsleitsätze wurden entwickelt, nach Maßgabe derer Führungskräfte entgeltwirksam beurteilt werden; im Bereich der Personalauswahl wurden Zielkompetenzen definiert, die in Assessment-Centern getestet werden, die sowohl bei der internen Stellenbesetzung als auch bei der externen Personalrekrutierung zum Einsatz kommen. Da diese Maßnahmen alle jüngeren Datums sind, ist es schwierig zu beurteilen, welchen Einfluss sie auf das Organisationsleben haben.

Um Konformität mit dem institutionalisierten Idealbild der Organisation zum Ausdruck bringen zu können, müssen Organisationen schließlich nicht nur ihr Profil unterstreichen, sie müssen auch ihre Ähnlichkeit und Vergleichbarkeit mit anderen Organisationen hervorheben. Man sucht deshalb z. B. im öffentlichen Sektor Führungskräfte, die aus der Privatwirtschaft kommen und bewertet allgemeine organisatorische Qualitäten (Führen) höher als Spezialkenntnisse in dem für die Organisation spezifischen Bereich (Brunsson/Sahlin-Andersson 2000). Bei SWR kann man dieses Bemühen an einem Generationswechsel ablesen, der sich in den letzten fünf Jahren vollzogen und der dazu geführt hat, dass maßgebliche Positionen der Personalabteilung mit Menschen besetzt wurden, die spezifische personalwirtschaftliche Kompetenzen bereits im Rahmen ihres Hochschulstudiums erworben haben. Es handelt sich dabei also um Fachleute, die von der Ausbildung her Personaler sind, d. h. sich durch branchenunabhängige Expertise in diesem Feld auszeichnen, und nicht etwa um Ingenieure oder Kaufleute, die sich betriebsintern in die Personalabteilung entwickelt haben, wie das für die ältere Generation charakteristisch gewesen ist.

3.2.3 *SWR als Arena*

Innerhalb des Rahmens der *Arena* schließlich thematisiert sich SWR als Unternehmen, das sich „voll im Feld der Mitbestimmung" (S1-PM7) bewegt, in dem man immer mit dem Betriebsrat, also einer durch externe Akteure unterstützten Institution, um Lösungen ringen muss. Selbstbeobachtung bedeutet hier für die Personalabteilung, das eigene Tun im Spiegel der antizipierten Betriebsratsmeinung zu prüfen. Man beobachtet, wie man vom Betriebsrat beobachtet wird. Durch die starke Stellung des Betriebsrats resp. der Mitbestimmung werden in die Unternehmensstruktur Konflikte inkorporiert, die mit Hilfe des gemeinsamen ideologischen Konsenses, ein „soziales Unternehmen" zu sein, überbrückt werden. Die wechselseitige Beobachtung wird durch die Erwartung geführt, dass sich alle an diesen Konsens halten. Er wird geschützt durch den Ausschluss kritischer Betriebsratslisten von den paritätisch besetzten Kommissionen, in denen die wesentlichen personalrelevanten Entscheidungen vorbereitet werden.

Die Selbstbeschreibung als „soziales" Unternehmen findet sich in nahezu allen Interviews. Sie wird weder allein von den Betriebsräten getragen noch auf deren Aktivitäten zugerechnet, sondern als gemeinsamer Anspruch eingeführt. Es finden sich im Material keine Hinweise auf die Existenz einer konkurrierenden Selbstbeschreibung. „Sozial" zu sein bedeute, Verantwortung gegenüber den Interessen der Belegschaft, aber auch gegenüber Region und Gesellschaft zu übernehmen. Einer der Interviewpartner bezeichnet diese Orientierung auch als „traditionell". Dieses Selbstverständnis nimmt zum Teil eine gewisse ökonomiekritische Färbung an. Einer der Personalmanager erklärt:

> „Montanmitbestimmung, das heißt hohe Wertstellung so im, ähm, verantwortungsbewussten Umgang mit dem Mitarbeiter als solchem. Die human resource ‚Mensch' halt hier im Stahl ist schon noch was anderes als in irgendwelchen New Economy-Branchen oder sowas. Hier ist ein ganz eindeutiger Geist dafür vorhanden, dass die Arbeit dem Menschen dient. Natürlich muss hier wat geleistet werden, dat steht außer Frage. Aber die Arbeit dient dem Menschen und seinem Wohlstand und nicht andersrum. Also die Entscheidungsfindung hinsichtlich Hire and Fire, wenn man dat mal überhaupt in den Mund nehmen möchte hier, ist eine ganz andere als in anderen Branchen. Viel mehr Sorgfalt, viel mehr Chance. Hier wird wirklich drei-viermal überlegt, was kann ich tun, wen kann ich entwickeln, wen muss ich irgendwie anders einsetzen" (S1-PM6).

Diese „soziale" Orientierung geht über die für den *Akteur* charakteristische Fixierung auf die Betriebsziele im engeren Sinne, die egoistische Profitmaximierung, hinaus und ist deshalb als Signatur der *Arena* zu begreifen. Zu den überbetrieblichen Akteuren in dieser Arena zählen neben den Tarifvertragsparteien auch der Staat, der durch die einschlägige Gesetzgebung („Montanmitbestimmung") die Grundlagen setzt, auf der die starke Stellung der Arbeitnehmervertretung fußt.

Das Attribut „sozial" ist in der Wahrnehmung der Beteiligten eher ein Branchenmerkmal, d. h. charakteristisch für „den Stahl" im Unterschied zu anderen Branchen. Innerhalb des *Arena*-Rahmens werden also Merkmale beleuchtet, die SWR in der Wahrnehmung der Beteiligten mit anderen Stahlunternehmen gemeinsam hat, bzw. der Selbstbeschreibung als *Arena* liegt der Vergleich von SWR als Teil der Stahlbranche mit anderen Branchen zugrunde.

„Ich glaube nicht, dass das [die soziale Orientierung; HH] in den Gesellschafterunternehmungen anders ist. Das ist der Stahl. SWR insgesamt vielleicht nochmal eine Spur ausgeprägter. (…) Es ist jetzt nicht so, dass wir uns da jetzt so nennenswert von anderen Unternehmungen in der Stahlindustrie unterscheiden dürften. Würde ich jetzt nicht so mutmaßen. Ganz deutlich unterscheiden wir uns von anderen Branchen. Automobil, IT" (S1-PM7).

Die *Arena*-Semantik gründet auf einem strukturellen Kontext, der stark durch externe Gruppen gestaltet wird. Neben der gesetzlich verankerten Pflicht, die Zustimmung des Betriebsrats bei nahezu allen personalpolitischen Entscheidungen einzuholen, kommt dies in der Position des Arbeitsdirektors zum Ausdruck, dessen Bestellung nicht gegen die Stimmen der Mehrheit der Arbeitnehmervertreter im Aufsichtsrat erfolgen darf. Der aktuelle Arbeitsdirektor kommt aus den Reihen der IG Metall. Eine nachhaltige Beeinflussung durch externe Kräfte lässt sich aber auch an der Prägung durch Tarifverträge ablesen, die sich nicht nur auf die Entlohnung beziehen, sondern etwa auch die demografische Entwicklung zum Inhalt haben. Als weitere Indikatoren für den Einfluss der Gewerkschaft können darüber hinaus der Organisationsgrad der Beschäftigten angeführt werden (im Bereich der Lohnempfänger liegt der bei 98%, insgesamt bei 93%), das Vorhandensein einer IG-Metall-Liste bei den Betriebsratswahlen und die hohe Anzahl an gewerkschaftlichen Vertrauensleuten.

Jenseits dieser teilweise institutionell erzwungenen Praktiken gibt es jedoch eine Reihe von Regelungen, die über das gesetzlich und tarifvertraglich Festgelegte hinausgehen. So sind bei SWR etwa 23 (statt wie gesetzlich vorgeschrieben 9) Betriebsräte freigestellt. Als sichtbare Manifestationen der sozialen Orientierung werden immer wieder der Sozialplan genannt, der aus den 80er-Jahren stammt sowie zahlreiche weitere Betriebsvereinbarungen, in denen Leistungen definiert werden, die deutlich das tarifliche Mindestmaß übersteigen. Zu nennen wären ferner der Verzicht auf betriebs- oder krankheitsbedingte Kündigungen, das Ausbildungsvorbereitungsprogramm „Neue Chance", das *social sponsering* im Bereich der Öffentlichkeitsarbeit oder die realisierte Gleichstellung von Zeit- und Leiharbeitern. Die arbeitnehmerfreundliche Komponente in der Unternehmensidentität spiegle sich ferner darin wieder, dass man bei der Rekrutierung Familienväter, Menschen mit Migrationshintergrund oder ältere Arbeitnehmer bei gleicher Qualifikation bevorzuge. Auch Beschäftigte, die aus familiären Gründen Teilzeit arbeiteten, müssten keine Karriereeinbußen hinnehmen. An all diesen Beispielen kann man ablesen, wie die *Arena*-Identität Einfluss auf die Verkettung kommunikativer Operationen nimmt. Sie gestaltet die Wirklichkeit nach ihrem Bilde. Der *Arena*-Rahmen lässt sich also nicht nur auf der Ebene der

Semantik rekonstruieren. SWR beschreibt sich nicht nur als *Arena*, SWR formiert sich in seinen Handlungen und Entscheidungen (zum Teil) als *Arena*. Wie bei den anderen, oben skizzierten Identitäten sind explizites und implizites Selbst zirkulär miteinander verwoben.

Anders als im *Agent-* und *Akteur*-Rahmen fokussiert die Selbstthematisierung innerhalb des *Arena*-Rahmens eher die Pluralität von Kulturen und Interessen und die Fragmentierung der Belegschaft. Statt die Einheit von SWR zu betonen, finden sich in einer Vielzahl von Interviews Hinweise auf das „Eigenleben der Schichten", die Vielzahl an „Binnenkulturen" oder ein „abteilungsbezogenes Wir-Gefühl".

> „Ganz am Anfang habe ich was vom Eigenleben erzählt. Und das ist auch das, was wir feststellen so in den Betrieben. Es gibt ein Eigenleben. Es gibt am Hochofen ganz klar ein Eigenleben. Da gibt es eine Schicht, die hat immer was zu meckern. Da könnten wir jetzt hingehen, die haben immer was zu meckern, das ist so. Da ist ein Club zusammen, der Meckerfritzen, fertig. Ist so. Wenn man mit denen jetzt sowas durchspricht, dann sagen die, «Ja, seid Ihr bekloppt? Was habt Ihr denn da wieder gemacht?» Dann gehen Sie an den gleichen Hochofen acht Stunden später, andere Schicht, sagen die, «Ja, hört sich doch gut an, ja.» Das ist so. Muss man mit leben" (S1-BR1).

> „Also, ich gehe mal davon aus, dass sich das «Wir-Gefühl» über die Arbeit ergibt. Also, da wird sich eher so eine Schichttruppe im Gießbetrieb oder in der Kokerei als «Wir» fühlen, als jetzt ein Mitarbeiter aus der Kokerei mit einem Mitarbeiter der Personalabteilung. Also, die/ ist klar, aus dem alltäglichen Arbeitsprozess entwickelt sich das. (…) Mit diesem, was Sie gerade sagten, mit dieser Selbstidentifikation «Wir sind SWR» und so, (…) ich glaube, das wird eher nach außen getragen und gelebt, und vielleicht auch dann bei jedem Einzelnen so mitgenommen, als dass wir jetzt alle hier irgendwie in brüder- und schwesterlicher Gemeinschaft leben. Das wird eher, denke ich mal, aus dem alltäglichen Arbeitsprozess definiert" (S1-PM2).

Hält man sich an diese Aussagen, so erwachsen Wir-Gefühle aus der konkreten Zusammenarbeit und sind deshalb eher schicht- oder abteilungsbezogen. Bei der Identitätsoffensive im Rahmen der Leitbildeinführung sei die Außerdarstellung mit größerem Nachdruck betrieben worden als die Förderung des Gemeinschaftsgeistes der Belegschaft. Mit Attributen wie „brüder- und schwesterlich" wird der Gedanke einer Unternehmensgemeinschaft eher lächerlich gemacht. Die Existenz von Berufskulturen wird zwar nicht verneint, scheint aber hinter die arbeitsplatzzentrierten Vergemeinschaftungen zurückzutreten. Dort kommt es dann aber auch zu grenzüberschreitenden Aktivitäten (die Schichten treffen sich zum Fußballspielen). Da sich SWR einer Fusion unterschiedlicher Stahlunternehmen verdankt, findet man auch immer wieder Einschätzungen, die ein Weiterleben der Kulturen der Ursprungsunternehmen behaupten.

Dass es sich bei dieser Pluralität nicht einfach um ein friedliches Nebeneinander handelt, kann man aus den Aussagen der Betriebsräte schließen. Sie erleben das „Eigenleben der Schichten" bei dem Versuch, es allen recht machen zu wollen und es doch Einigen nie recht machen zu können. Die Gespaltenheit der Belegschaft erfährt der Betriebsrat im eigenen Gremium und bei jeder Wahl, bei der man um die eigene Liste bangen muss. So gibt es neben der Betriebsratsgruppe, die der IG Metall nahesteht, eine weitere Liste mit zum Teil türkischstämmigen Vertretern. Das Verhältnis zwischen beiden ist unterkühlt („Man grüßt sich." [S1-BR3]). Letztere können durch die zahlenmäßige Überlegenheit der IG Metall-Vertreter im Betriebsratsgremium überstimmt und von der Beteiligung an der wichtigen Kommissionsarbeit ausgeschlossen werden. Nicht nur im Verhältnis von Personalabteilung zum Betriebsrat, sondern auch innerhalb des Betriebsratsgremiums, nimmt die *Arena* also die Form eines durch Beobachtungen zweiter Ordnung geprägten Kontextes an, der einen ubiquitären Täuschungsverdacht freisetzt. Innerhalb des *Arena*-Rahmens ist mit umstrittenen Selbstbeschreibungen zu rechnen, die einerseits dadurch unterdrückt werden, dass die Personalabteilung nur sehr selektiv mit dem Betriebsrat kommuniziert – es gibt bevorzugte Betriebsräte, die stärker eingebunden werden – und andererseits durch den formalen Ausschluss der „türkischen" Liste, der die Forderungen der IG-Metall nicht weit genug gehen. Durch diese Techniken wird der ideologische Konsens, ein „soziales" Unternehmen zu sein, gedeckt.

Wie oben dargestellt, koinzidieren *Agent-* und *Akteur*-Rahmen in der Beschreibung von SWR als Einheit, auch wenn sich beidemal diese Einheit mit sehr unterschiedlichen Konnotationen auflädt. Wenn Personaler und Betriebsräte durch eine dieser beiden Brillen auf SWR blicken, kommen sie zu dem Schluss, dass es die Realität von „Wir bei *SWR*" tatsächlich gebe und die verschiedenen Organisationsprozesse denselben Orientierungsmustern folgten. Im Kontext der *Arena* wird diese Einheitssemantik aufgegeben, an ihre Stelle tritt die Behauptung eines stark fragmentierten Gefüges unterschiedlicher Beteiligter. Gruppensolidaritäten fallen nicht mit den Unternehmensgrenzen zusammen, sondern sind entweder kleinräumiger (Schicht, Abteilung, Partialkultur) oder aber reichen über die Werkstore hinaus: Betriebsräte verstehen sich eher als „IG-Metaller" und viele Arbeitnehmer als „Stahlarbeiter", die einen sind stolz auf ihre Gewerkschaft, die anderen auf die Branche, in der sie arbeiten. Auch diese Selbstwahrnehmung, die eher Differenzen und Unterschiede betont, schlägt sich in personalrelevanten Entscheidungen nieder. Zu denken wäre hier nicht nur an das Entlohnungssystem, über das eine erhebliche Differenzierung zwischen tariflich und außertariflich bezahlten Mitarbeiter herbeigeführt wird, sondern auch an den Umstand, dass sich Betriebsräte stärker für die Belange derjenigen Mitarbeiter einsetzen, die ihnen wohlgesonnen sind.

3.2.4 Zwischenbetrachtung – Beschreibung und Beschriebenes

Die bisherige Analyse konnte drei verschiedene Selbstbeschreibungen identifizieren und belegen, inwiefern diese als Prämissen in personalpolitischen Entscheidungsprozessen benutzt werden. Die personalpolitischen Entscheidungen bestätigen umgekehrt die Selbstbilder, auf deren Grundlage sie getroffen werden. Sie strukturieren die Umwelt derart, dass die ‚zurückfließenden' Informationen die Karten stützen, die das Handeln anleiteten: Der spezifische Zuschnitt der Öffentlichkeitsarbeit führt dazu, dass SWR in der überregionalen Presse nicht präsent ist, was den Rückschluss zulässt, dass es sich um ein Unternehmen aus der zweiten Reihe handelt; die Rekrutierung von Kandidaten der „Kategorie B" (S1-PM7) verstärkt die Selbstwahrnehmung als ein Unternehmen, das die zweite Geige spielt; die hohe Zahl an freigestellten Betriebsräten erhöht die wahrgenommene Bedeutung der betrieblichen Mitbestimmung im Alltagsbetrieb; die Implementierung selbstgewählter Personalentwicklungsinstrumente bestätigt das Selbstbild als autonomer *Akteur*.

Dieser zirkuläre Zusammenhang sich selbst verstärkender Identitätsvorstellungen betrifft zunächst die Wahrnehmung der Beteiligten im Feld. Darüber hinaus könnte jedoch gefragt werden, ob auch ein Fremdbeobachter zu dem Ergebnis kommen würde, dass die fraglichen Selbstbeschreibungen die Organisation nach ihrem Bilde formen; dass sie, indem sie Entscheidungen anleiten, an denen sich weitere Entscheidungen orientieren, die Wirklichkeit gestalten, auf die sie sich beziehen und in diesem Sinne als selbsterfüllende Prophezeiungen wirken. Weick (1995; 1998) wählt den Begriff des „enactment" für diese möglichen Folgewirkungen organisationaler Entscheidungen. Wer in Übereinstimmung mit der Selbstbeschreibung handelt, schafft unter Umständen eine Realität, die dieser entspricht. Kommt es im Falle der SWR zu einer solchen zirkulären Verwicklung von Selbstbeschreibung und beschriebenem Selbst – in den Worten Seidls (2005: 69): von „reflective identity" und „substantive identity"? Machen sich die Selbstbeschreibungen zutreffend? Um die These von sich selbst erfüllenden Identitätsvorstellungen empirisch überprüfen zu können, müsste man die Beschreibung mit dem Beschriebenen vergleichen, zu diesem Beschriebenen hat man allerdings keinen direkten Zugang, ohne sich nicht wiederum auf Beschreibungen verlassen zu müssen. Die „objektive" Realität der Organisation lässt sich nicht jenseits einer Beschreibung durch einen Beobachter messen. Das Beschriebene ist immer nur als Beschreibung zu haben, ohne je mit diesem zur Deckung zu kommen.

Man könnte die *enactment*-These dadurch stützen, dass man eine Koinzidenz der Selbstbeschreibung des Gegenstandes mit der Fremdbeschreibung durch einen externen Beobachter behauptet. Das Problem dabei ist, dass sich diese Fremdbeschreibung auf dieselbe Datenbasis wie die Rekonstruktion der Selbstbeschreibungen beziehen muss, nämlich eben auf Selbstbeschreibungen des Gegenstandes. Die Aussage eines Personalers, bei SWR handele es sich um ein „soziales" Unternehmen, könnte überprüft werden, indem man Betriebsräte und Beschäftigte um eine Einschätzung bittet, ob sie dieser Diagnose zustimmen würden; bei diesen Einschätzungen handelt es sich jedoch abermals um Selbstbeschreibungen von SWR. Selbst eine teilnehmende Beobachtung könnte dieses Problem allenfalls lindern, denn diese würde ja auch Gespräche, Beurteilungen, Beobachtungen – also Beschreibungen, die die Organisation zugleich sind und nicht sind – sammeln. Die Unterscheidung von Fremd- und Selbstbeschreibung ist also höchst fragil.

In der vorliegenden Fallstudie haben keine systematischen Bemühungen stattgefunden, wenn nicht objektive so doch weitere Daten über die beschriebene Organisation zusammen zu tragen, mit denen die entdeckten Selbstbeschreibungen verglichen werden könnten. Es wurde weder versucht, den Grad an Fragmentierung der Belegschaft noch die Qualifikation der Beschäftigten im Vergleich zu anderen Stahlbetrieben zu ermitteln oder gar eine dichte Beschreibung der Stahlproduktion nach dem Vorbild von Popitz et al. (1957) durchzuführen. Vorhandene Daten, die im Rahmen einer wissenschaftlichen Begleitung des oben beschriebenen „Kostensparprogramms" generiert wurden, wollten uns die Verantwortlichen leider nicht zur Verfügung stellen. Im Kontext des Forschungsprojektes BEATA wurde zwar eine Beschäftigtenbefragung durchgeführt, deren Ergebnisse sind für den hier in Frage stehenden Zweck allerdings nur sehr bedingt sachdienlich.

Die Aussagen der vorstehenden Identitätsanalyse sind also beschränkt auf die Ebene der Selbstbeschreibung und lassen keine Rückschlüsse auf die Frage zu, wer oder was SWR „wirklich" ist. Die Ergebnisse der Rekonstruktion dieser organisationalen Selbstbeschreibungen und deren Wirkungen auf die Personalpolitik sind in den Abbildungen 1-3 noch einmal zusammengefasst.

Abbildung 1: Die *Agent*-Identität als Resultat des Vergleichs mit den
Gesellschafterunternehmen

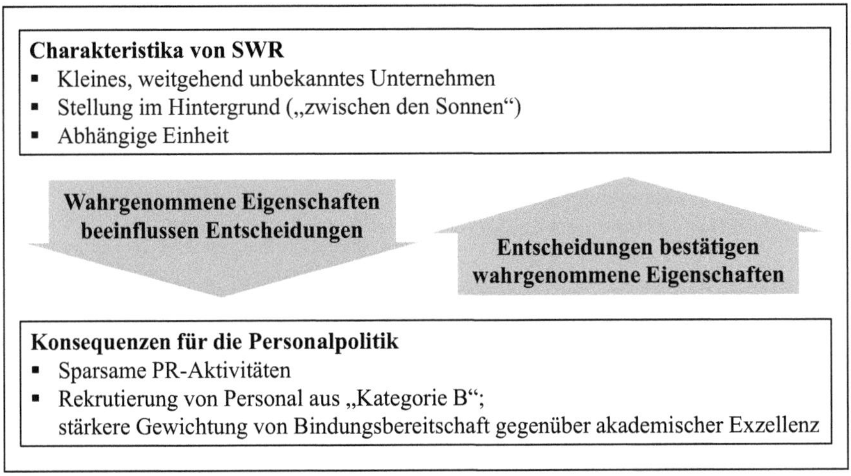

Charakteristika von SWR
- Kleines, weitgehend unbekanntes Unternehmen
- Stellung im Hintergrund („zwischen den Sonnen")
- Abhängige Einheit

**Wahrgenommene Eigenschaften
beeinflussen Entscheidungen**

**Entscheidungen bestätigen
wahrgenommene Eigenschaften**

Konsequenzen für die Personalpolitik
- Sparsame PR-Aktivitäten
- Rekrutierung von Personal aus „Kategorie B";
  stärkere Gewichtung von Bindungsbereitschaft gegenüber akademischer Exzellenz

Abbildung 2: Die *Akteur*-Identität als Resultat des Vergleichs mit anderen
Wirtschaftsorganisationen

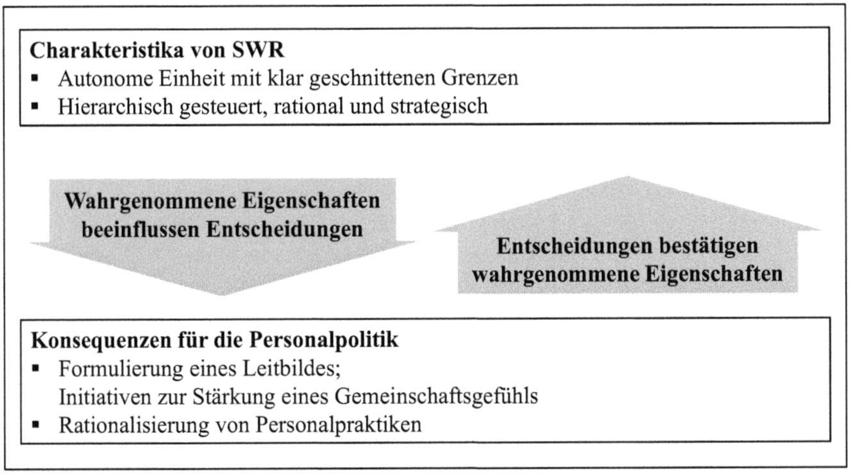

Charakteristika von SWR
- Autonome Einheit mit klar geschnittenen Grenzen
- Hierarchisch gesteuert, rational und strategisch

**Wahrgenommene Eigenschaften
beeinflussen Entscheidungen**

**Entscheidungen bestätigen
wahrgenommene Eigenschaften**

Konsequenzen für die Personalpolitik
- Formulierung eines Leitbildes;
  Initiativen zur Stärkung eines Gemeinschaftsgefühls
- Rationalisierung von Personalpraktiken

Abbildung 3:   Die *Arena*-Identität als Resultat des Vergleichs mit anderen
Branchen

```
┌──────────────────────────────────────────────────────────────────────┐
│                                                                        │
│  ┌──────────────────────────────────────────────────────────────────┐ │
│  │ Charakteristika von SWR                                          │ │
│  │  ▪ Hohe Bedeutung der Mitbestimmung                              │ │
│  │  ▪ Soziales Unternehmen                                          │ │
│  │  ▪ Fragmentiert in unterschiedliche Kulturen                     │ │
│  └──────────────────────────────────────────────────────────────────┘ │
│                                                                        │
│      Wahrgenommene Eigenschaften                                       │
│      beeinflussen Entscheidungen                                       │
│                                        Entscheidungen bestätigen       │
│                                        wahrgenommene Eigenschaften     │
│                                                                        │
│  ┌──────────────────────────────────────────────────────────────────┐ │
│  │ Konsequenzen für die Personalpolitik                            │ │
│  │  ▪ Große Anzahl von Betriebsräten, die von der Arbeit           │ │
│  │    freigestellt sind                                             │ │
│  │  ▪ Arbeitnehmerfreundliche Personalpraktiken                    │ │
│  │  ▪ Gruppenspezifische Personalpraktiken                         │ │
│  └──────────────────────────────────────────────────────────────────┘ │
│                                                                        │
└──────────────────────────────────────────────────────────────────────┘
```

3.2.5 Das Verhältnis der Identitäten zueinander

Der Befund einer Pluralität von Rahmen, die bei der Selbstbeschreibung benutzt
werden, wirft die Anschlussfrage nach dem Verhältnis dieser Rahmen zueinander auf. Aus dem Eingespanntsein in unterschiedliche Kontexturen auf eine
fragmentierte Identität durchzuschließen, erscheint dabei möglicherweise vor-
schnell. Ich möchte stattdessen die These belegen, dass das Ausmaß variiert, in
dem die verschiedenen Merkmale und Bedeutungen, die sich aus den jeweiligen
Rahmen ergeben, sich überschneiden, zu einer einheitlichen Identität addieren,
sich hilfreich ergänzen, benutzen oder einander widersprechen. Eine zumindest
phasen- oder ereignishafte aber vielleicht auch länger andauernde Koinzidenz
von „an sich" divergierenden Kontexturen scheint durchaus möglich (Pratt/Fore-
man 2000). Im Falle von SWR müsste man also eher von einer Oszillation zwischen einer einheitlichen und einer fragmentierten Selbstbestimmung sprechen.
Ich möchte im Folgenden einige Beispiele zusammentragen, wie sich die beschriebenen Orientierungsrahmen wechselseitig stabilisieren und miteinander
verbinden, und diese anschließend mit Beispielen kontrastieren, an denen sich
Konflikte zwischen den Rahmen ablesen lassen.

3.2.5.1 Koinzidenz und wechselseitige Stabilisierung

Int: Also insgesamt würden Sie schon sagen, man versteht sich, man kooperiert. [gemeint sind der Betriebsrat und die Arbeitgeberseite; HH]

BR2:   Ja, natürlich.

Int: Und es gibt/ und Konflikte werden eher im Vorfeld vermieden, indem man zum Beispiel so was nicht macht und indem vielleicht auch der Arbeitgeber bestimmte Sachen nicht macht und

BR2:   Ja, klar.

Int: Manchmal macht er sie eben doch wie dieses Kostensparprogramm.

BR2:   Gut, bei dem Thema muss man dann fragen, wer ist der Arbeitgeber.

Int: Mhm.

BR2:   Da kann ich nur sagen, dass hier die Geschäftsführung auch nur aushandelnde,

Int: Ausführende

BR2:   Ausführende, danke, ausführende Personen waren, aber die waren quasi Befehlsempfänger. (S1-BR2)

In dieser Interviewpassage wird über ein „Kostensparprogramm" diskutiert, in dessen Rahmen neben verschiedenen arbeitsorganisatorischen Veränderungen auch Personalkosten gesenkt werden sollten und das auf starken Widerstand seitens des Betriebsrates und der Belegschaft stieß. Der Befragte erlebt das Verhältnis zwischen Betriebsrat und Arbeitgeber als kooperativ; Konflikte würden vermieden, indem man nicht-durchsetzbare Vorschläge gar nicht erst einbringe. Dass dies im Falle des Kostensparprogramms dennoch geschehen sei, wird auf die Eigentümer zugerechnet, die hinter der Geschäftsführung stünden und diesen Befehle erteilten. Die Rahmen stützen sich in diesem Falle insofern, als der Schwarze Peter für unliebsame Maßnahmen den Gesellschaftern zugeschoben werden kann, um intern die Konfliktlinie zwischen Arbeitgeber und -nehmern zu glätten und Einigkeit zu simulieren. Der *Agent*-Rahmen erlaubt es, die unternehmensinterne Hierarchie abzuschatten und in die Differenz zwischen SWR und seinen Gesellschafterunternehmen hinein zu kopieren. Damit kann der Konflikt zwischen Arbeitgeber und Arbeitnehmer, der die *Arena* kennzeichnet, ausgelagert werden. Der *Agent*-Rahmen kann also in Anspruch genommen werden, um die *Arena* zu befrieden und den für die *Akteur*-Identität charakteristischen Mannschafts- oder Einheitsgedanken zu stabilisieren.

Der Selbstwahrnehmung als *Agent* und die daraus abgeleiteten Praktiken ermöglichen aber auch noch auf andere Weise das Selbstverständnis als „soziales" Unternehmen. In der *Agent*-Kontextur wird SWR als eher kleines Unternehmen erlebt, das „zwischen den Sonnen" (S1-PM7) arbeitet. Dieses Schattendasein in der zweiten Reihe ist die Erklärung für den Verzicht auf Selbstdarstellung: Aufgrund der fehlenden öffentlichen Aufmerksamkeit und der nur indirekten Marktteilnahme entfällt die Notwendigkeit der Selbstinszenierung. Die Inszenierungsverweigerung stabilisiert die Position in der zweiten Reihe. Aus einer

Rekrutierungsperspektive stellt sich dieser selbstverstärkende Zirkel so dar: Man muss bei SWR auf „Glanz und Gloria" (S1-PM6) verzichten und zieht damit Beschäftigte an, denen das auch nicht wichtig ist. Dieses sich aus dem *Agent*-Rahmen ergebende Selbstverständnis ermöglicht die glaubwürdige Selbstbeschreibung als „soziales" Unternehmen, in dem der Profit dem Menschen nachgeordnet wird, die ansonsten in einem wirtschaftlichen, d. h. durch das Profitmaximierungsmotiv charakterisierten Kontext inkommunikabel wäre. Die Selbstbezichtigung als moralisch integer funktioniert nur auf der Grundlage der Selbstdarstellungsverweigerung, d.h. nur unter der Bedingung, dass man darauf verzichtet, diesen Anspruch auf der Homepage zu plakatieren.

Schließlich wirken *Agent*- und *Arena*-Identität in einer Rekrutierungspolitik zusammen, die einen Gemeinschaftsgeist aufzubauen versucht, auf den in der Selbstbeschreibung als *Akteur* Bezug genommen wird. Weil man nicht so bekannt ist, muss man sich mit Mitarbeitern der „Kategorie B" (S1-PM7) zufrieden geben. Dieser Befund kann positiv gedeutet, legitimiert oder sinnvoll gemacht werden, wenn man ihn als Ausdruck der sozialen Orientierung des Unternehmens versteht und die Selbstbeschreibung als „soziales" Unternehmen öffnet ihrerseits den Blick für Personal, das nicht in die *high-potential*-Kategorie passt. Von dieser Klientel wird erwartet, dass es eine Bindungsbereitschaft zu aktivieren bereit ist, die der reale Gegenhalt für die in dem Slogan „Wir bei *SWR*" behauptete Unternehmenseinheit ist. Die Stellung in der zweiten Reihe und die daraus resultierende Rekrutierungspolitik schaffen die Grundlagen für einen Zusammenhalt, der durch das „soziale" Engagement des Unternehmens für seine Beschäftigten unterstützt wird. Auf diese Weise wird versucht, eine Einheitskultur zu etablieren, die dann als Ausgangspunkt für das Selbstverständnis als *Akteur* dient.

3.2.5.2 Rahmenkollisionen

Natürlich kommt es umgekehrt auch zu Konflikten zwischen den Rahmen. Der Anspruch ein soziales Unternehmen zu sein, kollidiert etwa mit dem Kostenbewusstsein, das sich aus den Rollen, die man als *Akteur* und *Agent* spielt, ableitet. Als Tochterunternehmen und Cost Center ist man ebenso angehalten, die Kosten zu kontrollieren, wie als rationaler Akteur, der sich seiner effizienten Produktionsweise rühmt. Ein Beispiel dafür ist das oben schon erwähnte Restrukturierungsprojekt, das von den Gesellschafterunternehmen verordnet wurde und in dessen Verlauf sich die Konflikte zwischen Arbeitnehmer- und Arbeitgeberseite über anstehende Personalmaßnahmen bis hin zu Arbeitsniederlegungen aufschaukelten. Gegen die Forderung von Seiten der Gesellschafter nach Kosteneinsparungen erhebt der Betriebsrat Einwände, die sich auf den geplanten Personalabbau richten, also über das Selbstverständnis als soziales Unternehmen legitimieren.

Anders als man vielleicht erwarten würde, scheint diese Konfliktlinie jedoch keineswegs zwangsläufig aufzubrechen, wie sich an folgender Interviewpassage erkennen lässt, in der der Gesprächspartner die Einführung von Angeboten zur Unterstützung der *work-family-balance* der Beschäftigten legitimiert:

> „Aber für uns zum Beispiel finde ich es schon toll, dass wir generell auch uns des Themas 'Mitarbeiter' annehmen und nicht sagen: «Was interessiert uns Deine Frau, äh, Du hast hier Deinen Arbeitsvertrag/ Deine Arbeitsleistung zu erbringen. Wenn Du meinst, Du kannst nicht, geh zum Arzt, lass Dich für die Zeit dann halt freistellen.» Sondern dass wir da halt auch schon bemüht sind um unsere Mitarbeiter und sagen: «Du hast ein Problem und wir versuchen Dich da zu unterstützen und lassen Dich nicht im Regen stehen.» Das ist eigentlich so auch unser Anspruch, den wir verfolgen wollen. (...) Und insofern, also dieses soziale/ dieses soziale Profil wollen wir an der Stelle schärfen" (S1-PM8).

Wie man an der Rede vom „sozialen Profil", das man „schärfen" möchte, erkennen kann, lässt sich die im Kontext der *Arena* etablierte Selbstbeschreibung als soziales Unternehmen umdeuten und zu einem Instrument des Personalmarketings machen. Der *Arena*-Rahmen steht hier nicht in Opposition zum Selbstverständnis als *Akteur*, vielmehr kann aus der Perspektive des *Akteur*-Rahmens die soziale Identitätskomponente als rationales Mittel zur Erreichung strategischer personalpolitischer Ziele interpretiert werden.

Nicht nur die Kosten bilden eine typische Konfliktlinie zwischen dem sozialen Anspruch und der Identität als profitmaximierendem Wirtschaftsunternehmen. In nahezu allen Interviews mit den Mitgliedern der Personalabteilung findet man zwar eine grundsätzliche Bejahung des Mitbestimmungssystems, andererseits aber auch immer den Hinweis, dass die Zusammenarbeit mit den Betriebsräten kräfteraubend und zeitintensiv sei und manche Themen dadurch politisch und nicht sachbezogen diskutiert würden. Einige der Personaler wünschen sich deshalb mittelfristig eine Reduzierung der Zahl der freigestellten Betriebsräte, die bei SWR deutlich über dem gesetzlich festgelegten Maß liegt. Obwohl wir in den Interviews leider nicht zu den Themen oder Details vorgedrungen sind, die besonders nervenzehrend sind, ist das genannte Anliegen, sich in Zukunft im Hinblick auf die Freistellung von Betriebsräten stärker als bisher ans Gesetz halten zu wollen, ein hinreichender Indikator für Spannungen zwischen dem Verhandlungsaufwand, der in der *Arena* anfällt, und den akteurialen Steuerungsansprüchen.

Ebenfalls nur über indirekte Indikatoren ermittelbar ist die Reibungsfläche zwischen dem Status als *Agent* auf der einen, der *Arena*-Identität auf der anderen Seite. Ein Betriebsrat berichtet, dass man gelegentlich darauf verzichte, den zu bestimmten Themen erzielten Konsens in einer Betriebsvereinbarung schriftlich zu fixieren, weil man nicht möchte, dass die Gesellschafterunternehmen darauf aufmerksam werden. Einige der Sozialstandards liegen bei SWR höher als in den Gesellschafterunternehmen und werden deshalb nicht an die große Glocke gehängt. Diese Strategie der Geheimhaltung ist in den Interviews mehrmals aufgetaucht und betrifft auch Themen, die nicht im engeren Sinne personalpolitischer Natur sind – augenscheinlich gibt es also Konflikte, deren Aufbrechen durch Geheimhaltung verhindert werden soll und die in der hier vorgeschlagenen Lesart auf die Kollision unterschiedlicher Interpretationsrahmen zugerechnet werden können.

3.2.5.3 Rahmenvermittlung

Damit ist bereits eine Technik der Rahmenvermittlung angesprochen: die Geheimhaltung. Das Verschweigen führt zu einer Entkopplung unterschiedlicher organisationaler Tätigkeitsfelder, in denen je unterschiedlichen Orientierungsleitlinien gefolgt werden kann, ohne dass diese miteinander in Konflikt geraten. SWR ermöglicht sich dadurch die Anpassung an unterschiedliche Zuschauerkreise und deren widersprüchlichen Erwartungen (Brunsson 2003).

Zu nennen wäre ferner die Erzeugung von Stress im Rahmen einer projektförmigen Personalarbeit (Sloterdijk 1998; Mühlmann 1996). In der Mitarbeiterzeitschrift kann die Abfolge der Projekte sehr gut nachvollzogen werden: Dem „Kostensenkungsprogramm" (2001) folgt das „Programm zur Steigerung der Produktivität" (2004), das von der Initiative „SWR*plus*" (2008) abgelöst wird. Bei dieser dichten Folge handelt es sich nicht um ein zufälliges Aufeinandertreffen, sondern um eine Unternehmensstrategie, wie man an einer Erläuterung zum letztgenannten Programm ablesen kann:

> „Ich interpretiere es so ein bisschen für mich selber auch wie so ein kleiner Stachel, den ich ins Fell stecke, so dass ich halt nicht anfange, mich auf die faule Haut zu legen, ne. Sondern dass man halt immer, egal in welchen Belangen, ja, auch in welchen Bereichen der Unternehmensebene, immer unterwegs bin und gucke, kann ich da nicht noch etwas rausholen. Also immer dieser ständige Trieb, auch uns weiterhin zu verbessern, das heißt das eigentlich. Wenn ich das jetzt/ Also es würde niemals ein Signal ausgehen, jetzt auch bei uns im Unternehmen, dass wir gesagt haben, «Ziel ist erreicht Jungs. Schlafen legen.» Weil, die Effekte sind dann immer gegenläufig. Dann kommt der eine und sagt, «Übrigens, mir ist aufgefallen, stellenmäßig müssen wir doch noch mal aufstocken, ich brauch hier und da und hier noch jemanden.» Dann würden wir genau da kontraproduktive Effekte haben" (S1-PM3).

Bei den aufgeführten Programmen handelt es sich um Reorganisations- oder Kosteneinsparungsmaßnahmen, die nicht nur aber eben auch den Personalbe-

reich betreffen. Sie sind gespickt mit dramatisierenden Stichworten und Überschriften wie „Standortsicherheit", „Überleben der Hütte unter internationalem
Konkurrenzdruck", „Wettlauf um Kosten und Wettbewerbsfähigkeit", „Zwang
zur Veränderung", „Spitzenposition behaupten", „existenzbedrohende Entwicklungen auf dem Weltmarkt", „in schwierigem Fahrwasser zusammenstehen und
kämpfen"... Unter Bezugnahme auf derartige Ziele kann Handlungsdruck und
damit Stress erzeugt und die Zurückstellung von Partialinteressen eingefordert
werden. Entscheidungsrationalität i.s. von Brunsson (1982; 1995), d. h. das
Ausdiskutieren der unterschiedlichen Standpunkte wird mit dem Verweis auf die
Dringlichkeit und Zeitknappheit blockiert und gegen eine motivationsfreundliche
Handlungsrationalität eingetauscht. Man kann in der projektförmig gebauten
Personalpolitik den Versuch erkennen, die Belegschaft angesichts enormer He-
rausforderungen zu einen bzw. die Unternehmenseinheit mit Leben zu füllen. In
der oben eingeführten Terminologie ließe sich von dem Bemühen sprechen, die
Arena still zu stellen und die *Akteur*-Identität zu stärken.

Im selben Zeitraum kam es zu einigen nicht-intendierten oder natürlichen
Zwischenfällen, die in derselben Weise funktionalisiert wurden: ein großer
Brand im Stahlwerk, der Kollaps der elektronischer Infrastruktur (beides 2006)
oder die Krise der internationalen Finanzmärkte (2008). Es gibt einige Anhaltspunkte, die dafür sprechen, dass der Versuch, eine *Akteur*-Organisation mit Hilfe
von Stress-Techniken zu realisieren, angesichts solcher natürlicher Bedrohungen
besser funktioniert, als im Falle der bewusst geplanten Einführung von Spar-
maßnahmen. Im Rahmen des Programms zur Verbesserung der Produktivität
konnte, wie oben bereits angedeutet, von einer Befriedung der *Arena* nicht die
Rede sein. Die durch die Zusammenlegung von Produktions- und Instand-
haltungsaufgaben erhofften Personaleinsparungen ließen sich kurzfristig nicht
erzielen, abgebautes Personal wurde deshalb durch Leiharbeiter substituiert, die
in den Folgejahren sukzessive in die Kernbelegschaft übernommen wurden. Die
Gesamtzahl der Beschäftigten hat sich deshalb im Laufe dieses circa vierjährigen
Programms nicht zuletzt aufgrund des Widerstandes der Arbeitnehmervertreter
nur marginal verringert, der Beschäftigungsrückgang entspricht etwa dem der
zehn Jahre davor, der auf „normale" Produktivitätszuwächse zurückzuführen ist.
Die erwähnte Häufung von sehr schweren Unfällen zu Beginn des neuen Jahr-
tausends hingegen scheint dazu geführt zu haben, dass sich Beschäftigte aus
unterschiedlichsten Bereichen über das erwartbare Maß hinaus an Wiederauf-
bauarbeiten engagiert haben. Natürlich handelte es sich im letzteren Fall nicht
um eine personalpolitische Maßnahme, doch aber um einen Indikator, der das
zumindest situationsgebundene Vorhandensein einer akteursmäßigen Unternehmenseinheit anzeigt.

Über Geheimhaltung und Projektförmigkeit hinaus scheint sich im Bereich der neueingeführten Aktivitäten zur Unterstützung der Work-Family-Balance ein Mechanismus abzuzeichnen, der sich als Einzel- oder Notfalllogik beschreiben ließe. Den Beschäftigten stehen hier keine formalen Programme zur Auswahl, einzelfallbezogen organisiert das Unternehmen jedoch Unterstützung und übernimmt die Kosten: Bei Bedarf kann man also „sozial" sein, ohne dass dabei allzu hohe Kosten anfallen, die gegenüber den Gesellschaftern legitimationspflichtig wären, und ohne dass formale Regelungen produziert würden, deren Änderung oder Abschaffung wiederum zustimmungspflichtig wären – damit spart man sich den Verhandlungsaufwand der *Arena* und bewahrt sich seine *akteurialen* Selbstbestimmungsansprüche.

Von erheblicher Bedeutung für die Rahmenvermittlung scheint schließlich ein Vermittlungsmechanismus zu sein, den ich Authentizitätshabitus nennen möchte. Dabei handelt es sich um einen besonderen Kommunikationsstil oder ein charakteristisches Gebaren, das sich bei allen Interviewpartnern gezeigt hat. Der Authentizitätshabitus umfasst einen offenen und ungekünstelten Umgangston, eine scherzhaft-forsche Art, deren sich die Beteiligten durchaus bewusst sind. Man müsse „schussfest" sein, wenn man in einer „Stahlbude" arbeiten wolle und mit dem „rauen, aber herzlichen" Klima zurechtkommen. Der Authentizitätshabitus zeichnet sich durch eine Ausdrucksweise aus, die eher umgangssprachlich ist, häufig die direkte Rede benutzt, mit der Dialektfärbung spielt, Fremdworte und englische Vokabeln vermeidet oder Sachverhalte in einer flappsigen, humorvoll-groben, manchmal respektlosen Weise pointiert oder verfremdet. Als wir etwa auf dem Gang des Verwaltungsgebäudes auf unseren Interviewpartner Herrn Hagel warten, der gerade noch in einer Besprechung ist, begrüßt uns einer seiner Kollegen, den wir schon vor einigen Wochen interviewt hatten, mit den Worten: „Hagel wird gerade von den Betriebsräten genagelt." In dem standardisierten Fragebogen, den auszufüllen wir das Unternehmen im Vorfeld gebeten hatten, wurden diese charakteristischen Gepflogenheiten und Umgangsformen mit den Stichworten „direkt, ehrlich, vertrauensvoll, traditionell" beschrieben. Auf einer performativen Ebene kommt diese Offenheit dadurch zum Ausdruck, dass den Interviewern gegenüber immer wieder „geheime" Informationen preisgegeben werden. Weitere Elemente des Habitus sind der Pragmatismus, die Abneigung gegen Theorien bzw. das Bemühen, Probleme nicht „philosophisch" oder detailverliebt anzugehen. Akademisch-weltfremde Formeln werden entsprechend ironisch gebrochen.

Int: Wir hatten da aus diesem Fragenkomplex irgendwie so ein bisschen/ so ein ambivalentes Verhältnis oder eine Mehrdeutigkeit herausgelesen, also, zum einen hatten Sie immer betont, dass Personalpolitik durch Traditionen bestimmt werden und kollektivvertragliche Vereinbarungen spielen eine wichtige Rolle. Sie haben viele schriftliche

Konzepte und Sie beschreiben es als stark reguliert, SWR. Und auf der anderen Seite betonen Sie, dass es viele Spielräume gibt, dass man sich flexibel anpassen kann, dass man auf aktuelle Probleme reagiert und so. Stimmt das beides?
PM2: Kontinuität im Wandel.
Int: [lacht]
PM2: So heißt ja sogar das Buch. Sagen Sie mal ein konkretes Beispiel. (S1-PM2)

Dieses Zitat stammt aus einem Gespräch, in dem der erwähnte standardisierte Fragebogen ausgewertet bzw. nachbesprochen wurde. Der Interviewer präsentiert dem Befragten eine Interpretation der im Fragebogen enthaltenen Kreuzchen und bittet diesen um eine Einschätzung bezüglich der Frage, ob SWR in hohem Maße durch Regeln geprägt sei oder eher durch Flexibilität und große Handlungsspielräume. Darauf reagiert der Befragte mit einer ironischen Antwort, die einen zu der präsentierten Interpretation passenden Buchtitel erinnert und die die vorausgegangene Frage als gestelzt oder akademisch geschraubt erscheinen lässt.

Die Funktion dieses Authentizitätshabitus ist es, die Differenz zwischen psychischer und sozialer Realität zu überdecken. An die Stelle des Rollenträgers soll der authentische Mensch treten, der sich mit seinem Gegenüber auf derselben Ebene trifft. Mit Hilfe des Authentizitätshabitus lässt sich soziale Nähe simulieren. In der Kommunikation unter Anwesenden wird versucht zu unterstreichen, dass sich gleiche und ebenbürtige Personen gegenüber stehen, das Aufklaffen von Rollen- und damit Rangdifferenzen wird blockiert. Dem dient das Bemühen um Allgemeinverständlichkeit ebenso wie das Scherzen und der kesse Spruch, mit denen eine Gemeinschaft der lachenden Anwesenden hergestellt und andere eigene Rollen der Beteiligten abgeschnitten werden. Soziale Nähe oder Gleichheit und die damit verbundene Offenheit werden durchaus als betriebliche Realität wahrgenommen, es gebe keine Distanz zwischen Verwaltungs- und Produktionsbereich, Dinge würden beim Namen genannt statt aus Rücksicht auf die Hierarchie verschwiegen zu werden. Einer unserer Gesprächspartner aus den Reihen der Personalmanager gibt auf die Frage, womit man die Belegschaft schocken könnte, folgende Antwort: Wenn er nicht mehr der „Harald Klemper", sondern der „Herr Klemper" wäre. Mit dieser egalisierenden Personenorientierung geht eine distanzierte Haltung gegenüber formalen Regelungen einher, deren Verwendung als Krisenindikator nicht als Voraussetzung für den Normalbetrieb angesehen wird.

„Das ist aber auch, ähm/ ich hatte mich mal mit ner Landesarbeitsgerichtsrichterin unterhalten und die sagte auch, in Unternehmen, was weiß ich, ich hab ja bestimmte Regularien, die ich mich halten muss, Informationsrechte, Mitbestimmungsrechte, ne, Zustimmungsdinge. So, und wenn's da Konflikte gibt, habe ich ja immer Möglichkeiten, das im arbeitsgerichtlichen Verfahren dann klären zu lassen, ne, ähm, indem ich halt entsprechend mir die Zustimmung dann erkämpfe. So, und wenn ich dann irgendwelche Einigungsstellen hab oder die Mitbestimmung durch den Arbeitsrichter dann ersetzen lassen muss, ne, dann merke ich eigentlich, wenn das relativ häufig ist, da stimmt irgendwas im Unternehmen nicht, zwischen der Chemie. Also, dann haben die eigentlich ganz andere Probleme. Das ist aber genauso wie auch auf Mitarbeiterebene. Wenn ich als Vorgesetzter mit meinem Mitarbeiter quasi nur noch so streng nach Vorschriften agiere, da stimmt irgendwas nicht. Also da, das ist quasi die ultima ratio, wenn irgendwann quasi das Kind schon in den Brunnen gefallen ist. Wo ich dann wirklich auch gar nicht mehr anders kann. Das ist auch bei diesen ganzen Disziplinargeschichten. Da ist die Personalabteilung auch für zuständig. Oft/ also sagen wir mal, der Eisberg wird im Betrieb gehalten. Das sind Sachen, wo der Mitarbeiter mit dem Meister, wo die solche Sachen klären. Nur wenn die sich halt permanent daneben benehmen und dann halt auch permanente arbeitsrechtliche Verstöße zu verzeichnen sind, erst dann quasi kommen wir ins Spiel, um die Dinge dann quasi formal zu lösen. Aber ich fände es furchtbar, wenn ich mit meinen Mitarbeitern quasi immer nur noch so acht Uhr Anwesenheit, sechzehn Uhr Abwesenheit, also wenn ich so als Mitarbeiter in einer Abteilung arbeite oder auch so mein Chef ticken würde, das finde ich/ also, da hätte ich gar keinen Bock drauf. Das ist ein ständiges Geben und Nehmen, wie im normalen Leben auch halt, so möchte ich auch privat/ also, das fände ich ganz furchtbar, wenn ich da auch immer nur so formale Dinge und Vorschriften hätte und so. Das ist einfach/ locker bleiben. Mensch sein und locker bleiben quasi. Dann komme ich auch durchs Leben" (S1-PM2).

In diesem Zitat bezeichnet unser Gesprächspartner die Bezugnahme auf formale Regeln, z.B. arbeitsrechtliche Normen, zum Zwecke der Konfliktregelung als „ultima ratio" oder Spitze des Eisbergs, die anzeige, dass die „Chemie" nicht stimme und die zwischenmenschlich-informellen Regulierungsmechanismen, die dieselben seien wie im „normalen Leben", gestört seien. Durch die Parallele zum „normalen Leben" werden spezifische organisationale Charakteristika wie Hierarchie und Mitgliedschaftsrolle abgeschattet und formal definierte Beziehungen mit einer Menschlichkeitssemantik übermalt, die die Beteiligten als Gleichgestellte erscheinen lässt.

Inwiefern vermittelt dieser Authentizitätshabitus nun die oben rekonstruierten Rahmen? Im Authentizitätshabitus manifestiert sich eine Attitüde, die weiter oben als charakteristisch für die *Agent*-Identität beschrieben wurde: bescheiden in der Selbstdarstellung, unprätentiös im Auftreten. Weil man im Schatten der Großen steht und qua fehlender öffentlicher Wahrnehmung nur geringen Inszenierungspflichten zu unterliegen glaubt, konnte sich bei SWR offenbar ein Habitus entwickeln, der diesen Inszenierungsverzicht legitimiert, indem er ihn als ‚Authentizität', ‚Ehrlichkeit' oder ‚Offenheit' positiv umdeutet. Der *Agent*-Status kann auf diese Weise in ein schmeichelhaftes Selbstverständnis integriert werden: Man ist ein Unternehmen, in dem das Sein mehr zählt als der Schein. Eine der Selbstbeschreibungen, in der SWR als „kleine Milchkuh" bezeichnet wird, bringt dies sehr schön zum Ausdruck. Der Authentizitätshabitus stabilisiert diesen Status insofern als er diesen Inszenierungsverzicht fördert und die Öffentlichkeitsarbeit in Bahnen lenkt, mit deren Hilfe sich der Darstellungscharakter der Selbstpräsentation abmildern lässt etwa in Form einer teilnehmenden Beobachtung im Rahmen des Tages der offenen Tür. Solche Öffnungen nach außen sind sehr viel besser mit dem Authentizitätsanspruch vereinbar, denn das, was da nach außen präsentiert wird, wurde nicht im Hinblick auf diese Präsentation erstellt. Geschützt wird der Authentizitätshabitus durch die Möglichkeit, Hierarchie in das Verhältnis zu den Gesellschafterunternehmen zu kopieren und SWR-intern eine Gleichheitsfiktion aufzubauen, die ein wichtiger Bestandteil dieses Habitus ist.

Hier liegt die Schnittfläche zur Selbstbeobachtung im *Akteur*-Rahmen. Gleichheit oder soziale Nähe können als Medium genutzt werden, in das dann SWR als Kollektivgemeinschaft hineingedacht werden kann. Die Realität von „Wir bei *SWR*" bzw. die Existenz einer Unternehmensgemeinschaft kann auf diese Weise plausibilisiert oder in der Interaktion erfahrbar gemacht werden. Wenn sich SWR mit Hilfe des *Akteur*-Rahmens beobachtet, wird eine Unternehmenseinheit behauptet, die auf der Interaktionsebene einen realen Gegenhalt findet, weil hier mit Hilfe des Authentizitätshabitus und des informellen Umgangstons eine Gemeinschaftsillusion geschaffen wird. Der Authentizitätshabitus ist also eine Ressource, von der die *Akteur*-Identität zehren kann, er setzt ihr jedoch auch Grenzen, insofern er zugleich einen Kontext bildet, innerhalb dessen diese Identität inkommunikabel ist. In einigen Interviews etwa wird behauptet, dass die Beschäftigten sich sowohl mit ihrer Arbeit als auch mit ihrem Arbeitgeber identifizierten, dass sich diese Identifikation jedoch hinter der Alltagskommunikation des Dauerschimpfens verberge.

> „Aber genau da, ich sach mal, trifft man den Punkt. Die kommen zum Betriebsrat und sagen: «Alles Scheiße hier.» Ne? «Ja so ein Dreck.» Und: «Ich ärger mich wieder über meinen Vorgesetzten.» Ne? «Die bescheißen mich doch hier alle.» [Beide Interviewer lachen.] Und wat weiß ich, wat man da dann alles hört, ne. Und: «Hör mal, gib mal ne Bewerbung für ne Ausbildung, mein Sohn will sich hier bewerben.» [Lacht] Das kann passieren, ne [Lacht]" (S1-BR2).

Einer der befragten Betriebsräte schildert in dieser Passage, wie sich ein Beschäftigter über die Zustände bei SWR beklagt, um ihn unmittelbar im Anschluss um einen Bewerbungsbogen für seinen Sohn zu bitten, der bei SWR eine Ausbildung beginnen möchte. Den negativen sprachlichen Äußerungen sei nicht zu trauen, wer einen authentischen Eindruck von der Arbeits- resp. Arbeitgeberbegeisterung bekommen wolle, müsse auf teilnehmende Beobachtung setzen und zum Beispiel im Rahmen des Tages der offenen Tür den Beschäftigten im Live-Betrieb über die Schulter schauen. Die im Authentizitätshabitus symbolisierte „Lockerheit" und Gleichheit mag es auf Seiten der Beschäftigten also durchaus ermöglichen, ein besonderes Verbundenheitsgefühl mit Arbeit und Arbeitgeber aufzubauen, weil man nicht den Eindruck haben muss, dabei im Interesse Anderer zu handeln. Sowohl diese Identifikation als auch das Gefühl, Teil einer Unternehmenseinheit zu sein, sind jedoch inkommunikabel, weil ihre öffentliche

Äußerung unauthentisch wirken und damit dem Authentizitätshabitus zuwider laufen würde. Identifikation und gemeinschaftliche Bindung werden in einem Organisationskontext als durch Bezahlung ersetzt gedacht, ihre Beteuerung schiene vor dem Hintergrund ihrer Verzichtbarkeit also verdächtig. Unter der Bedingung der unternehmenshabituellen Vorzeichen würde ein solches lobheischendes Verhalten nur noch schärfer hervortreten und das Verdachtsmoment verstärken. Ein individuell verankertes Gefühl der Unternehmenseinheit muss also implizit bleiben und ist für das Organisationssystem kommunikativ nicht verfügbar. Eine Formulierung der eigenen Einheit würde sich systemintern der Beobachtung aussetzen und innerhalb der Koordinaten, die durch den Authentizitätshabitus gesetzt sind, würde diese Beobachtung mit Sicherheit ironisierend ausfallen. Dieses Phänomen kann man etwa an der organisationsinternen Behandlung des mit der Leitbildeinführung verknüpften Identitätsbildungsprogramms beobachten. Obgleich mit einer Reihe von Maßnahmen unterstützt, wird in vielen Äußerungen auf Distanz zum Leitbild und des darin behaupteten Wir-Gefühls gegangen. So können für das Leitbild keine spezifischen Gründe angeben werden und in den in den Interviews eingeforderten Unternehmensselbstbeschreibungen wird nie auf das Leitbild Bezug genommen. Was das Leitbild betrifft, werden die Gestaltungsspielräume als gering eingeschätzt, man empfindet die Leitbilddarstellung also nicht als besonders individuell, dagegen eher als Regelbefolgung. Offenkundig handelt es sich also um eine Fassade, die institutionalisierte Normen wiederspiegelt, und die auch als solche in der Organisation wahrgenommen wird. Die offizielle Selbstbeschreibung wird als etwas erlebt, das für die Außendarstellung gedacht ist.

Der Authentizitätshabitus ist schließlich die Lösung für die Spannungen, die aus dem *Arena*-Charakter erwachsen. Die *Arena* wurde bereits als Kontext beschrieben, der über Beobachtungen zweiter Ordnung integriert ist. Arbeitgeber- und Arbeitnehmervertreter beobachten sich wechselseitig im Hinblick auf die hinter bestimmten Vorschlägen und Programmen stehenden Interessen. Das Problem des dadurch ausgelösten Täuschungsverdachts wird bei SWR maßgeblich über den beschriebenen Habitus der Ehrlichkeit, der Offenheit und Direktheit gelöst, der in vielen Interviews als Versuch beschrieben wird, den Betriebsrat möglichst früh einzubinden und Entscheidungen ihm gegenüber transparent zu machen. Die Bekanntgabe von Ideen, die noch in der Entwicklung sind, setzt die Vertrauenskultur voraus und bestätigt sie. Es wird immer wieder betont, wie wichtig es sei, bei kritischen Anliegen „glaubwürdig" und „redlich" zu sein bzw. ein gewisses *standing* zu haben. Sowohl die Inszenierungsverweigerung als auch das Bemühen um soziale Nähe stützen ein solches *standing*. Kommunikationstheoretisch betrachtet handelt es sich bei dem Versuch, authentisch und „redlich" zu sein, um eine Praktik, mit der die Mitteilungsabsicht hinter der Mitteilung unsichtbar gemacht werden soll. Mit der Weigerung, Wert auf Äußerlichkeiten zu legen, wird eine Naivität simuliert, die den Strategieverdacht unterbinden und die Beobachtung einer Täuschungsabsicht demotivieren soll.

Die Entfaltung der Paradoxie, die der Authentizitätskommunikation innewohnt – der Versuch darzustellen, dass man kein Darsteller ist – wird den jeweiligen Einzelpersonen überantwortet. Die „Lösung" dieser Paradoxie wird individualisiert und dem individuellen Geschick anheim gestellt. In vielen Interviews wird diese starke Personenorientierung betont und unterstrichen, wie viel an konkreten Persönlichkeiten hänge, um Vertrauen aufbauen, betriebliche Abläufe reibungslos gestalten oder überhaupt erst in Bewegung setzen zu können. So erklärt uns etwa Herr Seiler:

> „Ja, es macht viel aus. Das ist wahrscheinlich auch der Grund, warum man mich jetzt hier in der Funktion hier hingesetzt hat, weil ich eben, also schon zu Beginn meiner [vorherigen; HH] Tätigkeit (...) hier eigentlich alle Leute kennen gelernt habe. Und ich/ ein unglaubliches Netzwerk von Menschen hier existiert, die genau wissen, wer der Herr Seiler ist und das auch einordnen können und wissen: «Okay, prima, da können wir uns drauf verlassen, der hilft uns da weiter.» Das erleben sie ganz/ wenn die dann hier auf der Matte stehen und sagen: «Hier, kannst Du uns mal irgendwo helfen.» Was die nie machen würden, wenn sie erst irgendeinen bürokratischen Weg gehen müssten" (S1-PM5).

Die Auswahl seiner Person für die Stelle des Bereichsleiters wird auf seine hohe Bekanntheit und Vertrauenswürdigkeit zugerechnet, die die Bedingungen dafür seien, dass die Beschäftigten Hilfe und Unterstützung bei seinem Bereich suchten und in Anspruch nähmen.

Angewiesen zu sein auf individuelles, schauspielerisches Talent ist jedoch auch die Achillesferse dieser Strategie. Sie ist an Personen gekoppelt und deshalb sensibel gegenüber einem Wechsel dieser Personen. Die Rahmenvermittlung mit Hilfe dieses Authentizitätshabitus ist schließlich eine in hohem Maße interaktionsgebundene, an Face-to-Face-Bedingungen geknüpfte Strategie, d. h. sie hat ihre strukturellen Voraussetzungen in der fußläufigen Erreichbarkeit aller Unternehmensangehörigen füreinander und setzt in diesem Sinne der Unternehmensentwicklung gewisse Grenzen.

4 Schlussdiskussion

Die vorliegende Arbeit möchte einen Beitrag leisten zum Verständnis organisationaler Personalpolitiken. Dazu wurde zu Beginn der Forschungsstand im Bereich der theoretischen Erklärung betrieblicher Personalarbeit aufgearbeitet. Es konnte gezeigt werden, dass die in den maßgeblichen Paradigmen zur Erklärung herangezogenen Faktoren Gegenstand organisationaler Interpretations- und Entscheidungsprozesse sind, dass eben diese organisationsinternen Prozesse jedoch außerhalb des Aufmerksamkeitsfokus dieser Paradigmen liegen. Mit Hilfe der Systemtheorie wurde versucht, diese Lücke zu schließen und ein Modell des organisationalen Entscheidungsgeschehens bereit zu stellen. Zentral ist dabei die Überlegung, dass organisationale Entscheidungen Halt finden müssen in der Bezugnahme auf andere organisationale Entscheidungen, die sie als Prämissen in Anspruch nehmen. Daran wurde die Anschlussfrage geknüpft, ob die Identität einer Organisation als eine solche Entscheidungsprämisse fungieren, d.h. Entscheidungen mit Orientierung versorgen kann. Die Fallstudie unterstützt diese These. Im Fall SWR haben organisationale Selbstverständnisse einen erheblichen Einfluss auf das Entscheidungsgeschehen, sie steuern Deutungsprozesse und erleichtern die Auswahl angemessener Entscheidungsalternativen. Die Fokussierung organisationaler Identitäten verspricht damit, zu einem besseren Verständnis organisationaler Personalpraktiken und der Vielfalt ihrer Ausprägungen beitragen zu können.

Im vorliegenden Fall des Unternehmens SWR konnten drei Rahmen rekonstruiert werden, die die Bezugnahme der Organisation auf sich selbst anleiten und zu drei unterschiedlichen Selbstbeschreibungen führen. In Anlehnung an einen Vorschlag von Brunsson/Sahlin-Andersson (2000) wurden diese Rahmen als *Agent*, *Akteur* und *Arena* bezeichnet. SWR beschreibt sich als kleines, weitgehend unbekanntes Unternehmen, das im Schatten der sehr viel größeren Gesellschafterunternehmen steht, für die es seine Produkte fertigt und die wichtige interne Entscheidungen kontrollieren (*Agent*). Diese Identität hat Konsequenzen nicht nur für Aktivitäten im Bereich der Außendarstellung des Unternehmens, die äußerst sparsam ausfallen, häufig despektierlich behandelt werden und regional fokussiert sind; sie beeinflusst auch dessen Rekrutierungsgebahren in Richtung einer Präferenz für Bewerber der „Kategorie B". Das Unternehmen ist bereit, leistungsschwächere Mitarbeiter zu beschäftigen, solange es im Gegenzug

Loyalität und Bindungsbereitschaft erhält. Gleichzeitig erlebt sich SWR als autonomer und zielorientierter Akteur, der in einem kompetitiven Marktumfeld mit seinen qualitativ hochwertigen Produkten eine Spitzenposition einnimmt (*Akteur*). Der *Akteur*-Rahmen leitet den Versuch an, ein strategisches Personalmanagement aufzubauen und Personalpolitiken zu rationalisieren. Beispiele dafür sind die Einführung eines Leitbildes, die Initiativen zur Stärkung des Wir-Gefühls, die Etablierung von Zielvereinbarungen und Assessment-Centern. Schließlich nimmt sich SWR auch als „soziales" Unternehmen wahr, das sich durch eine arbeitnehmerfreundliche Grundhaltung auszeichnet. Diese Identität gründet in einer starken Mitbestimmungskultur (*Arena*). Sie manifestiert sich unter anderem in einer Betriebsvereinbarung, die die Gleichstellung von Zeit- und Leiharbeitern festschreibt. Die Selbstbeschreibungen werden durch die personalpolitischen Entscheidungen, die auf ihrer Grundlage getroffen werden, positiv verstärkt.

Der Befund multipler Identitäten ist für die empirische *sensemaking*-Forschung keineswegs überraschend, er gehört vielmehr zum festen Erkenntnisbestand. In dem hier analysierten Fall sind die unterschiedlichen Identitäten nicht über unterschiedliche Teilsysteme oder Abteilungen verteilt (wie etwa bei Glynn 2000), sondern werden innerhalb derselben Gruppe benutzt, es handelt sich also um eine holographische im Unterschied zu einer ideographischen Variante multipler Identitäten (Albert/Whetten 1985; für einen ähnlichen Befund siehe Golden-Biddle/Rao 1997). Bereits Albert/Whetten (1985) verfolgen in ihrem diskursbegründenden Aufsatz die These, dass die „mono identity" als unwahrscheinlicher Fall betrachtet werden müsse, etwa weil aufgrund von Wachstum oder Engagement in neuen Tätigkeitsfeldern mit zunehmender Lebensdauer der Organisation neue Identitäten hinzukommen, organisationale Trägheit aber das Abschütteln der alten verhindert. Unter der Bedingung vielfältiger und potentiell widersprüchlicher Umwelterwartungen scheint die „dual identity" das evolutionär erfolgversprechendere Arrangement darzustellen (Brunsson 2003). Dies bestätigt sich für den Fall der SWR. In der Interaktion mit unterschiedlichen Umweltsegmenten, mit denen das Unternehmen auszukommen versuchen muss, bilden sich je unterschiedliche Teilidentitäten. Gegenüber anderen Unternehmen, anonymen Professionalitätsansprüchen oder wissenschaftlichen Beobachtern versucht man, sich als effizienten, strategiefähigen *Akteur* darzustellen bzw. einen Schutzschirm an Praktiken aufzubauen, der SWR kompatibel macht mit den Legitimationsanforderungen einer institutionalisierten Umwelt. Die spezifische Eigentümerstruktur bedingt die *Agent*-Identität und gegenüber Belegschaft, Betriebsrat, regionalem oder deutschem Kontext inszeniert man sich als „soziales Unternehmen", das sich in solchen Initiativen wie der „Neuen Chance" um Bevölkerungsschichten mit hoher Exklusionsgefahr kümmert. Gerade für ein systemtheoretisch inspiriertes Forschungsdesign lässt sich aus dieser Auflistung lernen, dass die identitätsrelevanten Umwelten nicht unbedingt mit den Grenzen der gesellschaftlichen Funktionssysteme zusammenfallen.

Im Ergebnis lässt sich SWR damit als heterarchische Ordnung begreifen (Stark 1999), die sich durch plurale Selbstbeschreibungen mit einer anpassungsfreundlichen Diffusität, einer „adaptive instability" (Gioia et al. 2000), versorgt. Derartige Inkonsistenzen erlauben es der Organisation, sich in unterschiedliche Umwelten einzufügen bzw. unterschiedliche und sogar widersprüchliche Erwartungen miteinander in Einklang zu bringen. Je nach Zuschauerkreis werden passende Selbstdefinitionen gewählt, mit denen sich ein bestimmtes Handeln legitimieren lässt. Multiple Identitäten scheinen also ein Mechanismus zu sein, mit dessen Hilfe Organisationen der Forderung gerecht werden können, Unsicherheit nicht nur zu reduzieren, sondern auch aufrecht zu erhalten (Weick 1969/1998). Multiple Identitäten können aber auch Nachteile haben (Pratt/Foreman 2000). Organisationen, die sich zwischen verschiedenen Identitäten hin und her gerissen fühlen, können dadurch gelähmt oder handlungsunfähig werden. Konflikte zehren Ressourcen auf und Entscheidungen können nicht konsistent implementiert werden. Am Fall SWR lässt sich z. B. beobachten, dass der Authentizitätshabitus, also eine der Techniken, unterschiedliche Identitätsrahmen zu managen, stark von Personen bzw. individuellem Geschick abhängig ist. Der Erfolg dieser Technik variiert also in Abhängigkeit vom jeweils involvierten Personal. So berichten etwa einige der Befragten, dass auch in jüngerer Geschichte die Qualität der Zusammenarbeit mit dem Betriebsrat starken Schwankungen unterlag und sich erst durch einen Generationenwechsel im Betriebsrat spürbar verbessert hat. Zumindest scheint es also unterschiedlich effiziente Techniken des Managements multipler Identitäten zu geben.

Die *Agent/Akteur/Arena*-Typologie hat sich als ein leistungsfähiges Instrument der Interpretation organisationaler Identitäten erwiesen, das verspricht, leicht auf andere Organisationen übertragbar zu sein. Inwieweit dies der Fall ist, müssen weitere Fallstudien zeigen. Das Resultat, dass alle drei identifizierten Selbstbeschreibungen als Entscheidungsprämissen fungieren, muss vor dem Hintergrund, dass Identitätssemantiken auch von den Entscheidungsprozessen entkoppelt werden können, als Spezialfall betrachtet werden. Die Fallstudie gibt keine Hinweise, unter welchen Bedingungen mit einer solchen Entkopplung zu rechnen ist. Die Aussagekräftigkeit der Ergebnisse ist in weiteren Hinsichten begrenzt. Es kann keine Antwort auf die Frage gegeben werden, wie *stark* der Einfluss der organisationalen Identität auf die organisationale Personalpolitik ist, verglichen mit anderen Einflüssen, etwa dem Boom in der Stahlindustrie oder der Angebotsknappheit im Bereich ingenieurwissenschaftlich gebildeter Fachkräfte. Aufgrund der eingeschränkten Datenlage bzw. der spezifischen Selektion von Interviewpartnern sind schließlich Aussagen über „die organisationalen Identitäten von SWR" immer begrenzt auf die Beschreibungen und Entscheidungen der Personalabteilung und ihrer inneren Umwelt, dem Betriebsrat. Es ist nicht auszuschließen, dass es weitere zum Beispiel von Ingenieuren oder anderen betrieblichen Beschäftigtengruppen unterstützte Unternehmensbilder gibt, die das organisationale Leben beeinflussen.

Über die Einsicht in die Bedeutung organisationaler Selbstbeschreibungen für personalpolitische Entscheidungen hinaus, liefert die Arbeit ein zweites Resultat, das sowohl für die theoretische Entwicklung im Bereich der Identitätsforschung als auch im Bereich der Forschung über Theorien personalpolitischen Entscheidens folgenreich ist und über den bisherigen Forschungsstand hinaus geht. Die Diskussion der Beziehungen zwischen den verschiedenen Identitäten und der Techniken, die Konflikte zwischen diesen zu moderieren, stellt die in der Literatur üblicherweise vorgenommene Gegenüberstellung von dualen und Mono-Identitäten in Frage. Auf der Grundlage eines systemtheoretischen Organisationsbegriffs kann die These plausibilisiert werden, dass homogene und fragmentierte Identitäten keine sich wechselseitig ausschließenden Alternativen sind. Begreift man die entscheidungsmäßige Selbststeuerung als das Spezifikum von Organisationen, gewinnt man die Möglichkeit, die Definition von Organisationen nicht an bestimmte Strukturen binden zu müssen. Die Schaffung und Änderung von Strukturen kann stattdessen als Teil des Selbstorganisationspotentials von Organisationen konzipiert werden, deren Einheit durch die autopoietische Verkettung der Operationen garantiert ist. Führt man „Identität" auf der Ebene der Strukturen in die Theorie ein, erlaubt das die Beobachtung einer Vielzahl von Identitäten (= Strukturen) vor dem Hintergrund der Einheit der Organisation (= Verkettung der Operationen). Organisationen können mit unterschiedlichen Rahmen und Selbstbeschreibungen spielen, sie können gegeneinander abgewogen, ausgetauscht oder miteinander kombiniert, sequentiell oder mit Hilfe von organisationsinternen Differenzierungen in Betrieb genommen werden. Das legt die Schlussfolgerung nahe, dass homogene und multiple Identitäten nicht einander gegenüber gestellt werden dürfen, vielmehr können Organisationen fragmentiert und homogen zugleich sein.

Im Fall SWR wird eine solche Gleichzeitigkeit von Konsistenz und Fragmentierung durchaus thematisiert bzw. reflexiv gehandhabt. Häufig wurden in denselben Interviews zunächst plurale Identitäten explizit reflektiert, z. B. in Gestalt eines „Eigenlebens der Schichten", der Listenvielfalt im Betriebsratsgremium, der Differenzierung in unterschiedliche, historisch gewachsene Binnenkulturen oder der Fragmentierung des Wir-Gefühls in schichtbezogene Identitäten, um unmittelbar im Anschluss daran die Existenz einer organisationalen Einheit zu behaupten. Trotz Differenzierung in tarifliche und außertarifliche

Angestellte funktioniere das Dach „Wir bei *SWR*", würden Situationsdefinitionen und Orientierungsmaßstäbe geteilt. Die Selbstbeschreibung als einheitlich *oder* fragmentiert wird dann überführt in ein Sowohl-Als-Auch, also in einer widersprüchlichen Beschreibung zusammengezogen, etwa: SWR sei eine „Patchwork-Familie" (S1-BR3).

Die widersprüchliche Selbststrukturierung sowohl einheitlich als auch fragmentiert sein zu können, kann in der Organisationskommunikation auf zweierlei Weise operationsfähig gemacht werden. Zum einen können die unterschiedlichen Interpretationsrahmen überlappen oder in gewissen Themenbereichen koinzidieren. Konflikte zwischen den divergierenden Rahmen, z. B. zwischen den Ambitionen, Personalkosten senken *und* ein „soziales" Unternehmen sein zu wollen, treten nicht permanent auf. Rahmen können übereinander geblendet werden und dann das Bild eines organisch-konsistenten, integrierten Unternehmens auswerfen. „Soziales Profil" und agentförmige Rekrutierungspolitik können beispielsweise als rationale Mittel zur Erreichung personalpolitischer Ziele (Personalgewinnung und -bindung) genutzt werden. Am Beispiel des Authentizitätshabitus konnte gezeigt werden, wie unterschiedliche Selbstbilder miteinander vermittelt bzw. wie die Identitäten der Organisation ihrerseits organisiert werden. Dabei wird die für den *Agent*-Rahmen typische Inszenierungsverweigerung genutzt, um ein Klima sozialer Nähe zu inszenieren, in das sich die im *Akteur*-Rahmen behauptete Unternehmensgemeinschaft hineinlesen und das im Kontext der *Arena* institutionalisierte Misstrauen lindern lässt.

Zum anderen ist die Organisation in der Lage, zwischen unterschiedlichen Rahmen zu oszillieren. Unterschiedliche Rahmen können zu unterschiedlichen Zeiten und in unterschiedlichen Themenfeldern in Gebrauch sein, d. h. je nach dem, welcher Rahmen gerade benutzt wird, erscheint SWR als einheitliches oder eben fragmentiertes Gebilde. Wenn organisationale Beobachtungen mit Hilfe des *Arena*-Rahmens gesteuert werden, formiert sich SWR als differenzierter Unternehmenskomplex, in dem unterschiedliche Selbstverständnisse prozessiert werden und unterschiedlichen Orientierungen gefolgt wird; das schließt es jedoch nicht aus, dass in das *Akteur*- oder *Agent*-Koordinatensystem gewechselt wird und SWR dann eine Mono-Identität attestiert werden muss. Die Gegenüberstellung von Einheit und Pluralität von Identitäten ist zu sehr einem statisch-ontologischen Denken verhaftet, beides sind Antworten auf die Frage, was die Organisation *ist*. Mit der Betonung der Prozesshaftigkeit von Organisationen kann die Gegenüberstellung von Einheit und Pluralität von Identitäten überbrückt werden. Eine Organisation ist, was sie aus sich macht und wofür sie sich hält – und in beiden Hinsichten mag es zu unterschiedlichen Zeiten zu unterschiedlichen Resultaten kommen. Fallstudien, die im Kontext der Forschung über „high reliability organizations" durchgeführt wurden, weisen ähnliche Befunde aus: Organisationen switchen in unterschiedlichen Situationen zwischen unterschiedlichen Steuerungsmodi hin und her (LaPorte/Consolini 1991; Roberts et al. 1994). Um zu untersuchen, wie das Switchen oder Oszillieren zwischen verschiedenen Identitäten genau funktioniert, sind die hier benutzten Daten nicht hinreichend dicht genug. An dieser Stelle bedarf es weiterer empirischer Forschung, die etwa im Rahmen von teilnehmenden Beobachtungen die Verwendung der unterschiedlichen Rahmen in unterschiedlichen Entscheidungsprozessen zu rekonstruieren versucht. Darüber hinaus werden weitere Fallanalysen und -kontraste benötigt, um die Generalisierbarkeit der Ergebnisse zu erhöhen.

Folgt man diesen Überlegungen, dann kann die Identität der Organisation nicht als „court of last resort" (Whetten/Mackey 2002: 396), als eine Art von Orakel, bei dem man in kritischen Situationen um Rat bittet oder als ein Kontinuität garantierender „anchor point" (Lerpold et al. 2007: 16) begriffen werden, vielmehr generiert die Vielfalt der organisationalen Identitäten die Notwendigkeit, Identitäten ihrerseits zu organisieren. Die organisationale Identität liegt Entscheidungen keineswegs als logisch vorauszusetzender, integrierender Wertekonsens zugrunde. Identitäten sind Konstruktionen, die im Entscheidungsprozess angefertigt und gegeneinander abgewogen werden müssen. Welche Identität gewählt und wie sie konkretisiert wird, entscheidet sich im Laufe des Entscheidungsprozesses, in dem versucht wird, eine konsistente Geschichte zu erzählen (March 1999). Organisationen entdecken, wer sie sind, im Verlauf der Produktion und Verkettung der sie konstituierenden Operationen. Identitäten sind Input und Output von *sensemaking*-Prozessen und ihr Verhältnis zueinander muss je nach Kontext ausgehandelt und definiert werden. Das Vorhandensein organisationaler Identität(en) erübrigt also das Entscheiden nicht, im Gegenteil: Gerade die Unsicherheit und die Mehrdeutigkeit, die aus der Pluralität der Kontexturen erwachsen, reproduzieren ständig den Bedarf nach Entscheidungen und stellen damit den Fortbestand der Organisation sicher.

Mit der Fokussierung organisationaler Identitäten haben sich macht-, effizienz- und legitimationstheoretische Überlegungen keineswegs erübrigt. Die Fallstudie zeigt, dass organisationalen Machtverhältnissen etwa in der Beziehung zwischen SWR und den Gesellschafterunternehmen oder zwischen der Personalabteilung und der Arbeitnehmervertretung eine große Bedeutung bei der Gestaltung personalpolitischer Entscheidungen zukommt. Strategische, etwa auf ein effizientes Personalmanagement unter veränderten demografischen Bedingungen bezogene Überlegungen spielen ebenso eine Rolle, wie Bemühungen, sich als *Akteur*-Organisation in Szene zu setzen und damit Legitimationsansprüchen der institutionellen Umwelt zu genügen. Die hier vorgeschlagene Perspektive ermöglicht jedoch, die organisationsinternen Interpretationsprozesse zu beobachten, die der Übersetzung dieser Variablen in Entscheidungen zugrunde liegen. Die verschiedenen Variablen können als Entscheidungsprämissen, über die in der Organisation entschieden wird, in das hier vorgestellte systemtheoretische Forschungsdesign aufgenommen werden. Dadurch wird die Perspektive ermöglicht, dass verschiedene Orientierungen gleichzeitig wirksam sind, deren Verhältnis zueinander veränderlich ist. Sie können sich überlappen oder auch widersprechen, sie können sequentiell verfolgt oder in unterschiedlichen Bereichen parallel zum Einsatz kommen. Die die Personalpolitik erklärenden Faktoren müssen in der Organisation arrangiert, vermittelt und erfunden werden, sie sind eingebettet in die Selbstorganisation der Organisation.

Literatur

Abelshauser, Werner, 2006, *Der „Rheinische Kapitalismus" im Kampf der Wirtschaftskulturen*, in: Volker R. Berghahn und Sigurt Vitols, Hg., Gibt es einen deutschen Kapitalismus? Tradition und globale Perspektiven der sozialen Marktwirtschaft, Frankfurt am Main/New York: Campus, S.186-199

Ackermann, Karl-Friedrich, 1987, *Konzeptionen des Strategischen Personalmanagements für die Unternehmenspraxis*, in: Helmut Glaubrecht und Dieter Wagner, Hg., Humanität und Rationalität in Personalpolitik und Personalführung. Festschrift Erich Zander, Freiburg im Breisgau: Haufe, S.39-68

Ackermann, Karl-Friedrich, und Gerhard A. Wührer, 1983, Ein Fragebogen zur Messung der Unternehmens- und Personalpolitik, Stuttgart: Betriebswirtschaftliches Institut der Universität Stuttgart

Adorno, Theodor W., 1955/1995, *Zum Verhältnis von Soziologie und Psychologie*, in: Ders., Hg., Soziologische Schriften I, Frankfurt am Main: Suhrkamp, S.42-86

Adorno, Theodor W., 1957/1995, *Individuum und Organisation*, in: Ders., Hg., Soziologische Schriften I, Frankfurt am Main: Suhrkamp, S.440-456

Albert, Stuart, und David A. Whetten, 1985, *Organizational Identity*, in: Larry L. Cummings und Barry M. Staw, Hg., Research in Organizational Behavior, Vol. 7, Greenwich, Conn.: JAI Press, S.263-295

Albert, Stuart, und David A. Whetten, 1985/2004, *Organizational Identity*, in: Mary Jo Hatch und Majken Schultz, Hg., Organizational Identity. A Reader, Oxford: Oxford University Press, S.89-118

Aldrich, Howard E., und Susan Mueller, 1982, *The Evolution of Organizational Forms: Technology, Coordination, and Control*, in: Barry M. Staw und Larry L. Cummings, Hg., Research in Organizational Behavior 4, Greenwich, Conn.: JAI Press, S.33-84

Alewell, Dorothea, und Björn Hackert, 1998, Betriebliche Personalpolitik im Lichte des Transaktionskostenansatzes - Überlegungen zum Erklärungspotential einer vertragstheoretischen Perspektive, in: Albert Martin und Werner Nienhüser, Hg., Personalpolitik. Wissenschaftliche Erklärungen der Personalpraxis, München/Mering: Hampp, S.31-52

Angerhausen, Susanne, 2003, Radikaler Organisationswandel. Wie die „Volkssolidarität" die deutsche Vereinigung überlebte, Opladen: Leske und Budrich

Antonio, Robert J., 1979, The Contradiction of Domination and Production in Bureaucracy: The Contribution of Organizational Efficiency to the Decline of the Roman Empire, in: American Sociological Review 44, H.6, S.895-912

Arthur, Jeffrey B., 1992, The Link Between Business Strategy and Industrial Relations Systems in American Steel Minimills, in: Industrial and Labor Relations Review 45, H.3, S.488-506

Arthur, Jeffrey B., 1994, *Effects of Human Resource Systems on Manufacturing Performance and Turnover*, in: The Academy of Management Journal 37, H.3, S.670-687

Arthur, W. Brian, 1989, Competing Technologies, Increasing Returns, and Lock-In by Historical Events, in: Economic Journal 99, S.116-131

Arthur, W. Brian, 1990, *Positive Rückkopplung in der Wirtschaft*, in: Spektrum der Wissenschaft 1990, H.4, S.122-129

Baecker, Dirk, 1999a, Organisation als System, Frankfurt am Main: Suhrkamp

Baecker, Dirk, 1999b, *Mit der Hierarchie gegen die Hierarchie*, in: Ders., Hg., Organisation als System, Frankfurt am Main: Suhrkamp, S.198-236

Barbulescu, Roxana, und John Weeks, 2007, *Why Do Managers Talk About Identity?*, in: Lin Lerpold, Davide Ravasi, Johan Van Rekom und Guillaume Soenen, Hg., Organizational Identity in Practice, London/New York: Routledge, S.35-49

Barnard, Chester I., 1947/1970, Die Führung großer Organisationen, Essen: Girardet

Barney, Jay, 1991, *Firm Resources and Sustained Competitive Advantage*, in: Journal of Management 17, H.1, S.99

Baron, James N., Frank R. Dobbin, und P. Devereaux Jennings, 1986, *War and Peace: The Evolution of Modern Personnel Administration in U.S. Industry*, in: American Journal of Sociology 92, H.2, S.350-383

Baumeler, Carmen, 2009, Entkopplung von Wissenschaft und Anwendung. Eine neoinstitutionalistische Analyse der unternehmerischen Universität, in: Zeitschrift für Soziologie 38, H.1, S.68 - 85

Bechtle, Günter, 1980, Betrieb als Strategie. Theoretische Vorarbeiten zu einem industriesoziologischen Konzept, Frankfurt am Main/New York: Campus

Becker, Albrecht, Willi Küpper, und Günther Ortmann, 1988, *Revisionen der Rationalität*, in: Willi Küpper und Günther Ortmann, Hg., Mikropolitik: Rationalität, Macht und Spiele in Organisationen, Opladen: Westdeutscher Verlag, S.89-113

Becker, Brian, und Barry Gerhart, 1996, *The Impact of Human Resource Management on Organizational Performance: Progress and Prospects*, in: The Academy of Management Journal 39, H.4, S.779-801

Beckert, Jens, 1996, Was ist soziologisch an der Wirtschaftssoziologie? Ungewißheit und die Einbettung wirtschaftlichen Handelns, in: Zeitschrift für Soziologie 25, H.2, S.125-146

Beer, Michael, und Mark D. Cannon, 2004, *Promise and Peril in Implementing Pay-For-Performance*, in: Human Resource Management 43, H.1, S.3-20

Benson, J. Kenneth, 1977, *Organizations: A Dialectical View*, in: Administrative Science Quarterly 22, H.1, S.1-21

Berger, Peter L., und Thomas Luckmann, 1969/1980, Die gesellschaftliche Konstruktion der Wirklichkeit. Eine Theorie der Wissenssoziologie, Frankfurt am Main: Fischer

Blau, Peter M., 1970, *A Formal Theory of Differentiation in Organizations*, in: American Sociological Review 35, H.2, S.201-218

Blau, Peter M., und Richard A. Schoenherr, 1971, The Structure of Organizations, New York: Basic

Bommes, Michael, 2001, *Organisation, Inklusion und Verteilung. Soziale Ungleichheit in der funktional differenzierten Gesellschaft*, in: Veronika Tacke, Hg., Organisation und gesellschaftliche Differenzierung, Wiesbaden: Westdeutscher Verlag, S.236-258

Bommes, Michael, und Veronika Tacke, 2002, *Arbeit als Inklusionsmedium moderner Organisationen. Eine differenzierungstheoretische Perspektive*, in: Veronika Tacke, Hg., Organisation und gesellschaftliche Differenzierung, Wiesbaden: Westdeutscher Verlag, S.61-83

Bora, Alfons, 1997, Öffentliche Verwaltungen zwischen Recht und Politik. Zur Multireferentialität der Programmierung organisatorischer Kommunikationen, in: Veronika Tacke, Hg., Organisation und gesellschaftliche Differenzierung, Wiesbaden: Westdeutscher Verlag, S.170-191

Bosch, Gerhard, Thomas Haipeter, Erich Latniak, und Steffen Lehndorff, 2007, *Demontage oder Revitalisierung? Das deutsche Beschäftigungsmodell im Umbruch*, in: Kölner Zeitschrift für Soziologie und Sozialpsychologie 59, H.2, S.318-339

Bosch, Gerhard, und Andreas Jansen, 2010, *From the Breadwinner Model to 'Bricolage': Germany in Search of a New Life Course Model*, in: Dominique Anxo, Gerhard Bosch und Jill Rubery, Hg., The Welfare State and Life Transition: A European Perspective, Cheltenham: Edward Elgar Publishing, S.128-154

Bosetzky, Horst, 1988, *Mikropolitik, Macchiavellismus und Machtkumulation*, in: Willy Küpper und Günther Ortmann, Hg., Mikropolitik. Rationalität, Macht und Spiele in Organisationen, Opladen: Westdeutscher Verlag, S.27 - 37

Braverman, Harry, 1977, Die Arbeit im modernen Produktionsprozeß, Frankfurt am Main/New York: Campus

Brose, Hanns-Georg, 2000, *Die Reorganisation der Arbeitsgesellschaft*, in: Ders., Hg., Die Reorganisation der Arbeitsgesellschaft, Frankfurt am Main/New York: Campus, S.9-28

Brose, Hanns-Georg, Martin Diewald, und Anne Goedicke, 2004, *Arbeiten und Haushalten. Wechselwirkungen zwischen betrieblichen Beschäftigungspolitiken und privater Lebensführung*, in: Olaf Struck und Christoph Köhler, Hg., Beschäftigungsstabilität im Wandel? Empirische Befunde und theoretische Erklärungen für West- und Ostdeutschland, München/Mering: Hampp, S.287-310

Bruch, Michael, 1997, Betriebliche Organisationsform und gesellschaftliche Regulation. Zum Problem des Verhältnisses von Organisation und Gesellschaft in polit-ökonomisch orientierten Ansätzen, in: Günther Ortmann, Jörg Sydow und Klaus Türk, Hg., Theorien der Organisation. Die Rückkehr der Gesellschaft, Opladen: Westdeutscher Verlag, S.181-210

Brunsson, Nils, 1982, The Irrationality of Action and Action Rationality: Decisions, Ideologies and Organizational Actions, in: Journal of Management Studies 19, H.1, S.29-44

Brunsson, Nils, 1989, The Organization of Hypocrisy: Talk, Decisions and Actions in Organizations, Chichester: John Wiley & Sons

Brunsson, Nils, 1995, *Managing Organizational Disorder*, in: Massimo Warglien und Michael Masuch, Hg., The Logic of Organizational Disorder, Berlin [u.a.]: de Gruyter, S.127-143

Brunsson, Nils, 2003, *Organized Hypocrisy*, in: Barbara Czarniawska und Guje Sevon, Hg., The Northern Lights. Organization Theory in Scandinavia, Malmö/Oslo: Liber/AB, S.201-222

Brunsson, Nils, und Kerstin Sahlin-Andersson, 2000, *Constructing Organizations: The Example of Public Sector Reform*, in: Organization Studies 21, H.4, S.721-746

Brunsson, Nils, und Bengt Jacobsson, 2000, A World of Standards, Oxford [u.a.]: Oxford Univ. Press

Burawoy, Michael, 1979, Manufacturing Consent, Chicago/London: University of Chigaco Press

Burns, Tom, und George M. Stalker, 1968, *Mechanistische und organische Systeme des Managements*, in: Renate Mayntz, Hg., Bürokratische Organisation, Köln: Kiepenheuer & Witsch, S.147-155

Chandler, Alfred. D., 1973, Strategy and Structure: Chapters in the History of the Industrial Enterprise, Cambridge, Mass. [u.a.]: MIT Press

Coff, Russell W., 1997, Human Assets and Management Dilemmas: Coping with Hazards on the Road to Resource-Based Theory, in: Academy of Management Review 22, H.2, S.374-402

Cohen, Michael D., und James G. March, 1974, *Leadership in an Organized Anarchy*, in: Dies., Hg., Leadership and Ambiguity. The American College President, New York: McGraw-Hill, S.195-229

Cohen, Michael D., James G. March, und Johan P. Olsen, 1972/1990, *Ein Papierkorb-Modell für organisatorisches Wahlverhalten*, in: James G. March, Hg., Entscheidung und Organisation: Kritische und konstruktive Beiträge, Entwicklungen und Perspektiven, Wiesbaden: Gabler, S.329-372

Coleman, James S., 1992, *Natürliche Personen und die neuen Körperschaften*, in: Ders., Hg., Grundlagen der Sozialtheorie, Bd.2, München: Oldenbourg, S.271-299

Corley, Kevin G., 2004, Defined by our Strategy or our Culture? Hierarchical Differences in Perceptions of Organizational Identity and Change, in: Human Relations 57, H.9, S.1145-1177

Corley, Kevin G., Celia V. Harquail, Michael G. Pratt, Mary Ann Glynn, C. Marlene Fiol, und Mary Jo Hatch, 2006, *Guiding Organizational Identity Through Aged Adolescence*, in: Journal of Management Inquiry 15, H.2, S.85-99

Cornelissen, Joep P., 2002, *On the 'Organizational Identity' Metaphor*, in: British Journal of Management 13, H.3, S.259-268

Crouch, Colin, 2005, *Die Bedeutung von Governance für Vielfalt und Wandel im modernen Kapitalismus*, in: Max Miller, Hg., Welten des Kapitalismus. Institutionelle Alternativen in der globalisierten Ökonomie, Frankfurt am Main/New York: Campus, S.101-126

Crozier, Michel, und Erhard Friedberg, 1979, Macht und Organisation: Die Zwänge kollektiven Handelns, Königstein/Ts: Athenäum

Cyert, Richard M., und James G. March, 1995, Eine verhaltenswissenschaftliche Theorie der Unternehmung, Stuttgart: Schäffer-Poeschel

Czarniawska, Barbara, und Bernward Joerges, 1999, *Winds of Organizational Change: How Ideas Translate into Objects and Actions*, in: Nils Brunsson und Johan P. Olsen, Hg., Organizing Organizations. Festschrift for James March, Bergen: Fagbokforlaget, S.197-236

Czarniawska-Joerges, Barbara, 1994, *Narratives of Individual and Organizational Identities*, in: Stanley Deetz, Hg., Communication Yearbook 17, Thousand Oaks, Calif. [u.a.]: Sage, S.193-221

Czarniawska-Joerges, Barbara, 1997, *Symbolism and Organization Studies*, in: Günther Ortmann, Jörg Sydow und Klaus Türk, Hg., Theorien der Organisation. Die Rückkehr der Gesellschaft, Opladen: Westdeutscher Verlag, S.360-384

David, Paul A., 1985, *Clio and the Economics of QWERTY*, in: American Economic Review 75, H.2, S.332-337

David, Paul A., 1986, *Understanding the Economics of QWERTY: the Necessity of History*, in: William Nelson Parker, Hg., Economic History and the Modern Economist, Oxford: Basil Blackwell, S.30-49

Delery, John E., und D. Harold Doty, 1996, Modes of Theorizing in Strategic Human Resource Management: Tests of Universalistic, Contingency and Configurational Performance Predictions, in: Academy of Management Journal 39, H.4, S.802-835

Deutschmann, Christoph, 1987, Der „Betriebsclan". Der japanische Organisationstypus als Herausforderung an die soziologische Modernisierungstheorie, in: Soziale Welt 38, H.2, S.133-147

Deutschmann, Christoph, 2002, Postindustrielle Industriesoziologie. Theoretische Grundlagen, Arbeitsverhältnisse und soziale Identitäten, Weinheim [u.a.]: Juventa

DiMaggio, Paul J., und Walter W. Powell, 1991, *Introduction*, in: Walter W. Powell und Paul J. DiMaggio, Hg., The New Institutionalism in Organizational Analysis, Chicago/London: University of Chicago Press, S.1-38

DiMaggio, Paul J., und Walter W. Powell, 2000, *Das „stahlharte Gehäuse" neu betrachtet: Institutioneller Isomorphismus und kollektive Rationalität in organisationalen Feldern*, in: Hans-Peter Müller und Steffen Sigmund, Hg., Zeitgenössische amerikanische Soziologie, Opladen: Leske und Budrich, S.147-173

Dobbin, Frank, und John R. Sutton, 1998, The Strength of a Weak State: The Rights Revolution and the Rise of Human Resource Management Divisions, in: American Journal of Sociology 104, H.2, S.441-476

Dobbin, Frank, John R. Sutton, John W. Meyer, und Richard W. Scott, 1994, *Equal Opportunity Law and the Construction of Internal Labor Markets*, in: Richard W. Scott und John W. Meyer, Hg., Institutional Environments and Organizations. Structural Complexity and Individualism, Thousand Oaks, Calif. [u.a.]: Sage, S.272-300

Dobbin, Frank R., 1994, *Cultural Models of Organization: The Social Construction of Rational Organizing Principles*, in: Diana Crane, Hg., The Sociology of Culture, Oxford: Blackwell, S.117-142

Doeringer, Peter B., und Michael J. Piore, 1978, Internal Labor Markets and Manpower Analysis, Lexington, Mass.: Heath Lexington Books

Durkheim, Émile, 1897/1990, Der Selbstmord, Frankfurt am Main: Suhrkamp

Dutton, Jane E., und Janet M. Dukerich, 1991, *Keeping an Eye on the Mirror: Image and Identity in Organizational Adaptation*, in: Academy of Management Journal 34, H.3, S.517-554

Ebers, Mark, und Wilfried Gotsch, 2001, *Institutionenökonomische Theorien der Organisation*, in: Alfred Kieser, Hg., Organisationstheorien, Stuttgart/Berlin/Köln: Kohlhammer, S.199-252

Eccles, Robert G., Nitin Nohria, und James D. Berkley, 1992, Beyond the Hype. Rediscovering the Essence of Management, Harvard: Harvard Business School Press

Edwards, Richard C., 1981, Herrschaft im modernen Produktionsprozess, Frankfurt am Main/New York: Campus

Eisenhardt, Kathleen M., 1989, *Building Theories from Case Study Research*, in: Academy of Management Review 14, H.4, S.532-550

Fehl, Ulrich, und Peter Oberender, 1994, Grundlagen der Mikroökonomie, München: Vahlen

Fligstein, Neil, 1991, The Structural Transformation of American Industry: An Institutional Account of the Causes of Diversification in the Largest Firms, 1919-1979, in: Paul J. DiMaggio und Walter W. Powell, Hg., The New Institutionalism in Organizational Analysis, Chicago: University of Chicago Press, S.311-336

Fligstein, Neil, 1993, The Transformation of Corporate Control, Cambridge, Mass. [u.a.]: Harvard University Press

Fligstein, Neil, 1996, *Markets as Politics: A Political-Cultural Approach to Market Institutions*, in: American Sociological Review 61, H.4, S.656-673

Fligstein, Neil, 2001, The Architecture of Markets: an Economic Sociology of Twenty-First-Century Capitalist Societies, Princeton [u.a.]: Princeton University Press

Foerster, Heinz von, 1984, *Principles of Self-Organization - In a Socio-Managerial Context*, in: Hans Ulrich und Gilbert J.B. Probst, Hg., Self-Organization and Management of Social Systems: Insights, Promises, Doubts, and Questions, Berlin: Springer, S.2-24

Foerster, Heinz von, 1997, *Abbau und Aufbau*, in: Fritz B. Simon, Hg., Lebende Systeme, Frankfurt am Main: Suhrkamp, S.32-51

Foerster, Heinz von, 1999, *Ethik und Kybernetik zweiter Ordnung*, in: Paul Watzlawick und Giorgio Nardone, Hg., Kurzzeittherapie und Wirklichkeit, München/Zürich: Piper, S.71-89

Foucault, Michel, 1977, Überwachen und Strafen. Die Geburt des Gefängnisses, Frankfurt am Main: Suhrkamp

Foucault, Michel, 1982, Die Ordnung des Diskurses: Inauguralvorlesung am Collège de France - 2. Dezember 1970, Frankfurt am Main: Ullstein

Foucault, Michel, 1987, *Das Subjekt und die Macht*, in: Hubert L. Dreyfus und Paul Rabinow, Hg., Michel Foucault. Jenseits von Strukturalismus und Hermeneutik, Weinheim: Beltz Athenäum, S.243-261

Friedberg, Erhard, 1995, Ordnung und Macht. Dynamiken organisierten Handelns, Frankfurt am Main/New York: Campus

Fuchs, Peter, 1997, Adressabilität als Grundbegriff der soziologischen Systemtheorie, in: Soziale Systeme 3, H.1, S.57-79

Fuchs, Peter, 1999, Intervention und Erfahrung, Frankfurt am Main: Suhrkamp

Geser, Hans, 1982, Gesellschaftliche Folgeprobleme und Grenzen des Wachstums formaler Organisationen, in: Zeitschrift für Soziologie 11, H.2, S.113-132

Gioia, Dennis A, und James B. Thomas, 1996, *Identity, Image, and Issue Interpretation. Sensemaking During Strategic Change in Academia*, in: Administrative Science Quarterly 41, H.3, S.370-403

Gioia, Dennis A, Majken Schultz, und Kevin G. Corley, 2000, *Organizational Identity, Image and Adaptive Instability*, in: Academy of Management Review 25, H.1, S.63–81

Glaser, Barney G., und Anselm L. Strauss, 1998, Grounded Theory. Strategien qualitativer Forschung, Bern: Huber

Glasersfeld, Ernst von, 1997, Radikaler Konstruktivismus. Ideen, Ergebnisse, Probleme, Frankfurt am Main: Suhrkamp

Glynn, Mary Ann, 2000, When Cymbals Become Symbols: Conflict Over Organizational Identity Within a Symphony Orchestra, in: Organization Science 11, H.3, S.285-298

Gmür, Markus, und Boris Schwerdt, 2005, Der Beitrag des Personalmanagements zum Unternehmenserfolg. Eine Metaanalyse nach 20 Jahren Erfolgsfaktorenforschung, in: Zeitschrift für Personalforschung 19, H.3, S.221-251

Goedicke, Anne, 2006, Organisationsmodelle in der Sozialstrukturanalyse: Der Einfluss von Betrieben auf Erwerbsverläufe, in: Berliner Journal für Soziologie 16, H.4, S.503-523

Goffman, Erving, 1959/1996, Wir alle spielen Theater. Die Selbstdarstellung im Alltag, München: Piper

Goffman, Erving, 1973, Asyle. Über die soziale Situation psychiatrischer Patienten und anderer Insassen, Frankfurt am Main: Suhrkamp

Goffman, Erving, 1974/1996, Rahmen-Analyse. Ein Versuch über die Organisation von Alltagserfahrungen, Frankfurt am Main: Suhrkamp

Golden-Biddle, Karen, und Hayagreeva Rao, 1997, Breaches in the Boardroom: Organizational Identity and Conflicts of Commitment in a Nonprofit Organization, in: Organization Science 8, H.6, S.593-611

Gratton, Lynda, und Catherine Truss, 2003, *The Three-Dimensional People Strategy: Putting Human Resources Policies into Action*, in: Academy of Management Executive 17, H.3, S.74-86

Gratton, Lynda, Veronica Hope Hailey, Philip Stiles, und Catherine Truss, Hg., 1999, Strategic Human Resource Management: Corporate Rhetoric and Human Reality, Oxford: Oxford University Press

Gregory, Kathleen L., 1983, *Native-View Paradigms: Multiple Cultures and Culture Conflicts in Organizations*, in: Administrative Science Quarterly 28, H.3, S.359-376

Habermas, Jürgen, 1973, Legitimationsprobleme im Spätkapitalismus, Frankfurt am Main: Suhrkamp

Hahn, Alois, 1988, *Biographie und Lebenslauf*, in: Hanns-Georg Brose und Bruno Hildenbrand, Hg., Vom Ende des Individuums zur Individualität ohne Ende, Opladen: Leske und Budrich, S.91-105

Hall, Peter A., und David Soskice, 2001, *An Introduction to Varieties of Capitalism*, in: Dies., Hg., Varieties of Capitalism: The Institutional Foundations of Comparative Advantage, Oxford: Oxford University Press, S.1-68

Hasse, Raimund, und Georg Krücken, 1996, Was leistet der organisationssoziologische Neo-Institutionalismus? Eine theoretische Auseinandersetzung mit besonderer Berücksichtigung des wissenschaftlichen Wandels, in: Soziale Systeme 2, H.1, S.91-112

Hasse, Raimund, und Georg Krücken, 2005, Der Stellenwert von Organisationen in Theorien der Weltgesellschaft Eine kritische Weiterentwicklung systemtheoretischer und neo-institutionalistischer Forschungsperspektiven, in: Zeitschrift für Soziologie, Sonderheft Weltgesellschaft, S.186-204

Hatch, Mary Jo, und Majken Schultz, 2002, *The Dynamics of Organizational Identity*, in: Human Relations 55, H.8, S.989-1018

Hatch, Mary Jo, und Majken Schultz, Hg., 2004, Organizational Identity. A Reader, Oxford: Oxford University Press

Heitmeyer, Wilhelm, 1997, *Gibt es eine Radikalisierung des Integrationsproblems?*, in: Ders., Hg., Was hält die Gesellschaft zusammen? Bundesrepublik Deutschland: Auf dem Weg von der Konsens- zur Konfliktgesellschaft, Frankfurt am Main: Suhrkamp, S.23-65

Hildebrandt, Eckart, und Rüdiger Seltz, Hg., 1987, Managementstrategien und Kontrolle. Eine Einführung in die Labour Process Debate, Berlin: Edition Sigma

Hiller, Petra, 2005, Organisationswissen. Eine wissenssoziologische Neubeschreibung der Organisation, Wiesbaden: VS, Verlag für Sozialwissenschaften

Hofbauer, Johanna, 1993, *Management - Ein umstrittenes Terrain*, in: Hans-Dietrich Ganter und Gerd Schienstock, Hg., Management aus soziologischer Sicht. Unternehmensführung, Industrie- und Organisationssoziologie, Wiesbaden: Gabler, S.146-175

Hoffmann, Edeltraud, und Ulrich Walwei, 1998, Normalarbeitsverhältnis: ein Auslaufmodell? Überlegungen zu einem Erklärungsmodell für den Wandel der Beschäftigungsformen, in: Mitteilungen aus der Arbeitsmarkt- und Berufsforschung 31, H.3,

Horkheimer, Max, und Theodor W. Adorno, 1944/1996, Dialektik der Aufklärung. Philosophische Fragmente, Frankfurt am Main: Fischer

Huselid, Mark A., 1995, The Impact of Human Resource Management Practices on Turnover, Productivity, and Corporate Financial Performance, in: The Academy of Management Journal 38, H.3, S.635-672

Iding, Hermann, 2006, *Beratung im Krankenhaus - Macht meint Strukturen in Organisationen*, in: Irmhild Saake und Werner Vogd, Hg., Moderne Mythen der Medizin. Eine organisationssoziologische Perspektive, Wiesbaden: VS, Verlag für Sozialwissenschaften, S.87-108

Jackson, Susan E., und Randall S. Schuler, 1995, *Understanding Human Resource Management in the Context of Organizations and Their Environments*, in: Annual Review of Psychology 46, H.1, S.237-264

Jackson, Susan E., Randall S. Schuler, und J. Carlos Rivero, 1989, *Organizational Characteristics as Predictors of Personnel Practices*, in: Personnel Psychology 42, H.4, S.727-786

Jürgens, Ulrich, und Frieder Naschold, 1984, Arbeitspolitik. Materialien zum Zusammenhang von politischer Macht, Kontrolle und betrieblicher Organisation der Arbeit, Opladen: Westdeutscher Verlag

Kabst, Rüdiger, und Angelo Giardini, 2006, Einblicke in das internationale Personalmanagement - Die deutsche Perspektive: Deutscher Ergebnisbericht der Cranfield-Studie 2005, Gießen: Universität Gießen

Keller, Berndt, und Hartmut Seifert, 1998, *Eine Zwischenbilanz der Deregulierung*, in: Dies., Hg., Deregulierung am Arbeitsmarkt. Eine empirische Zwischenbilanz, Hamburg: VSA-Verlag, S.9-35

Kelly, Erin, und Frank Dobbin, 1998, How Affirmative Action Became Diversity Management: Employer Response to Antidiscrimination Law, 1961 to 1996, in: American Behavioral Scientist 41, H.7, S.960-984

Kieser, Alfred, 2001a, *Human Relations-Bewegung und Organisationspsychologie*, in: Ders., Hg., Organisationstheorien, Stuttgart/Berlin/Köln: Kohlhammer, 4. unveränderte Aufl., S. 101-131

Kieser, Alfred, Hg., 2001b, Organisationstheorien, Stuttgart/Berlin/Köln: Kohlhammer, 4. unveränderte Aufl.

Kieserling, André, 1999, Kommunikation unter Anwesenden: Studien über Interaktionssysteme, Frankfurt am Main: Suhrkamp

Kieserling, André, 2004, Selbstbeschreibung und Fremdbeschreibung. Beiträge zur Soziologie soziologischen Wissens, Frankfurt am Main: Suhrkamp

Kratzer, Nick, 2003, Arbeitskraft in Entgrenzung. Grenzenlose Anforderungen, erweiterte Spielräume, begrenzte Ressourcen, Berlin: Edition Sigma

Krell, Gertraude, 1994, Vergemeinschaftende Personalpolitik, München [u.a.]: Hampp

Krell, Gertraude, 2003, *Die Ordnung der 'Humanressourcen' als Ordnung der Geschlechter*, in: Richard Weiskopf, Hg., Menschenregierungskünste. Anwendungen poststrukturalistischer Analyse auf Management und Organisation, Wiesbaden: Westdeutscher Verlag, S.65-90

Kühl, Stefan, 2001, Über das erfolgreiche Scheitern von Gruppenarbeitsprojekten. Rezentralisierung und Rehierarchisierung in Vorreiterunternehmen der Dezentralisierung, in: Zeitschrift für Soziologie 30, H.3, S.199-222

Kühl, Stefan, 2002, Jenseits der Face-to-Face-Organisation. Wachstumsprozesse in kapitalmarktorientierten Unternehmen, in: Zeitschrift für Soziologie 31, H.3, S.186-210

Küpper, Willi, und Günther Ortmann, 1986, *Mikropolitik in Organisationen*, in: Die Betriebswirtschaft 46, H.5, S.590-602

Küpper, Willi, und Günther Ortmann, Hg., 1988, Mikropolitik. Rationalität, Macht und Spiele in Organisationen, Opladen: Westdeutscher Verlag

Kurt, Ronald, 2004, Hermeneutik. Eine sozialwissenschaftliche Einführung, Konstanz: UVK

LaPorte, Todd R., und Paula M. Consolini, 1991, *Working in Practice But Not in Theory: Theoretical Challenges of „High-Reliability Organizations"*, in: Journal of Public Administration Research and Theory 1, H.1, S.19-48

Laske, Stephan, und Richard Weiskopf, 1996, *Personalauswahl – Was wird denn da gespielt? Ein Plädoyer für einen Perspektivenwechsel*, in: Zeitschrift für Personalforschung 10, H.4, S.295-332

Lawrence, Paul R., und Jay R. Lorsch, 1967/1990, *High-Performing Organizations in Three Environments*, in: Derek S. Pugh, Hg., Organization Theory. Selected Readings, Penguin Books, 3.Aufl., S.76-94

Lehmann, Maren, 2002, *Von der Laufbahn zur Karriere*, in: Manfred Becker und Anke Schwertner, Hg., Personalentwicklung als Kompetenzentwicklung, München & Mehring: Hampp, S.62-80

Lehmann, Maren, 2003, *Karriere(n) machen? Organisationale und individuelle Grenzen der Personalentwicklung*, in: Manfred Becker und Gabriele Rother, Hg., Personalwirtschaft in der Unternehmenstransformation. Stabilitas et Mutabilitas, München und Mering: Rainer Hampp Verlag,

Lerpold, Lin, Davide Ravasi, Johan Van Rekom, und Guillaume Soenen, Hg., 2007, Organizational Identity in Practice, London/New York: Routledge

Lindblom, Charles E., 1959/1975, *Inkrementalismus: die Lehre vom „Sich-Durchwursteln"*, in: Wolf-Dieter Narr und Claus Offe, Hg., Wohlfahrtsstaat und Massenloyalität, Köln: Kiepenheuer & Witsch, S.161-177

Luhmann, Niklas, 1964, Funktion und Folgen formaler Organisation, Berlin: Duncker & Humblot

Luhmann, Niklas, 1968, *Zweck-Herrschaft-System. Grundbegriffe und Prämissen Max Webers*, in: Renate Mayntz, Hg., Bürokratische Organisation, Köln: Kiepenheuer & Witsch, S.36-55

Luhmann, Niklas, 1968/1999, Zweckbegriff und Systemrationalität. Über die Funktion von Zwecken in sozialen Systemen, Frankfurt am Main: Suhrkamp, 6.Aufl.

Luhmann, Niklas, 1970a, *Institutionalisierung - Funktion und Mechanismus im sozialen System der Gesellschaft*, in: Helmut Schelsky, Hg., Zur Theorie der Institution, Düsseldorf: Bertelsmann-Universitätsverlag, S.27-41

Luhmann, Niklas, 1970b, *Soziologische Aufklärung*, in: Ders., Hg., Soziologische Aufklärung 1. Aufsätze zur Theorie sozialer Systeme, Opladen: Westdeutscher Verlag, S.66-91

Luhmann, Niklas, 1971, *Lob der Routine*, in: Ders., Hg., Politische Planung, Opladen: Westdeutscher Verlag, S.113-142

Luhmann, Niklas, 1975, *Allgemeine Theorie organisierter Sozialsysteme*, in: Ders., Hg., Soziologische Aufklärung 2, Opladen: S.39-50

Luhmann, Niklas, 1975/1991, *Interaktion, Organisation, Gesellschaft. Anwendungen der Systemtheorie*, in: Ders., Hg., Soziologische Aufklärung 2. Aufsätze zur Theorie der Gesellschaft, Opladen: Westdeutscher Verlag, S.9-20

Luhmann, Niklas, 1981a, *Organisation und Entscheidung*, in: Ders., Hg., Soziologische Aufklärung 3. Soziales System, Gesellschaft, Organisation, Opladen: Westdeutscher Verlag, S.335-389

Luhmann, Niklas, 1981b, *Wie ist soziale Ordnung möglich?*, in: Ders., Hg., Gesellschaftsstruktur und Semantik. Studien zur Wissenssoziologie der modernen Gesellschaft, Bd.2, Frankfurt am Main: Suhrkamp, S.195-285

Luhmann, Niklas, 1981c, *Die Ausdifferenzierung von Erkenntnisgewinn: zur Genese von Wissenschaft*, in: Nico Stehr und Volker Meja, Hg., Wissenssoziologie. Sonderheft der Kölner Zeitschrift für Soziologie und Sozialpsychologie, Bd. 22, Opladen: Westdeutscher Verlag, S.102-139

Luhmann, Niklas, 1987, Tautologie und Paradoxie in den Selbstbeschreibungen der modernen Gesellschaft, in: Zeitschrift für Soziologie 16, H.3, S.161-174

Luhmann, Niklas, 1988a, *Organisation*, in: Willy Küpper und Günther Ortmann, Hg., Mikropolitik. Rationalität, Macht und Spiele in Organisationen, Opladen: Westdeutscher Verlag, S.165-186

Luhmann, Niklas, 1988b, Erkenntnis als Konstruktion, Bern [u.a.]: Benteli Verlag
Luhmann, Niklas, 1992, Beobachtungen der Moderne, Opladen: Westdeutscher Verlag
Luhmann, Niklas, 1993a, Geschichte als Prozeß und die Theorie sozio-kultureller Evolution, in: Ders., Hg., Soziologische Aufklärung 3, Opladen: Westdeutscher Verlag, S.178-197
Luhmann, Niklas, 1993b, Die Paradoxie des Entscheidens, in: Verwaltungs-Archiv 84, H.3, S.287-310
Luhmann, Niklas, 1994, Observing Re-Entries, in: Protosoziologie 6, S.4-13
Luhmann, Niklas, 1995a, Die Form „Person", in: Ders., Hg., Soziologische Aufklärung 6. Die Soziologie und der Mensch, Opladen: Westdeutscher Verlag, S.142-154
Luhmann, Niklas, 1995b, Inklusion und Exklusion, in: Ders., Hg., Soziologische Aufklärung, Bd. 6, Die Soziologie und der Mensch, Opladen: Westdeutscher Verlag, S.237-264
Luhmann, Niklas, 1996, Soziale Systeme. Grundriß einer allgemeinen Theorie, Frankfurt am Main: Suhrkamp, 6. Aufl
Luhmann, Niklas, 1998, Die Gesellschaft der Gesellschaft, Frankfurt am Main: Suhrkamp
Luhmann, Niklas, 2000, Organisation und Entscheidung, Wiesbaden: Westdeutscher Verlag
Lutz, Burkart, 1976, Bildungssystem und Beschäftigungsstruktur in Deutschland und Frankreich. Zum Einfluß des Bildungssystems auf die Gestaltung betrieblicher Arbeitskräftestrukturen, in: Hans-Gerhard Mendius, Werner Sengenberger, Burkart Lutz, Norbert Altmann, Fritz Böhle, Inge Asendorf-Krings, Ingrid Drexel und Christoph Nuber, Hg., Betrieb - Arbeitsmarkt - Qualifikation I, Frankfurt am Main: Aspekte, S.83-151
MacDuffie, John Paul, 1995, Human Resource Bundles and Manufacturing Performance: Organizational Logic and Flexible Production Systems in the World Auto Industry, in: Industrial and Labor Relations Review 48, H.2, S.197-221
Maitlis, Sally, 2004, Taking it from the Top: How CEOs Influence (and Fail to Influence) Their Boards, in: Organization Studies 25, H.8, S.1275-1311
March, James G., 1966/1990a, Die Macht der Macht, in: Ders., Hg., Entscheidung und Organisation: Kritische und konstruktive Beiträge, Entwicklungen und Perspektiven, Wiesbaden: Gabler, S.131-167
March, James G., 1966/1990b, Die Unternehmung als politische Koalition, in: Ders., Hg., Entscheidung und Organisation: Kritische und konstruktive Beiträge, Entwicklungen und Perspektiven, Wiesbaden: Gabler, S.115-130
March, James G., 1971/1990, Die Technologie der Torheit, in: Ders., Hg., Entscheidung und Organisation: Kritische und konstruktive Beiträge, Entwicklungen und Perspektiven, Wiesbaden: Gabler, S.281-295
March, James G., 1990, Eine Chronik der Überlegungen über Entscheidungsprozesse in Organisationen, in: Ders., Hg., Entscheidung und Organisation: Kritische und konstruktive Beiträge, Entwicklungen und Perspektiven, Wiesbaden: Gabler,
March, James G., 1999, Understanding How Decisions Happen in Organizations, in: Ders., Hg., The Pursuit of Organizational Intelligence, Malden/Mass.: Blackwell, S.13-38
March, James G., und Herbert A. Simon, 1958/1976a, Organisation und Individuum. Menschliches Verhalten in Organisationen, Wiesbaden: Gabler
March, James G., und Herbert A. Simon, 1958/1976b, Kognitive Grenzen der Rationalität, in: Dies., Hg., Organisation und Individuum. Menschliches Verhalten in Organisationen, Wiesbaden: Gabler, S.129-159
March, James G., und Johan P. Olsen, 1984, The New Institutionalism: Organizational Factors in Political Life, in: American Political Science Review 78, H.3, S.734-749
Marglin, Stephen A., 1977, Was tun die Vorgesetzten?, in: Technologie und Politik 8, S.148-203
Marsden, David, 1999, A Theory of Employment Systems. Micro-Foundations of Societal Diversity, Oxford [u.a.]: Oxford Univ. Press
Marsden, David, 2000, A Theory of Job Regulation, the Employment Relationship, and the Organisation of Labour Institutions, in: Industrielle Beziehungen 7, H.4, S.320-347

Martin, Albert, 1996, Die Erklärung der Personalpolitik, Lüneburg: Universität Lüneburg, Institut für Mittelstandsforschung

Martin, Albert, und Werner Nienhüser, 1998a, *Die Erklärung der Personalpolitik von Organisationen*, in: Dies., Hg., Personalpolitik. Wissenschaftliche Erklärungen der Personalpraxis, München/Mering: Hampp, S.9-28

Martin, Albert, und Werner Nienhüser, Hg., 1998b, Personalpolitik. Wissenschaftliche Erklärungen der Personalpraxis, München/Mering: Hampp

Maurice, Marc, und Arndt Sorge, Hg., 1996, Embedding Organizations. Societal Analysis of Actors, Organizations and Socio-Economic Context, Amsterdam [u.a.]: Benjamins

Mayo, Elton, 1949/1990, *Hawthorne and the Western Electric Company*, in: Derek S. Pugh, Hg., Organization Theory, Penguin Books, 3.Aufl., S.345-357

Mayrhofer, Wolfgang, 1996, *Auf der Suche nach dem Sozialen. Plädoyer für ein neues Verhältnis von Systemtheorie und Personalwirtschaft*, in: Wolfgang Weber, Hg., Grundlagen der Personalwirtschaft. Theorien und Konzepte, Wiesbaden: S.89-114

Mayrhofer, Wolfgang, 1998, *Umwelt - welche Umwelt?*, in: Albert Martin und Werner Nienhüser, Hg., Personalpolitik. Wissenschaftliche Erklärungen der Personalpraxis, München/Mering: Hampp, S.291-293

Mayrhofer, Wolfgang, 2004, Social Systems Theory as Theoretical Framework for Human Resource Management – Benediction or Curse?, in: Management Revue 14, H.2, S.178-191

McMahan, Gary C., Meghna Virick, und Patrick M. Wright, 1999, *Alternative Theoretical Perspectives for Strategic Human Resource Management Revisited: Progress, Problems, and Prospects*, in: Patrick M. Wright, Lee Dyer, John W. Boudreau und George Milkovich, Hg., Research in Personnel and Human Resources Management, Supplement 4, Greenwich, Conn.: JAI Press, S.99-122

Mead, George Herbert, 1934/1995, Geist, Identität und Gesellschaft aus der Sicht des Sozialbehaviorismus, Frankfurt am Main: Suhrkamp

Mensching, Anja, 2008, Gelebte Hierarchien. Mikropolitische Arrangements und organisationskulturelle Praktiken am Beispiel der Polizei, Wiesbaden: VS, Verlag für Sozialwissenschaften

Merton, Robert K., 1947/1995, *Bürokratische Struktur und Persönlichkeit*, in: Ders., Hg., Soziologische Theorie, Berlin/New York: S.188-197

Meuser, Michael, und Ulrike Nagel, 1991, *Experteninterviews - vielfach erprobt, wenig bedacht. Ein Beitrag zur qualitativen Methodendiskussion*, in: Detlef Garz und Klaus Kraimer, Hg., Qualitativ-empirische Sozialforschung. Konzepte, Methoden, Analysen, Opladen: Westdeutscher Verlag, S.441-471

Meyer, John W., und Brian Rowan, 1977, *Institutionalized Organization: Formal Structure as Myth and Ceremony*, in: American Journal of Sociology 83, H.2, S.340-363

Meyer, John W., und Ronald L. Jepperson, 2005, *Die „Akteure" der modernen Gesellschaft: Die kulturelle Konstruktion sozialer Agentschaft*, in: John W. Meyer, Hg., Weltkultur. Wie die westlichen Prinzipien die Welt durchdringen, Frankfurt am Main: Suhrkamp, S.47-84

Meyer, John W., John Boli, und George M. Thomas, 1994, *Ontology and Rationalization in the Western Cultural Account*, in: W. Richard Scott und John W. Meyer, Hg., Institutional Environments and Organizations. Structural Complexity and Individualism, Thousand Oaks, Calif. [u.a.]: Sage, S.9-27

Meyerson, Debra E., und Joanne Martin, 1987, *Cultural Change. An Integration of Three Different Views*, in: Journal of Management Studies 34, H.6, S.623-647

Mikl-Horke, Gertraude, 2000a, Industrie- und Arbeitssoziologie, München/Wien: Oldenbourg

Mikl-Horke, Gertraude, 2000b, *Technik und Arbeit*, in: Dies., Hg., Industrie- und Arbeitssoziologie, München/Wien: Oldenbourg, S.159-206

Miles, Raymond E., und Charles C. Snow, 1984, *Designing Strategic Human Resources Systems*, in: Organizational Dynamics 13, S.36-52

Mintzberg, Henry, 1978, *Patterns of Strategy Formation*, in: Management Science 24, H.9, S.934-948

Mintzberg, Henry, und Alexandra McHugh, 1985, *Strategy Formation in an Adhocracy*, in: Administrative Science Quarterly 30, H.2, S.160-197

Moldaschl, Manfred, 2002a, *Foucaults Brille. Eine Möglichkeit, die Subjektivierung von Arbeit zu verstehen?*, in: Manfred Moldaschl und G. Günter Voß, Hg., Subjektivierung von Arbeit, München/Mering: Hampp, S.135-176

Moldaschl, Manfred, 2002b, *Subjektivierung - Eine neue Stufe in der Entwicklung der Arbeitswissenschaften?*, in: Manfred Moldaschl und G. Günter Voß, Hg., Subjektivierung von Arbeit, München/Mering: Hampp, S.23-52

Mückenberger, Ulrich, 1985, *Die Krise des Normalarbeitsverhältnisses. Hat das Arbeitsrecht noch Zukunft?*, in: Zeitschrift für Sozialreform 31, H.7 und 8, S.415-422 und 457-474

Mueller, Frank, 1994, *Societal Effect, Organizational Effect and Globalization*, in: Organization Studies 15, H.3, S.407-428

Mühlmann, Heiner, 1996, Die Natur der Kulturen. Entwurf einer kulturgenetischen Theorie, Wien/New York: Springer

Nassehi, Armin, 1997, *Kommunikation verstehen. Einige Überlegungen zur empirischen Anwendbarkeit einer systemtheoretisch informierten Hermeneutik*, in: Tilmann Sutter, Hg., Beobachtung verstehen, Verstehen beobachten. Perspektiven einer konstruktivistischen Hermeneutik, Opladen: Westdeutscher Verlag, S.134-163

Nassehi, Armin, 2002, *Die Organisation der Gesellschaft. Skizze einer Organisationssoziologie in gesellschaftstheoretischer Absicht*, in: Jutta Allmendinger und Thomas Hinz, Hg., Organisationssoziologie, Wiesbaden: S.443-478

Nassehi, Armin, und Gerd Nollmann, 1997, Inklusionen. Organisationssoziologische Ergänzungen der Inklusions-/Exklusionstheorie, in: Soziale Systeme 3, H.2, S.393-412

Nassehi, Armin, und Irmhild Saake, 2002, Kontingenz: Methodisch verhindert oder beobachtet? Ein Beitrag zur Methodologie der qualitativen Sozialforschung, in: Zeitschrift für Soziologie 31, H.1, S.66-86

Neuberger, Oswald, 1997a, *Individualisierung und Organisation. Die wechselseitige Erzeugung von Individuum und Organisation durch Verfahren*, in: Günther Ortmann, Jörg Sydow und Klaus Türk, Hg., Theorien der Organisation. Die Rückkehr der Gesellschaft, Opladen: Westdeutscher Verlag, S.487-522

Neuberger, Oswald, 1997b, Personalwesen Bd.1. Grundlagen, Entwicklung, Organisation, Arbeitszeit, Fehlzeiten, Stuttgart: Enke

Neuberger, Oswald, 2006, Mikropolitik und Moral in Organisationen. Herausforderung der Ordnung, Stuttgart: Lucius & Lucius

Neuberger, Oswald, und Peter Wimmer, 1998, Personalwesen Bd.2. Personalplanung, Beschäftigungssysteme, Personalkosten, Personalcontrolling, Stuttgart: Enke

Nicolai, Alexander, und Alfred Kieser, 2002, *Trotz eklatanter Erfolglosigkeit: Die Erfolgsfaktorenforschung weiter auf Erfolgskurs*, in: Die Betriebswirtschaft 62, S.579-596

Nienhüser, Werner, 1998, Macht bestimmt die Personalpolitik! Erklärung der betrieblichen Arbeitsbeziehungen aus macht- und austauschtheoretischer Perspektive, in: Albert Martin und Werner Nienhüser, Hg., Personalpolitik. Wissenschaftliche Erklärungen der Personalpraxis, München/Mering: Hampp, S.239-261

Nienhüser, Werner, 2001, Politisierende Ansätze zur Analyse des Personalmanagements: Neomarxistische und foucaultianische Perspektiven, in: Essener Beiträge zur Personalforschung H.1, S.1-26

Nienhüser, Werner, und Heiko Hoßfeld, 2008, Verbetrieblichung aus der Perspektive betrieblicher Akteure, Frankfurt am Main: Bund-Verlag

Nonaka, Ikujiro, 1991, *The Knowledge-Creating Company*, in: Harvard Business Review 69, H.6, S.96-104

Oevermann, Ulrich, Tillmann Allert, Elisabeth Konau, und Jürgen Krambeck, 1979, *Die Methodologie einer 'objektiven Hermeneutik' und ihre allgemeine forschungslogische Bedeutung in den Sozialwissenschaften*, in: Hans-Georg Soeffner, Hg., Interpretative Verfahren in den Sozial- und Textwissenschaften, Stuttgart: Metzler, S.352-433

Oliver, Christine, 1991, *Strategic Responses to Institutional Processes*, in: Academy of Management Review 16, H.1, S.145-179

Ortmann, Günther, 1995a, *Rekursivität, Produktivität, Viabilität*, in: Günther Ortmann, Hg., Formen der Produktion. Organisation und Rekursivität, Opladen: Westdeutscher Verlag, S.98-124

Ortmann, Günther, 1995b, Formen der Produktion. Organisation und Rekursivität, Opladen: Westdeutscher Verlag

Ortmann, Günther, 1995c, *Organisation und Macht*, in: Ders., Hg., Formen der Produktion. Organisation und Rekursivität, Opladen: Westdeutscher Verlag, S.29-42

Ortmann, Günther, 2003, Regel und Ausnahme. Paradoxien sozialer Ordnung, Frankfurt am Main: Suhrkamp

Ortmann, Günther, 2004, Als Ob. Fiktionen und Organisationen, Wiesbaden: VS, Verlag für Sozialwissenschaften

Ortmann, Günther, Arnold Windeler, Albrecht Becker, und Hans-Joachim Schulz, 1990, Computer und Macht in Organisationen. Mikropolitische Analysen, Opladen: Westdeutscher Verlag

Orton, J. Douglas, und Karl E. Weick, 1990, *Loosely Coupled Systems: A Reconceptualization*, in: Academy of Management Review 15, H.2, S.203-223

Osterman, Paul, 1987, *Choice of Employment Systems in Internal Labor Markets*, in: Industrial Relations 26, H.1, S.46-67

Osterman, Paul, 1995, *Work/Family Programs and the Employment Relationship*, in: Administrative Science Quarterly 40, H.4, S.681-700

Ouchi, William G., 1980, *Markets, Bureaucracies, and Clans*, in: Administrative Science Quarterly 25, H.1, S.129 - 141

Paetow, Kai, 2005, Organisationsidentität. Eine systemtheoretische Analyse der Konstruktion von Identität in der Organisation und ihrer internen wie externen Kommunikation, Deutsche Nationalbibliothek

Perrow, Charles, 1986, Complex Organizations, New York u.a.: Random House

Perrow, Charles, 1992, Normale Katastrophen. Die unvermeidbaren Risiken der Großtechnik, Frankfurt am Main/New York: Campus

Perrow, Charles, 2004, *Organizing America*, in: Frank Dobbin, Hg., The Sociology of the Economy, New York: Russell Sage Foundation, S.29-42

Pfeffer, Jeffrey, und Gerald R. Salancik, 1978, The External Control of Organizations: A Resource Dependence Perspective, New York: Harper & Row

Pollack, Detlef, 1991, Das Ende einer Organisationsgesellschaft - Systemtheoretische Überlegungen zum gesellschaftlichen Umbruch in der DDR, in: Zeitschrift für Soziologie 19, H.4, S.292-307

Popitz, Heinrich, Hans Paul Bahrdt, Ernst August Jüres, und Hanno Kesting, 1957, Technik und Industriearbeit. Soziologische Untersuchungen in der Hüttenindustrie, Tübingen: Mohr (Siebeck)

Porac, Joseph F., Howard Thomas, und Charles Baden-Fuller, 1989, *Competitive Groups as Cognitive Communities: The Case of Scottish Knitwear Manufacturers*, in: Journal of Management Studies 26, H.4, S.397-416

Porter, Michael E., 1980, Competitive Strategy: Techniques for Analyzing Industries and Competitors, New York: The Free Press Macmillan

Porter, Michael E., 1985, Competitive Advantage: Creating und Sustaining Superior Performance, New York: Free Press

Pratt, Michael G., und Anat Rafaeli, 1997, *Organizational Dress as a Symbol of Multilayered Social Identities*, in: Academy of Management Journal 40, S.862-898

Pratt, Michael G., und Peter O. Foreman, 2000, *Classifying Managerial Responses to Multiple Organizational Identities*, in: The Academy of Management Review 25, H.1, S.18-42

Przyborski, Aglaja, und Monika Wohlrab-Sahr, 2008, Qualitative Sozialforschung. Ein Arbeitsbuch, München: Oldenbourg

Reich, Michael, David M. Gordon, und Richard C. Edwards, 1978, *Arbeitsmarktsegmentation und Herrschaft*, in: Werner Sengenberger, Hg., Der gespaltene Arbeitsmarkt, Frankfurt am Main/New York: Campus, S.55-66

Ridder, Hans-Gerd, 2007, Personalwirtschaftslehre, Stuttgart: Kohlhammer

Ridder, Hans-Gerd, und Christina Hoon, 2009, *Introduction to the Special Issue: Qualitative Methods in Research on Human Resource Management*, in: Zeitschrift für Personalforschung 23, H.2, S.93-106

Riegraf, Birgit, 1996, Geschlecht und Mikropolitik. Das Beispiel betrieblicher Gleichstellung, Opladen: Leske und Budrich

Roberts, Karlene H., Suzanne K. Stout, und Jennifer J. Halpern, 1994, *Decision Dynamics in Two High Reliability Military Organizations*, in: Management Science 40, H.5, S.614-624

Roethlisberger, Fritz J., und William J. Dickson, 1972, *Die moderne Betriebssoziologie und ihre Probleme der Unternehmensführung*, in: Bernhard Külp und Wilfrid Schreiber, Hg., Arbeitsökonomik, Köln: Kiepenheuer & Witsch, S.19-40

Rometsch, Markus, 2008, Organisations- und Netzwerkidentität. Systemische Perspektiven, Wiesbaden: Gabler

Rose, Nikolas, 1990, Governing the Soul. The Shaping of the Private Self, London/New York: Free Association Books

Rose, Nikolas, 2000, *Das Regieren von unternehmerischen Individuen*, in: Kurswechsel: Zeitschrift für gesellschafts-, wirtschafts- und umweltpolitische Alternativen 2, S.8-27

Rubery, Jill, und Damian Grimshaw, 2003, The Organisation of Employment. An International Perspective, Basingstoke, Hampshire [u.a.]: Palgrave Macmillan

Sackmann, Sonja, 1992, *Culture and Subcultures: An Analysis of Organizational Knowledge*, in: Administrative Science Quarterly 37, H.1, S.140-161

Sagan, Scott Douglas, 1993, The Limits of Safety: Organizations, Accidents, and Nuclear Weapons, Princeton: Princeton University Press

Savage, Mike, 1998, *Discipline, Surveillance and the 'Career': Employment on the Great Western Railway 1833-1914*, in: Alan McKinlay und Ken Starkey, Hg., Foucault, Management and Organization Theory, London [u.a.]: Sage, S.65-92

Scheidemann, Heike, 2009, Zwischen zwei Welten? Eine organisationssoziologische Analyse der (Re)Konstruktion kommunaler Selbstbeschreibungen, Wiesbaden: VS, Verlag für Sozialwissenschaften

Schein, Edgar H., 1991, *Organisationskultur: Ein neues unternehmenstheoretisches Konzept*, in: Eberhart Dülfer, Hg., Organisationskultur: Phänomen - Philosophie - Technologie. Eine Einführung in die Diskussion, Stuttgart: Poeschel, S.23-37

Schmidt, Rudi, und Rainer Trinczek, 1989, *„Verbetrieblichung" und innerbetriebliche Austauschbeziehungen*, in: Georg Aichholzer und Gerd Schienstock, Hg., Arbeitsbeziehungen im technischen Wandel. Neue Konfliktlinien und Konsensstrukturen, Berlin: Edition Sigma, S.135-146

Schreyögg, Georg, 2003, Organisation. Grundlagen moderner Organisationsgestaltung, Wiesbaden: Gabler

Schreyögg, Georg, und Jörg Sydow, Hg., 2003, Managementforschung 13: Strategische Prozesse und Pfade, Wiesbaden:

Schuler, Randall S., und Susan E. Jackson, 1987, *Linking Competitive Strategies with Human Resource Management Practices*, in: Academy of Management Executive 1, H.3, S.207-219

Schuler, Randall S., und Susan E. Jackson, 2007, Strategic Human Resource Management: Global Perspectives, Malden [u.a.]: Blackwell

Schultz, Majken, Mary Jo Hatch, und Mogens Holten Larsen, Hg., 2000, The Expressive Organization. Linking Identity, Reputation, and the Corporate Brand, Oxford: Oxford University Press

Scott, W. Richard, und John W. Meyer, 1991, The Organization of Societal Sectors: Propositions and Early Evidence, in: Walter W. Powell und Paul J. DiMaggio, Hg., The New Institutionalism in Organizational Analysis, Chicago: University of Chicago Press, S.108-140

Seidl, David, 2005, Organisational Identity and Self-Transformation: An Autopoietic Perspective, Aldershot: Ashgate

Selznick, Philip, 1949/1980, TVA and the Grass Roots, Berkeley [u.a.]: University of California Press

Sennett, Richard, 2000, Der flexible Mensch. Die Kultur des neuen Kapitalismus, Siedler

Shire, Karen A., Annika Schönauer, Mireia Valverde, und Hannelore Mottweiler, 2009, Temporary Work in Coordinated Market Economies: Evidence from Front-Line Service Workplaces, in: Industrial & Labor Relations Review 62, H.4, S.602-617

Simon, Fritz B., 2007, Einführung in die systemische Organisationstheorie, Heidelberg: Carl-Auer-Systeme Verlag

Sloterdijk, Peter, 1998, Der starke Grund, zusammen zu sein. Erinnerungen an die Erfindung des Volkes, Frankfurt am Main: Suhrkamp

Smircich, Linda, 1983a, Concepts of Culture and Organizational Analysis, in: Administrative Science Quarterly 28, H.3, S.339-358

Smircich, Linda, 1983b, Organizations as Shared Meanings, in: Louis R. Pondy, Peter J. Frost und Gareth Morgan, Hg., Organizational Symbolism, Greenwich, Conn.: JAI Press, S.55-65

Sorge, Arndt, 1991, Strategic Fit and Societal Effect? Interpreting Cross-National Comparisons of Technology, Organization and Human Resources, in: Organization Studies 12, H.2, S.161-190

Staehle, Wolfgang H., 1999, Management: eine verhaltenswissenschaftliche Perspektive, München: Vahlen

Starbuck, William H., 1982, Congealing Oil: Inventing Ideologies to Justify Acting Ideologies Out, in: Journal of Management Studies 19, H.1, S.3-27

Starbuck, William H., und Frances J. Milliken, 1988, Executives' Perceptual Filters: What They Notice and How They Make Sense, in: Donald C. Hambrick, Hg., The Executive Effect: Concepts and Methods for Studying Top Managers, Greenwich, Conn.: JAI Press, S.35-65

Stark, David, 1999, Heterarchy: Distributing Authority and Organizing Diversity, in: John Henry Clippinger III, Hg., The Biology of Business: Decoding the Natural Laws of Enterprise, San Francisco: Jossey-Bass, S.153-179

Stock, Manfred, 2005, Arbeiter, Unternehmer, Professioneller. Zur sozialen Konstruktion von Beschäftigung, Wiesbaden: VS, Verlag für Sozialwissenschaften

Streeck, Wolfgang, 1992, Social Institutions and Economic Performance: Studies of Industrial Relations in Advanced Capitalist Economies, London: Sage

Streeck, Wolfgang, 2005, The Sociology of Labor Markets and Trade Unions, in: Neil J. Smelser und Richard Swedberg, Hg., The Handbook of Economic Sociology, Princeton [u.a.]: Princeton Univ. Press, S.254-283

Struck, Olaf, Michael Grotheer, Tim Schröder, und Christoph Köhler, 2007, Instabile Beschäftigung. Neue Ergebnisse zu einer alten Kontroverse, in: Kölner Zeitschrift für Soziologie und Sozialpsychologie 59, H.2, S.294-317

Tacke, Veronika, 2000, Soziologische Beobachtungsoptiken in der 'grenzenlosen Gesellschaft'. Ein Vorschlag zur Neujustierung industriesoziologischer Schlüsselkonzepte, in: Heiner Minssen, Hg., Begrenzte Entgrenzungen. Wandlungen von Organisation und Arbeit, Berlin: Edition Sigma, S.105-137

Tacke, Veronika, und Petra Hiller, 1993, Zwischen „Institution" und „Kultur". Zum Konzept organisationaler Ideologien bei Nils Brunsson, in: Hg., Forschungsschwerpunkt „Zukunft der Arbeit". Arbeitsberichte und Forschungsmaterialien Nr. 85, Universität Bielefeld, Fakultät für Soziologie, S.5-22

Taylor, Frederick Winslow, 1913/1995, Die Grundsätze wissenschaftlicher Betriebsführung, Weinheim: Beltz, Psychologie-Verl.-Union

Tolbert, Pamela S., und Lynne G. Zucker, 1983, Institutional Sources of Change in the Formal Structure of Organizations: The Diffusion of Civil Service Reform, 1880-1935, in: Administrative Science Quarterly 28, H.1, S.22-39

Townley, Barbara, 1993, *Foucault, Power/Knowledge, and its Relevance for Human Resource Management*, in: Academy of Management Review 18, H.3, S.518-545

Treiber, Hubert, und Heinz Steinert, 1980, Die Fabrikation des zuverlässigen Menschen. Über die „Wahlverwandtschaft" von Kloster- und Fabrikdisziplin, München: Moos

Tsui, Anne S., Jone L. Pearce, Lyman W. Porter, und Jennifer P. Hite, 1995, *Choice of Employee-Organization Relationship: Influence of External and Internal Organizational Factors*, in: Gerald R. Ferris, Hg., Research in Personnel and Human Resources Management, Vol. 13, S.117-151

Tsui, Anne S., Jone L. Pearce, Lyman W. Porter, und Angela M. Tripoli, 1997, *Alternative Approaches to the Employee-Organization Relationship: Does Investment in Employees Pay off?*, in: Academy of Management Journal 40, H.5, S.1089-1121

Türk, Klaus, 1995, „Die Organisation der Welt". Herrschaft durch Organisation in der modernen Gesellschaft, Opladen: Westdeutscher Verlag

Türk, Klaus, 1997, *Organisation als Institution der kapitalistischen Gesellschaftsformation*, in: Günther Ortmann, Jörg Sydow und Klaus Türk, Hg., Theorien der Organisation. Die Rückkehr der Gesellschaft, Opladen: Westdeutscher Verlag, S.124 - 176

Vogd, Werner, 2004, Ärztliche Entscheidungsfindung im Krankenhaus. Komplexe Fallproblematiken im Spannungsfeld von Patienteninteressen und administrativ-organisatorischen Bedingungen, in: Zeitschrift für Soziologie 33, H.1, S.26-47

Vogd, Werner, 2005, Systemtheorie und rekonstruktive Sozialforschung: Eine empirische Versöhnung unterschiedlicher theoretischer Perspektiven, Leverkusen: Verlag Barbara Budrich

Vogd, Werner, 2008, Rekonstruktive Organisationsforschung: Qualitative Methodologie und theoretische Integration - eine Einführung, Leverkusen: Verlag Barbara Budrich

Voß, G. Günter, und Hans J. Pongratz, 1998, *Der Arbeitskraftunternehmer. Eine neue Grundform der Ware Arbeitskraft?*, in: Kölner Zeitschrift für Soziologie und Sozialpsychologie 50, H.1, S.131-158

Wächter, Hartmut, 2002, *Vielfältige Beschäftigungsmuster - einfältige Personalwirtschaftslehre?*, in: Zeitschrift für Personalforschung 16, H.4, S.476-489

Walgenbach, Peter, 1998, *Personalpolitik aus der Perspektive des Institutionalistischen Ansatzes*, in: Albert Martin und Werner Nienhüser, Hg., Personalpolitik. Wissenschaftliche Erklärungen der Personalpraxis, München/Mering: Hampp, S.267-290

Walgenbach, Peter, 2001, *Institutionalistische Ansätze in der Organisationstheorie*, in: Alfred Kieser, Hg., Organisationstheorien, Stuttgart/Berlin/Köln: Kohlhammer, 4. unveränderte Aufl., S.319-353

Weber, Max, 1980, Wirtschaft und Gesellschaft. Grundriss der verstehenden Soziologie, Tübingen: Mohr

Weick, Karl E., 1969/1998, Der Prozeß des Organisierens, Frankfurt am Main: Suhrkamp

Weick, Karl E., 1976, *Educational Organizations as Loosely Coupled Systems*, in: Administrative Science Quarterly 21, H.1, S.1-19

Weick, Karl E., 1995, Sensemaking in Organizations, Thousand Oaks, Calif. [u.a.]: Sage

Weick, Karl E., 1998, Der Prozeß des Organisierens, Frankfurt am Main: Suhrkamp

Westley, Frances, und Harrie Vredenburg, 1996, *The Perils of Precision: Managing Local Tensions to Achieve Global Goals*, in: Journal of Applied Behavioral Science 32, H.2, S.143-159

Whetten, David A., und Paul C. Godfrey, Hg., 1998, Identity in Organizations: Developing Theory Through Conversations, Thousand Oaks, Calif. [u.a.]: Sage

Whetten, David A., und Alison Mackey, 2002, A Social Actor Conception of Organizational Identity and Its Implications for the Study of Organizational Reputation, in: Business & Society 41, H.4, S.393-414

Wiesenthal, Helmut, 1990, *Unsicherheit und Multiple-Self-Identität. Eine Spekulation über die Voraussetzungen strategischen Handelns*, in: Discussion Papers des Max-Planck-Instituts für Gesellschaftsforschung, Köln, 90, H.2, S.1-101

Williamson, Oliver E., 1981, *The Economics of Organization: The Transaction Cost Approach*, in: American Journal of Sociology 87, H.3, S.548-577

Williamson, Oliver E., 1990, Die ökonomischen Institutionen des Kapitalismus. Unternehmen, Märkte, Kooperationen, Tübingen: Mohr

Williamson, Oliver E., Michael L. Wachter, und Jeffrey Harris, 1975, *Understanding the Employment Relation: The Analysis of Idiosyncratic Exchange*, in: The Bell Journal of Economics 6, H.1, S.250-278

Wittel, Andreas, 1997, Belegschaftskultur im Schatten der Firmenideologie - Eine ethnographische Fallstudie, Berlin: Edition Sigma

Woodward, Joan, 1968, *Technologie, Organisationsform und Erfolg*, in: Renate Mayntz, Hg., Bürokratische Organisation, Köln: Kiepenheuer & Witsch, S.155-159

Wright, Patrick M., und Gary C. McMahan, 1992, *Theoretical Perspectives for Strategic Human Resource Management*, in: Journal of Management 18, H.2, S.295-320

Zucker, Lynne G., 1977, *The Role of Institutionalization in Cultural Persistence*, in: American Sociological Review 42, H.5, S.726-743

Zucker, Lynne G., 1983, *Organizations as Institutions*, in: Samuel B. Bacharach, Hg., Research in the Sociology of Organizations, Greenwich, Conn.: JAI Press, S.1-42

Zucker, Lynne G., 1988, *Where Do Institutional Patterns Come From? Organizations as Actors in Social Systems*, in: Dies., Hg., Institutional Patterns and Organizations: Culture and Environment, Cambridge, Mass.: Ballinger, S.23-49